The Thirteenth Five-Year Plan And The
New Normal
Of China's Economy

"十三五"与中国经济新常态

魏 杰 / 著

企业管理出版社
ENTERPRISE MANAGEMENT PUBLISHING HOUSE

图书在版编目（CIP）数据

"十三五"与中国经济新常态 / 魏杰著. —北京：企业管理出版社，2016.5（2018.4 重印）

ISBN 978-7-5164-1246-6

Ⅰ.①十… Ⅱ.①魏… Ⅲ.①中国经济—经济发展—研究—2016～2020 Ⅳ.①F124

中国版本图书馆 CIP 数据核字（2016）第 067841 号

书　　名："十三五"与中国经济新常态
作　　者：魏　杰
责任编辑：李　坚
书　　号：ISBN 978-7-5164-1246-6
出版发行：企业管理出版社
地　　址：北京市海淀区紫竹院南路 17 号　　邮编：100048
网　　址：http://www.emph.cn
电　　话：总编室（010）68701719　发行部（010）68701816　编辑部（010）68414643
电子信箱：qiguan1961@163.com
印　　刷：北京市密东印刷有限公司
经　　销：新华书店
规　　格：170 毫米×240 毫米　16 开本　22.5 印张　320 千字
版　　次：2016 年 5 月第 1 版　2018 年 4 月第 4 次印刷
定　　价：80.00 元

版权所有　翻印必究·印装错误　负责调换

目 录
CONTENTS

导论：中国经济新常态的实质及内容 ⋯⋯⋯⋯⋯⋯⋯⋯⋯ 1

新常态下中国经济的增长速度 ⋯⋯⋯⋯⋯⋯⋯⋯⋯⋯⋯ 4
 一、关于当前中国宏观经济形势的争论 ⋯⋯⋯⋯⋯⋯⋯ 4
 二、新常态下我国经济增长目标 ⋯⋯⋯⋯⋯⋯⋯⋯⋯ 7
 三、保持中高速增长的原因 ⋯⋯⋯⋯⋯⋯⋯⋯⋯⋯⋯ 9
 四、结论与政策建议 ⋯⋯⋯⋯⋯⋯⋯⋯⋯⋯⋯⋯⋯ 19

"十三五"时期的两大重点：调整结构与深化改革 ⋯⋯ 23
 一、结构调整 ⋯⋯⋯⋯⋯⋯⋯⋯⋯⋯⋯⋯⋯⋯⋯⋯ 23
 二、深化改革问题 ⋯⋯⋯⋯⋯⋯⋯⋯⋯⋯⋯⋯⋯⋯ 51

回归新常态与跨越中等收入陷阱 ⋯⋯⋯⋯⋯⋯⋯⋯⋯ 68
 一、中国经济发展中积累了哪些矛盾与问题 ⋯⋯⋯⋯ 68

二、中国为何在经济发展中积累了上述矛盾与问题 …………… 72

三、中国只有通过改革才能解决经济发展中的矛盾与问题 …… 80

人口结构、新常态与经济改革 …………………………… 86

一、制度扭曲下人口结构变化特点 ……………………………… 86

二、人口结构的变化与新常态概念的提出 ……………………… 93

三、下阶段改革要注意的问题 …………………………………… 98

中国经济新常态需要完善市场与有信政府 …………… 113

一、完善市场的意义与含义 ……………………………………… 115

二、有信政府的意义与含义 ……………………………………… 118

三、建立完善市场和有信政府的重要内容是破除垄断和
实施配套改革 …………………………………………………… 122

四、建立完善市场和有信政府的本质是实现国家超越原则 …… 125

中国经济新常态的产业结构调整 ………………………… 133

一、新常态意味着一些产业面临着调整的压力 ………………… 134

二、新常态下需要实现产业升级 ………………………………… 137

三、政府要主动负担产业结构调整的成本 ……………………… 141

四、经济转型需要改革的配套 …………………………………… 149

中国经济新常态与实施供给侧改革 ················· 157
 一、供给管理的历史渊源 ························· 157
 二、为什么中国强调供给管理 ····················· 160
 三、供给管理的重点 ····························· 163

中国经济新常态下的大逻辑与新机遇 ··············· 170
 一、新常态下经济增长从高高速增长转向中高速增长 ········ 170
 二、新常态下经济结构的特点 ····················· 172
 三、新常态下经济体制遵从市场起决定性作用原则 ······ 174
 四、新常态下增长方式以创新驱动战略为主 ············ 175
 五、新常态需要人们调整自己的预期与战略 ············ 176

中国经济新常态下资本市场改革新思路：
关注资产定价的第三极 ··························· 177
 一、完善投资者保护机制 ························· 178
 二、改进上市与交易制度 ························· 181
 三、优化微观市场结构 ··························· 185
 四、结论与建议 ································· 187

中国经济新常态下经济体制改革的核心：
市场决定论 ····································· 191
 一、中国经济体制改革进入新阶段 ················· 191

二、新阶段经济体制改革的主要对策 ………………………… 195

中国经济的结构红利与改革红利 ………………………… 203
一、关于结构红利 ………………………… 203
二、关于改革红利 ………………………… 205

中国经济新常态下经济体制改革的重要内容：
宏观调控方式改革 ………………………… 207
一、建立发挥市场起决定性作用的宏观调控新方式 ………… 207
二、按照宏观调控新方式稳定增长速度 ………………………… 211
三、按照宏观调控新方式调整经济结构 ………………………… 214

中国经济新常态下经济体制改革的重要内容：
实行混合经济体制 ………………………… 218
一、混合所有制经济的产权安排分析 ………………………… 219
二、姓"公"姓"私"不是判断能否促进共同富裕的标准 ………………………… 223
三、在混合所有制经济的产权新安排中走向共同富裕 ……… 226

中国经济新常态与有效保护产权 ………………………… 233
一、有效保护产权与提升效率 ………………………… 234
二、有效保护产权与促进公平 ………………………… 238

三、如何在全面深化改革中有效保护产权 ……………… 241

中国经济新常态与稳固执政基础：
不应排斥民营经济 ……………………………………… 246
　　一、民营经济在生产关系中的比重不断扩大 …………… 246
　　二、民营经济不等于两极分化 …………………………… 252
　　三、积累型公有制经济不等于社会平等 ………………… 264

中国经济新常态与支持小微企业发展 …………………… 273
　　一、政府必须要支持小微企业发展 ……………………… 273
　　二、政府应支持小微企业向什么方向发展 ……………… 276
　　三、政府要怎么样支持小微企业发展 …………………… 280

宏观经济政策与经济波动的关系 ………………………… 286
　　一、问题的提出 …………………………………………… 286
　　二、理论陈述 ……………………………………………… 289
　　三、中国数据的经验分析 ………………………………… 295
　　四、结论与建议 …………………………………………… 306

新常态下中国经济的增长方式 …………………………… 310
　　一、我国经济增长方式的不同阶段 ……………………… 310
　　二、转变经济增长方式的理论支撑 ……………………… 313

三、转变经济增长方式的现实根源 …………………………… 316
四、创新驱动的具体内涵 …………………………………… 320
五、推动创新驱动型增长的政策建议 ……………………… 324

新常态下我国的对外开放战略 …………………………… 330
一、我国对外开放的两个阶段 ……………………………… 330
二、双向型的对外开放战略 ………………………………… 333
三、自由化的对外开放战略 ………………………………… 339
四、推动我国对外开放扩大升级的政策建议 …………… 343

导论：中国经济新常态的实质及内容

中国经济新常态是指中国经济进入到了一个新的历史时期。这个历史时期与过去相比，有五个不同点。一是经济增长速度不同了，从高高速增长转向中高速增长了；二是经济结构不同了，例如传统制造业与房地产产业由支柱性产业转为常态性产业了，而新的支柱性产业形成了；三是经济体制不同了，由政府在资源配置中起决定性作用而转向市场起决定性作用了；四是经济增长方式不同了，从主要靠要素的大规模投入拉动增长，而转向靠创新推动增长，转向创新驱动了；五是对外开放战略不同了，从主要搭别人便车而转向既强调搭别人便车，更注重别人也搭我们便车，从单向开放走向双向开放了。

由上述可见，对中国经济新常态的讨论，主要涉及到五大问题：

第一，中国经济新常态的增长速度。中国经济新常态的增长速度是中高速增长。大家知道，我国年增长率在5%以上都算高速增长，但这种高速增长又分为三种情况，一种是5%到6%，即低高速增长，一种是6%至8%以下，即中高速增长，一种是8%以上，即高高速增长。中国经济新常态总体上是中高速增长，但具体年份又不同，例如"十三五"时期就是6.5%到7%。中国经济进入中高速增长是出口、投资、消费这"三驾马车"目前共同作用的结果，不是人为确定的，我们要尊重经济规律。尤其是应该看到，中高速增长必然带来三种现象，一是投资回报率不会像过去那么高了；二是资金价格不会像过去那么高了，例如利息要下降了；三是资产价格不会太高了，例如股份及房价不会过快上升了，甚至要下降了。总之，人们要适应中高速增长带来的各种压力,如果还试图追求像过去那样的高回报及资金与资产的高价格,就必然会出现像2015年那样的股灾。

第二,中国经济新常态的经济结构。中国经济新常态的经济结构要发生重大变化,其中变化最大的是支柱性产业,原有的两个支柱性产业即传统制造业与房地产产业,要转向常态性产业,而新的支柱性产业即战略性新兴产业、服务业、现代制造业,将逐渐发展起来,实现支柱性产业的转换。这个调整过程是痛苦的,涉及到"去产能化"与"去库存化"的问题,但一旦调整完成,中国经济结构将达到发达国家的水平,因而必须坚定不移地进行结构调整。

第三,中国经济新常态的经济体制。我国现有经济体制实际上是政府在资源配置中起决定性作用,这种体制无法解决权钱交易的腐败问题,光靠抓人是不行的,根本出路在于体制变革,因此,中国经济新常态的经济体制特征应该是市场在资源配置中起决定性作用,这种体制是权钱交易的"克星"。如何建立这种体制?关键在于深化改革,其中包括调整基本经济制度、改革政府体制、改革金融体制、改革财税体制、改革土地体制、改革供给方管理等。

第四,中国经济新常态的经济增长方式。我国过去的经济增长方式的一个重要特征,是靠生产要素的大规模投入而拉动增长,例如80年代靠劳动力要素的大规模投入,90年代靠土地要素的大规模投入,2000年以后靠货币要素的大规模投入,但现在这种增长方式已很明显不可能维持下去了,我们需要新的经济增长方式。新的经济增长方式就是创新驱动,只有创新才能推动经济增长。创新驱动包括三个层次的创新:产品与服务的创新、商业模式创新、技术创新。创新不是靠口号,而是要有实实在在的体制支持。

第五,中国经济新常态的对外开放战略。我国过去的对外开放有一句典型的提法,就是扩大出口与吸引外资,这种开放实际上是一种单向性开放,即搭别人便车。我们搭别人便车搭了三十多年,现在已经不可能再维持下去了,需要有新的开放战略。新的开放战略就是既强调搭别人便车，也更加关注别人搭我们便车，在别人搭我们便车中求得我国的发展。这实际上是一种双向性开放战略，既注重出口，也注重进口；既注重吸引外资，也注重中国资本走出去。这种双向性开放战略的重要举措就是"一带一路"。

中国经济新常态的上述五个问题，在"十三五"时期会充分地显现出来。"十三五"时期是中国经济新常态的第一个五年规划，因而"十三五"时期也是中国经济新常态的经济结构及经济体制等发生剧烈变化的时期，转型中的负面效应会充分暴露出来，转型的"痛苦指数"也会很高，群发事件也会增多。对此，我们要有充分的思想准备，要在转型中很好地处理这些问题，实现顺利转型。

根据上述认识，我们花了近两年的时间，集中对于中国经济新常态及"十三五"时期作了探讨与分析，形成了一些自己的看法，现提供给读者，以供参考。

参加此项研究工作的，有清华大学现在在学的博士生，也有毕业的博士，他们的具体贡献将详细注释在书中。因为研究成果是逐步向外公布的，因而本书实际上由不同的论文及演讲记录所构成，当然整个体系是按照我们对中国经济新常态与"十三五"时期的总体把握而构成的，是一个完整的体系。

魏 杰
2016 年 3 月于清华大学

新常态下中国经济的增长速度

对于中国经济新常态的经济增长速度，形成了悲观和乐观两种不同的观点，基于结构红利和改革红利的考虑，我们认为当前中国经济不会陷入崩溃或萧条的境地，而是会平稳地进入新常态。在新常态下，我国的经济增长目标是"中高速"增长，具体表现为"十三五"期间6.5%~7%的增长目标，我们从出口、投资和消费这三个拉动经济增长的动力方面进行考虑，通过对三者未来变动趋势的分析，论证了中高速增长的可实现性，但是实现中高速增长也是有条件的，这需要政府部门引导经济结构调整、推动经济体制改革、促进经济增长方式转变以及制定双向型的对外开放战略。

一、关于当前中国宏观经济形势的争论

据国家统计局《2015年4季度和全年我国GDP初步核算结果》统计显示，2015年全年我国国内生产总值达到676708亿元，比上年同期增长6.9%，这个经济增速为1991年以来的最低点，但是这是在我们的预期之内的。从2014年以来，中国经济进入"三期叠加"状态，即经济增长速度换挡期、结构调整阵痛期和前期刺激政策消化期，宏观经济形势错综复杂，下行压力持续加大，GDP增长速度下降，PPI自2012

---

* 本文由我与汪浩共同讨论完成，由汪浩执笔。

年以来已经连续46个月环比增长率为负，工业部门尤其是传统制造业生存环境恶化，经济增长出现滑坡迹象。这种经济滑坡是结构调整所导致的短暂现象，还是不可逆转的长期萧条的开端？是经济规律所决定的"新常态"现象，还是经济不可控制地滑入崩溃的前兆？中国经济未来的走势扑朔迷离，国内外学界和商界都对这个问题抱有很大的争论。从商界来看，主要是国内外投资者基于对中国经济未来走势的不同判断而采取不同的投资策略，比如国际空头的代表人物索罗斯在2016年的达沃斯世界经济论坛中表示，中国经济硬着陆不可避免，人民币将面临贬值压力，因此表示要做空中国，而以罗杰斯为代表的一些投资人长期看好中国经济，尤其是互联网金融和医疗等行业的发展，从而坚持做多中国。处于商界的投资人的观点往往是值得参考的，因为他们的判断直接决定了他们的资金配置，从而决定投资的盈利与亏损，这是与他们自身利益紧密相关的，所以一般会显得更为谨慎。即使如此，他们的观点也会如此地不同，以至于我们对中国经济的未来变得更加难以把握。而从学界来看，国内外专家学者对我国经济发展的走势也尚存分歧，持悲观态度和乐观态度的学者都不在少数。

一些学者对当前中国的经济形势持有悲观的态度，主要是因为：(1)中国经济的结构性问题突出，主要表现是传统制造业的产能过剩问题和房地产行业库存压力大的问题，而这两个行业历来是中国经济的支柱，一旦出现问题，对经济增长的影响是巨大的。(2)中国人口红利基本失去，老龄化问题开始凸显，廉价劳动力和原材料的优势逐步丧失，企业面临着高劳动力成本、高原材料成本、高融资成本、高行政成本、高税费等问题，这给企业尤其是民营企业带来很大的生存压力，企业作为经济体的供给侧，其生死存亡直接关系到经济发展的速度与质量，2015年的中小企业"倒闭潮"给市场带来很大的恐慌。(3)世界经济面临通缩压力，经济发展的外部环境恶化，据国际货币基金组织统计数据显示，2010年以来世界经济增速基本上呈逐步下滑趋势，2015年达到最低点为3.1%，之后略有回升，预期2016年和2017年分别为3.4%

和3.6%，全球经济回升十分缓慢，这将制约国际市场对中国出口产品的需求。(4) 美联储于2015年12月进行了十年来的首次加息，并且市场预期2016年继续加息的可能性很大，这意味着更多的国际资本将流向美国，中国的投资尤其是外商直接投资，可能受到较大冲击。(5) 政治制度的差异导致海外投资屡屡受阻，比如墨西哥撤销高铁合同、华为在美国业务拓展受限等，对中国对外投资的发展非常不利。综合这些理由，他们认为中国经济将会停滞、崩溃或进入衰退。

但是另一些学者则批驳了这种对中国经济过于悲观的态度，甚至认为这是杞人忧天。他们认为中国经济仍有充足的增长潜力，主要是因为：(1) 结构调整是一个过渡阶段，它是经济从量的积累到质的飞跃必须经历的过程，其目的是让经济在一个更高的层次上进行发展。我国目前的产业结构调整是渐进式的，随着传统制造业和房地产业由支柱性产业向常态性产业的转型，新的支柱性产业比如战略性新兴产业、服务业和现代制造业等逐步兴起，这些将成为经济新的增长点。(2) 当前的供给侧结构性改革其目的就在于释放企业活力，其核心是减税和减少国家对经济的干预，让市场在资源配置中起决定性作用，用市场的力量逐步淘汰那些低质量、低效率或者无效的供给，同时发展壮大那些有市场需求、长期因行政或制度因素被抑制的供给，纠正资源错配，优化资源配置，资源的重新分配是经济增长潜力的重要来源。(3) 金融体制改革初见成效，我国的利率市场化和汇率市场化进程加速推进，贷款利率上下限均已取消，"汇改新政"标志着汇率市场化的形成，另外存款保险制度的建立意味着银行将不再是国家信用，而是商业信用，这为民营资本介入银行领域提供了保障。这些做法将加剧金融行业的竞争性，从而降低企业融资成本，另外2015年央行多次降准降息，增加社会流动性供给，降低社会融资成本。(4) 我国经济增长的动力正在发生转变，主要是由要素驱动型转向创新驱动型，包括产品和服务的创新、商业模式创新和技术创新等，国家采取了一系列措施促进这种转变，包括提出"大众创业、万众创新"、对创业者给予优惠政策、加大专利保护力度等，创新将提高社会的全要素生产率，从而实现经济的持续增长。

在笔者看来，后者的观点更符合未来一段时间中国经济的走势，即我们持有乐观的态度，认为中国经济不会出现硬着陆或崩溃，这是我们基于当前中国的改革红利和结构红利所作出的理性判断。这两个红利的充分释放是未来中国经济增长潜力的保证，但是我们也必须意识到下行压力的客观存在性，当前阶段下行压力主要是由改革红利和结构红利的不充分释放导致的，是一种阶段性特征，我们认为经济增速的下降不是持续性的和不可逆的，最终会稳定在一个较快的水平，而我们把当前的过渡阶段和之后一段时期称为"新常态"时期。

二、新常态下我国经济增长目标

自20世纪90年代以来，我国的经济增长率始终维持在7%以上，甚至有不少年份经济增长率在10%以上，峰值时甚至达到1992年的14.3%和2007年的14.2%，这在世界经济发展史上都堪称奇迹，经济增长对于一国的重要性是不言而喻的，正是由于长期的高速增长，我国实现了经济总量世界第二的伟大成就，人民生活水平才得以显著改善。直到2015年，我国GDP增长率跌破7%，初步核算为6.9%，让人们开始重新审视我国的经济增长问题。如前所述，我们认为当前我国经济已经进入"新常态"，由于改革红利和结构红利的不充分释放，经济下行压力不可避免，所以这种经济增速的下滑是在我们预期之内的。这样我们就面临着一对矛盾，一方面经济增长对于一国非常重要，影响了一国的生活水平，追求一个高速的增长目标是理所应当的，另一方面宏观经济现状制约了我们像以往一样追求更高的经济增速，这是经济发展的客观规律决定的，在这种情况下，我们必须做出理性的权衡取舍，经济发展的客观规律是不可违背的，所以我们必须顺应规律，在尊重规律的前提下，寻求最大的经济增速。具体来说，就是我们要尊重当前经济结构调整的客观规律，这种经济的质变是要付出成本的，如果一味强调经济增长的速度，将会拖累整个结构调整的进程，终究会让经济付出更大的代价，其实我们已经看到这种情况的发生，比如传统制造业的产能过剩问题、房地产业的库存问题以及高消耗、高污染、低效率企业的大量存在等，都是GDP锦标赛带来的后果，也是迟早要解决的问题，同时我们当前的国际经济环境较为恶劣，世界性通缩压力呈现，这又进一步制约了我国的经济增长。在这种情况下，我们的经济应该追求怎样的目标成为了众人关注又颇具争议的话题。

在对"新常态"进行解读时，其中一个重要的特征是经济由高速增长转为中高速增长，其中"中高速"就是基于现实经济考量提出的增长目标，从经济学界对增长速度的划分来看，5%以上的GDP增长率为高速增长，其中5%~6%为低高速，6%~8%为中高速，8%以上为高高速，所以我们提的"中高速"增长就是经济增长率维持在6%~8%之间。从现实来看，2014年中国经济增长目标在7.5%左右，当年统计显示实际为7.4%，在2015年经修正后为7.3%，基本实现目标。2015年经济增长目标为7%左右，初步核算结果为6.9%，也基本实现了目标。在制定"十三五"（2016~2020年）规划期间，经济学界关于经济增长目标有三种意见：第一种认为我国经济增长动力依旧十分充足，应抓住机会，尽快实现更大的经济体量，追求年增长率8%以上的目标；第二种观点认为我们现在的经济不足以支持像以往那样高速的增长，但是仍有很大潜力，应追求7%左右的经济增长目标；第三种观点更为保守，认为当前下行压力过大，6.5%左右更为合适，最终相关政府部门综合了后两种观点，形成了6.5%~7%之间的经济增长目标。

中高速增长是考虑到中国经济现状的理性目标，是综合考虑当前中国的机遇和挑战所提出的适当目标，既舍弃了一味追求经济增速的盲目行为，又具有一定的挑战性和激励作用。以下我们将从拉动经济增长的三大力量，即出口、投资和消费的角度对宏观经济进行更深入的解剖，探讨保持中高速增长的原因，以及为了实现中高速增长政府部门应该如何作为，即从政府行为的角度提出相应的政策建议。

三、保持中高速增长的原因

经济增长的三大力量是出口、投资和消费，它们被称为拉动经济增长的"三驾马车"，同时也是国内生产总值（GDP）的三个主要组成部分，它们对 GDP 贡献的强弱直接决定了经济增长率的波动，因而我们可以从当前我国的出口、投资和消费变动趋势的角度来看我国保持中高速增长的原因。

1. 出口的现状与方向

出口是将国内的货物、服务和技术等输出到国外的贸易行为，它是我国对外开放的重要体现，实际上从改革开放以来，我国发展外向型经济主要就是引进外商直接投资和扩大对外出口，也就是利用国际资本和国际市场两种重要资源，尤其是 2001 年加入 WTO 之后，我国的对外出口获得了突飞猛进的发展，2001 年我国的出口总额为 22024.40 亿元，到 2014 年已经达到 143883.75 亿元的规模，出口的年均增长率为 15.53%，为我国的经济增长作出巨大贡献。但是在新常态下，出口对 GDP 的贡献将会减弱，这主要是因为如下原因。

（1）成本的原因：国家间的贸易是基于比较优势进行的，一国会生产并出口其具有比较优势的产品和服务，并进口其具有比较劣势的产品和服务，而要素禀赋不同所导致的生产成本差异是构成比较优势和比较劣势的一个重要方面。中国在过去一段时间出口增长很快，但是其中 90% 以上集中在传统制造业，这主要是因为我国在劳动力、土地和原材料等方面要素供给充足，大量的农村剩余劳动力涌向城市形成了"农民工"这一特殊群体，他们主要从事的是重复性的、低技能的劳动，工资水平往往较低，这为传统制造业的发展提供了大量的廉价劳动力，另外在经济发展的起步阶段和城市化初期，自然资源和土地供给都很充沛，相对价格也较低，所以我国在劳动密集型产业和资源密集型产业方面具有比较优势。但是从2006年开始，我国已经逐渐成为高成本国家，主要表现在人口红利稀释，劳动力成本上升，部分地区甚至出现了"用工荒"这种劳动力供不应求的现象，并且随着城市化的加速推进，土地价格越来越高，这从我国房地产价格的一路飙升可见一斑，所以说我国传统的对外出口赖以存在的比较优势正在逐渐丧失，这会影响到对外出口的增长。

（2）市场的原因：中国对外出口的三大核心市场是美国、欧盟和东盟，占我国总出口的80%以上，但是目前这三大主要出口地都可能面临问题。美国自2008年金融危机之后为了提升国内就业率，提出"再实业"政策，并且奥巴马有贸易保护主义倾向，2016年美国总统大选，如果希拉里上台，中美关系可能更为紧张。欧盟方面，在中国准备开发东欧市场之际，乌克兰事件爆发，中国出于政治考虑偏向于俄罗斯一边，这可能给中欧关系带来不利影响，另外欧盟由于面临着严重的债务、通缩和金融风险等内部问题，经济增长停滞不前，他们更希望发展投资关系，而不是经贸关系。东盟方面，由于南海问题，菲律宾、越南等与中国关系紧张，美国、日本等逐步渗透到东盟，企图促成东盟国家以一致态度应对中国，这将会阻碍中国—东盟自由贸易区的稳定发展，抑制中国对东盟的出口。此外，2015年美国主导的"跨太平洋伙伴关系协议"（TPP）和"跨大西洋贸易与投资伙伴协议"（TTIP）取得实质性进展，但是这两个协议都将中国排除在外，显然这将不利于中国国际市场的拓展。

（3）经济总量的原因：我国目前的GDP总量已经很大，到2015年达到676708亿元，这意味着一个百分点的贡献需要六千亿以上的出口。随着国内生产总值基数的增加，同等数量的出口对GDP增长的贡献越来越小。

因此，出口对经济增长的贡献将会减弱，面对这些不利因素，国务院出台了以下一系列政策来促进出口。

一是推动国际产能合作，通过出口产能，达到变相出口的效果。出口产能的主要方式就是对外投资，我国对外投资的主要行业是产能过剩性行业、基础设施建设行业、资源型行业和生产性服务业等，对外投资的主要地区是"一带一路"沿线城市、具有毗邻优势的亚太地区、具有资本和技术优势的欧盟地区、具有赶超效应的非洲国家等，在经济新常态下，通过对外投资出口产能，能够给国内经济带来正向的技术效应、投资效应和就业效应，从而具有正向的经济增长效应，与此同时，这将促进人民币国际化，从而进一步扩大经贸往来，形成良性循环。

二是促进现代制造业产品出口，包括高铁装备制造、大飞机、潜水艇等。现代制造业是与传统制造业相对的概念，传统制造业是生产私人物品的制造业部门，目前很多已经出现过剩现象，并且随着高成本时代的到来，其在国际贸易中赖以存在的成本优势已经逐渐丧失，而现代制造业是生产公共物品的制造业部门，主要是依靠技术优势得以发展，包括航天器制造与航空器制造、高铁装备制造、核电装备制造、特高压输变电装备制造和现代船舶制造等领域，目前依旧十分短缺，预计未来将成为支撑中国经济的支柱性产业之一。

三是开拓新的国际市场，包括中亚市场、南亚市场、西太平洋市场和南美市场等。我国的"一带一路"战略旨在加强对外联系，提升对外开放水平，"一带一路"包括"丝绸之路经济带"和"21世纪海上丝绸之路"，其中"丝绸之路经济带"的路线设计包括三条：第一是从中国经由中亚、俄罗斯至欧洲波罗的海地区；第二是从中国经中亚、西亚至波斯湾和地中海地区；第三是从中国经东南亚或南亚至印度洋，"21世纪海上丝绸之路"的路线设计包括两条：首先是从中国沿海港口经南海、印度洋至非洲、欧洲；其次是从中国沿海港口经南海到南太平洋，与"一带一路"沿线城市的合作将增加我国的出口。除了"一带一路"沿线国家，我国也积极拓展南美等地的市场，2015年中拉论坛首届部长级会议召开，更多的国家寻求与中国签署自由贸易协定，甚至一些专家学者呼吁建立中国—南美洲国家自由贸易区。

这些政策的出台将会对出口的发展起到一定支撑作用，如果这些政策做得好，我们预计未来出口对国内生产总值增长的拉动在一个百分点左右。

2. 投资的现状与方向

投资是特定市场主体为在可预期的时间内获得收益而进行的实物、资本、技术或其他货币等价物的投入行为，它是一个流量的概念，投资一直以来是拉动我国经济增长的主要力量，甚至有人认为我国的投资率过高，经济结构失衡。但是从2009年以来，资本形成总额对国内生产总值增长的贡献率基本呈现下降趋势，从2009年的86.0%降低至2014年的46.7%，这主要是由于三大核心投资，即传统制造业投资、房地产投资和基础设施投资的增长率全面回落造成的，三大核心投资占投资总额的80%以上，决定了投资增长的基本面，具体来说如下。

（1）传统制造业投资受去产能化的影响，逐步萎缩，甚至出现负增长。传统制造业主要集中在劳动密集型和资源密集型行业，一直以来利用我国廉价的劳动力和充足的资源优势获得快速发展，作为实现工业化和支撑经济发展的主力，长期受到政府政策的倾斜和照顾，典型的表现就是地方政府以前在招商引资时十分偏重传统制造业企业，因为这不仅有利于增加税收，还能解决就业问题，所以给予它们很多的优惠政策，因而在传统制造业上的投资也加速上升，最终导致某些制造业部门出现产能过剩现象，比如钢铁、水泥、电解铝、平板玻璃、船舶制造、煤化工、多晶硅等行业。所谓产能过剩，是指某一行业中的企业所具有的资源、技术和商业模式等决定的生产能力要远远大于市场需求能力，从而产生全行业性的供给过剩、存货累积和企业经营困难等问题，所以去产能化不可避免。另外，我国传统制造业的投资大部分采取一种粗放式的形式，也就是单纯地依靠要素投入的增加来增加产出，劳动生产率和技术水平并没有明显改善，所以大部分企业自身并没有技术研发能力，想要转型十分困难，很多传统制造业企业在这个过程中破产倒闭，2015年在长三角、珠三角地区爆发了严重的制造业企业倒闭潮。

（2）房地产投资受去库存化的影响，增长速度连续回落。房地产业伴随着中国城市化进程的推进获得了飞速的发展，由于其增加值在国民经济中占比较高、产业关联度强，从1997年亚洲金融危机之后就被确立为中国的支柱性产业之一，对拉动内需和促进经济增长作出巨大贡献。但是我国的房地产投资从2010年以来增速基本呈回落态势，据国家统计局数据显示，2010年我国房地产开发企业本年完成投资额为48259亿元，同比增长33.2%，2015年我国房地产开发投资95979亿元，同比增长1.0%，并且在2015年出现了房地产投资单月增速连续5个月负增长，由此可见，我国的房地产业开发投资已经出现了严重的萎缩，这主要是由于之前的过度投资导致库存压力大，而我国的房地产需求也由刚性转为改善性为主，需求方面不如之前坚挺，所以当前去库存、稳投资、稳市场成为各地区共同面临的问题。

（3）基础设施建设投资受政府财政制约，增长乏力。基础设施建设投资包括电力、燃气、供水、交通运输、仓储、邮政、水利、环境、公共设施管理以及科教文卫事业等的固定资产投资，与其他投资相比，它具有三个明显的特征：第一，这类投资往往所需资金规模大、回收周期长，收益不确定性也相对较大。第二，多数具有自然垄断的特征，即一次性固定投资很大，而后边际成本较小，从而平均总成本随着规模的扩大有逐渐减小的趋势。第三，基础设施建设投资具有很强的正外部性，能够为其他行业的发展提供基础，这些特征决定了基础设施建设投资的主体主要是政府，包括中央政府和地方政府，主要资金来源就是财政收入，但是目前这两方面资金都受到制约。从中央政府来看，由于实行供给侧结构性改革，减税势在必行，财政收入不可避免地会受到影响，另外为防止资产泡沫和人民币贬值，我国将继续推行稳健的货币政策，这意味着传统的"政府向商业银行借债—商业银行向中央银行贷款—中央银行发行货币"的链条不可行了，债务收入将会减少。从地方政府来看，过去是土地财政，80%的地方财政收入来自于卖地，但是现在房地产业逐步衰落，一些地区甚至出现了土地流拍等现象，依靠土地带来的收入下降，此外，近年来我国地方政府债务问题突出，地方政府债务置换并没有从实质上改变资产负债结构，借债约束进一步加强，所以地方政府的基础设施建设投资也受到制约。

三大核心投资增长速度的全面回落是导致投资贡献率下降的主力因素，但是也有一些行业和投资模式的兴起将会促进我国投资的发展，主要包括：

第一，战略性新兴产业投资。战略性新兴产业，顾名思义，就是具备战略性和新兴两个特点的产业，具体来说，一是市场需求巨大，也就是具备战略性，二是技术可在短期内突破，也就是具有成为新兴产业的潜力。战略性新兴产业的重要特征就是创新，包括技术和商业模式等方面的创新，甚至是"毁灭别人，创新自己"，也就是熊彼特所说的"创造性毁灭"，它将会成为我国的支柱性产业之一。预计在未来5~10年内，有望成为战略性新兴产业的有新能源、新材料、生命生物工程、节能环保、信息技术以及新一代信息技术、新能源汽车、智能机器人以及高端装备制造等八大领域，围绕这些领域的投资将会快速增加。

第二，服务业投资。在后工业化时代，服务业将会成为我国的支柱性产业之一，这主要是因为：首先，服务业有助于解决就业问题，服务业是同等条件下最大限度吸纳就业的部门；其次，节约资源，服务业是同等条件下最少消耗资源的产业；再次，提高经济结构的档次和水平，服务业比重决定经济结构的档次和水平。服务业主要分为消费服务、商务服务、生产服务和精神服务四大类，属于第三产业的范畴，也是第三产业最主要的构成部分，从2012年开始，第三产业增加值占比已经超越第二产业，并且逐年上升，截至2015年达到50.5%，以绝对优势成为国民经济中的最大部门，服务业投资在"十三五"期间有巨大潜力。

第三，现代制造业投资。现代制造业与传统制造业的最大不同点在于前者生产的主要是公共物品，后者生产的主要是私人物品，除此之外，前者在生产规模、技术水平、商业模式、管理方式等方面会面临更大挑战，现代制造业包括航空器制造与航天器制造、高铁装备制造、核电装备制造、特高压输变电装备制造和现代船舶制造等，目前现代制造业的供给依旧十分短缺，未来发展空间广阔，投资需求巨大。

第四，基础设施建设投资。目前的基础设施建设投资受到制约主要是因为财政收入的影响，而不是因为没有投资需求，在中西部欠发达地区，对诸如交通、邮政、水利、教育设施等的需求十分旺盛，如果我们扩展"基础设施"的外延，将互联网、数据库等的建设包含在基础设施建设的范畴之内，那么投资范围更为广阔，投资需求也更大。为了解决基础设施建设的资金问题，可以引进民间资本，也就是采取公私合营模式，即PPP模式，这不仅有利于建设项目融资，还能加强监督，改善经营水平，目前这种模式已在基础设施建设领域逐渐推广。

战略性新兴产业、服务业、现代制造业和基础设施建设等领域在"十三五"期间的投资需求巨大，为了促进投资，国家也采取了一系列措施，比如多次降准降息以盘活货币存量、改革金融市场以通过股市募集资金等。基于我国的投资需求和政府政策引导，我们预计"十三五"期间投资对国内生产总值增长的拉动在三个百分点左右。

3. 消费的现状与方向

从微观上来说，消费是人们购买商品和服务以获取效用的选择，是人们维持生存与发展的必要活动，从宏观上来说，消费是一国居民用于购买产品和服务的总支出，包括耐用品、非耐用品和各种服务等，它作为经济增长的主要力量之一，长期以来是经济学界关注和研究的一个重要话题。2015年全年我国最终消费支出对国内生产总值增长的贡献率为66.4%，比上年提升15.4个百分点，但是这不是由消费的大幅增加引起的，而是因为投资萎缩太快，是一种相对比例的提升。我们可以从四大核心消费来看我国消费的变动与潜力，包括家电消费、汽车消费、住房消费、青少年消费，这四大核心消费占总消费的75%左右，决定了消费变动的基本面，具体来说：

（1）家电消费：家电消费包括制冷电器、空调器、清洁电器、厨房电器、电暖器具、整容保健电器、声像电器和其他电器的消费，目前大部分已到达"天花板"状态，全国已基本实现"家电化"，未来大多数是以旧换新和产品的升级换代，典型代表是空调市场基本饱和。

（2）汽车消费：近些年，我国的汽车行业发展很快，据全球经济数据统计显示，2005年我国的在用汽车存量为3159.7万辆，2013年达到12670.1万辆，年均增长率为19.0%，远超同期美国0.8%、印度11.7%、巴西7.0%和全球3.6%的年均增速。但是从平均保有量来看，截至2014年末我国的民用汽车人均保有量达到105.83辆/千人，户均保有量约为35辆/百户，这与美国超过200辆/百户和欧洲一些发达国家超过150辆/百户还有很大差距，我国的汽车消费市场还有一定的潜力和空间。但是当前由于环境压力较大，部分地区对于汽车消费已经由鼓励转为限制，比如上海实行牌照拍卖制度、北京实行摇号制度等，这些政策在一定程度上限制了汽车消费，据中国汽车工业协会统计，2015年我国汽车产销2450.33万辆和2459.76万辆，同比增长3.25%和4.68%，增速比上年同期减少4.01个百分点和2.18个百分点，所以说我国的汽车消费虽尚有潜力，但其增长速度将会逐渐下降。

（3）住房消费：根据人们购房需求的不同，住房分为刚需性住房、改善性住房和投资性住房，其中前两者是以保障和提升基本生活水平为目的，也是当前中国住宅市场的主流，是住房消费的范畴，而投资性住房是以保值增值为目的，从性质上说，其属于投资的范畴，而不属于消费的范畴。近些年，由于对住房的消费和投资的需求都很大，带来房价的飞速上涨，为了保障民生和防止房地产泡沫的发生，国家出台了一系列限购政策，包括"限购令"、征收房地产税、户籍限制等，但是随着房地产需求的降温，房地产市场支撑经济发展的力量下降，目前又重新开启住房消费，除北上广之外基本都取消了限购，同时降低购房贷款利率，然而住房消费市场并没有什么太大反应，这可能是由于国内住房需求已经趋于常态化。

（4）青少年消费：青少年消费作为我国四大核心消费之一，近年来受到了出国留学严重的冲击。据教育部统计显示，2014年我国出国留学人数为45.98万，相较于2004年的11.47万人可以看出，近十年来，我国年度出国留学人数已经翻了两番，中国已成为世界最大的留学生输出国，同时中国留学生的低龄化趋势越来越明显，出国读本科及以下的人数急剧增加，读研究生的人数增长进入平台期，预计在未来两三年内出国读本科及以下的人数将占据绝对主导地位，这意味着我国青少年出国留学人数增长迅猛，毫无疑问这将严重影响我国的青少年消费，这是因为：第一，青少年留学总人数增加，国内消费转向国外消费；第二，青少年留学往往是个比较长期的过程，一般来说，初高中在国外留学，大学或研究生回国的可能性很小，所以影响的周期较长；第三，随着出国留学的去精英化趋势，更多富有的家庭会送孩子出国留学，而他们恰恰是消费能力比较强的家庭，所以影响程度会加深。

如今这四大核心消费的前景不容乐观，会降低我们的经济增长预期，但是也有一些消费可能在未来一段时间获得快速发展，从而对经济增长起到刺激作用，这主要包括如下内容。

一是信息消费：从上世纪80年代开始，我国步入"信息时代"，电子计算机和互联网逐步普及，改变了人与人之间的关系，如果说农业时代人们之间是"点"式结构，工业时代人们之间是"线"式结构，那么在信息时代人们之间就是网状的"面"式结构，这种关联方式极大地提高了人们的工作效率，促进了经济的发展。在个人计算机和互联网发展上，我国是跟进式的，但是如今我国正在抢占移动互联网、大数据、云计算等领域的发展先机，并产生了一批诸如阿里巴巴、腾讯、百度等一流的互联网公司。随着智能手机的普及和移动网络的升级，预计我国未来的信息消费在广度和深度上都会取得较快发展，甚至有专家学者提出"新经济"的概念来形容未来经济发展的状态，而新经济的核心就是互联网经济。

二是教育消费：如今现实世界的发展变化之快，已经使得"自主学习"、"终生学习"、"学习型组织"等概念深入人心，不仅义务教育、高中教育、大学教育等传统教育形式受到前所未有的重视，职业教育、MBA、EMBA等教育形式也获得了高速发展。2014年我国的高中阶段毛入学率和高等教育毛入学率分别达到86.5%和37.5%，超过中高收入国家平均水平。职业教育在政府推动和市场引导下，取得了快速发展，培养了大批中高级技能型人才，这种教育与传统教育不同，它直接面向市场需求，以培养和训练学生的工作技能为主要目的，具有极强的灵活性和实用性，因而越来越受到欢迎，预计2020年从业人员继续教育将达到3.5亿人次。教育本身就是一种消费，它需要人们为教育化产品和教育劳务进行开支，并且它还具有很强的消费关联性，比如学校周边大多会形成商业圈、EMBA等往返上课会带来航空、酒店等的消费、新的人际关系的开支等等，教育消费在家庭消费中所占的比重将会越来越大。

三是休闲度假式消费：随着我国中产阶级的壮大，休闲度假式消费获得蓬勃发展，人们在满足基本的物质需求之后，就会去追求精神上的满足，休闲旅游度假成为人们的重要选择，近年来一到"五一"、"十一"等假期各大旅游景区出现的人山人海的局面就是生动的反映，另外，各种旅游度假区、"农家乐"等的快速发展也反映了人们日益增长的休闲度假式消费需求。从2015年开始，为了提高员工生活质量、推进人性化管理，一些公司开始实行"四天半工作制"，这样能形成两天半的"小长假"，如果这种模式推广开来，我国的休闲度假式消费将获得明显的提升。

虽然家电消费、汽车消费、住房消费和青少年消费等四大核心消费在未来一段时间不容乐观，但是信息消费、教育消费和休闲度假式消费等将获得较快发展，预计在"十三五"期间，消费对国内生产总值增长的拉动在三个百分点左右。

综合考虑经济增长的三大拉动力，预计在"十三五"期间，出口对国内生产总值增长的拉动为一个百分点左右，投资和消费对经济增长的拉动分别为三个百分点左右，所以预计可以实现7%左右的增长率，"十三五"期间设定的6.5%~7%的经济增长率也是基于现实的考虑，同时这也是我们提出"中高速"增长的原因。另外，不同省份由于经济发展程度、政策和机遇等不同，其发展速度可能有差异，比如中西部欠发达地区可能超过8%的增长率，但是从全国来看，总体水平会维持在6.5%~7%。

四、结论与政策建议

根据以上对我国现实宏观经济形势以及拉动经济增长的三大动力的分析，我们可以得出结论：未来5~10年内，如果政策得当，中国经济不会出现崩溃或萧条现象，而是平稳进入"新常态"时期，在新常态下中国将有足够的潜力保持中高速增长，具体来说，我们确立的"十三五"期间6.5%~7%的经济增长目标是很可能实现的。

但是我们提的"中高速"增长也是有条件的，并不是说轻而易举就可以实现，那样它就失去了作为目标的意义。要在新常态下保持中高速增长，要在"十三五"期间实现6.5%~7%的经济增长目标，必须依赖于各方的共同努力，尤其是政府政策要适当，中国经济的增长潜力有赖于结构红利和改革红利的充分释放，政府适当的政策引导至关重要。

第一，引导经济结构调整的方向，加快经济结构优化升级。经济结构调整首先表现为支柱性产业的变化，我国过去十几年的支柱性产业一直是传统制造业和房地产业，它们对我国经济增长有过巨大贡献，但是近年来，二者的发展都进入平台期，传统制造业出现严重的产能过剩，房地产业库存压力大，它们对经济增长的贡献都逐步减弱，与此同时，新的支柱性产业渐趋形成，主要包括战略性新兴产业、服务业和现代制造业，而原来的两大产业将逐渐转为常态性产业。政府部门要看清当前的经济结构调整方向，明确政府与市场的界限，主要依靠市场的力量来进行升级换代，让传统制造业和房地产业在市场竞争中自发地转型和淘汰，同时对新的支柱性产业中那些具有很强外部性的企业进行补贴、减税等扶持，比如高新技术产业等。另外，通过这次结构调整，中国将成为世界最大的资源消费国，届时将出现资源不能自给的现象，资源类产业的发展也必须受到重视，为保证资源类产业的发展，必须建立现代国防体系，改变传统的价值观念。

第二，推动经济体制改革，发挥市场在资源配置中的决定性作用，降低交易成本。1949年以来，中国的经济体制经历了三个阶段，分别为计划经济、政府主导型经济和市场经济，在政府主导型经济中，政府统治五大资源，即货币资源、自然资源、物质资源、信息资源和物流资源，这种经济体制抑制了人参与经济的积极性，不利于经济发展，现在虽然形成了市场经济体制，但是受到前期的影响较大，一些制度安排并不合理。在"十三五"期间，政府部门要进行经济体制的改革，这主要包括：①行政体制改革，其核心是"简政放权"，包括向市场、向社会和向企业放权。②金融体制改革，主要方向是金融自由化，主要内容包括利率市场化、汇率市场化、人民币在资本项目下的可自由兑换、银行自由化、放开非银行金融以及资本市场改革等。③调整基本经济制度，民营经济要获得与公有经济完整、平等的地位，保护产权，实行混合经济，推动国有企业改革。通过这些改革来释放改革红利，这是政府部门的重要任务。

第三，引导经济增长方式由要素驱动向创新驱动转变。在过去，我国主要依靠生产要素的大规模投入来推动经济增长，比如：上世纪80年代，依靠劳动力的大规模投入，长三角和珠三角地区发达起来；90年代，依靠土地的大规模投入，房地产业兴起；2000年之后，依靠货币的大量投入来刺激经济增长，但是要素投入对经济增长的贡献是有限度的，在新常态下，我们要依靠创新来驱动经济发展，包括产品和服务的创新、商业模式创新和技术创新。创新的主体是企业，但是创新具有很强的正外部性，纯粹依靠市场可能导致供给不足，这为政府部门介入提供了理论支撑，政府部门要提供良好的知识产权保护体系、合理的人才制度设计、创新激励措施等，当然必要情况下可提供资金支持，比如创业基金、建立实验室等。

第四，制定双向型的对外开放战略，扩大对外开放层次。我国从对外开放开始，就一直提"引进来"和"走出去"，但是我们主要的做法是引进来国外的资本、走出去国内的商品，也就是利用国外的资本和市场，这主要是"搭别人的便车"，是一种单向型的开放，而在未来，我们需要采取双向型的战略，就是既要搭别人的便车，主要是发达国家，也要让别人搭我们的便车，主要是发展中国家，并且我们要意识到这两种开放都是有利于我国经济发展的。在未来一段时间，进口和对外投资将会逐渐受到重视，针对于此，"十三五"期间的主要战略是"一带一路"，当然除此之外，也要进一步扩大双向型开放的范围。

综合来说，政府部门要引导经济结构调整、推动经济体制改革、促进经济增长方式转变以及制定双向型的对外开放战略，保证市场经济运行顺畅，充分调动各市场主体的积极性，从而实现中高速增长的目标。

参考文献

[1] 国家统计局. 2015年4季度和全年我国GDP初步核算结果. 中华人民共和国国家统计局网站. 2016 – 01 – 20. http：//www. stats. gov. cn/tjsj/zxfb/201601/t20160120_1306759. html.

[2] 新财网. 聚焦达沃斯论坛：索罗斯谈中国经济. 2016 – 01 – 26. http：//www. xincai-net. com/index. php/news/view? id = 6173.

[3] 国际货币基金组织. 世界经济展望最新预测. 2016 – 01 – 19.

[4] 魏杰，汪浩. 结构红利和改革红利：当前中国经济增长潜力探究. 社会科学研究，2016（1）

[5] 国家发展和改革委员会. 中共中央关于制定国民经济和社会发展第十三个五年规划的建议. 2015 – 10 – 29

[6] 财经网. 傅莹: 以西方为中心的战后世界秩序出现了问题. 2015-12-12.

[7] 魏杰, 汪浩. 新常态下我国企业对外投资的经济效应. 中国发展观察, 2015 (9).

[8] 国家发展改革委员会, 外交部, 商务部. 推动共建丝绸之路经济带和21世纪海上丝绸之路的愿景与行动. 2015-03-28.

[9] 全球经济数据网站. 2005年-2013年各国在用汽车（存量）总量［R］. 2016-01-28. http://www.qqjjsj.com/spsj/98813.html.

[10] 惠杨. 中国每百户汽车拥有量不到美国六分之一. 2015-04-15. http://money.163.com/15/0415/17/AN8R9NP300252G50.html.

[11] 中国汽车工业协会统计信息网. 2015年12月汽车工业产销情况简析. 2016-01-12. http://www.auto-stats.org.cn/ReadArticle.asp?NewsID=9176.

[12] 中国教育在线, 教育优选. 2015年出国留学发展状况调查报告. 2015-10-27. http://www.199it.com/archives/397491.html.

[13] 中国教育报. 教育规划纲要贯彻落实情况总体评估报告显示——我国教育总体发展水平进入世界中上行列. 2015-12-10. http://www.moe.gov.cn/jyb_xwfb/xw_fbh/moe_2069/xwfbh_2015n/xwfb_151210/151210_mtbd/201512/t20151211_224492.html.

[14] 中国政府网. 国务院关于加快发展现代职业教育的决定. 2014-06-23. http://www.edu.cn/zhi_jiao_news_295/20140623/t20140623_1138044.shtml.

"十三五"时期的两大重点：
调整结构与深化改革

"十三五"时期是中国经济新常态的第一个五年。"十三五"时期是中国经济面临诸多严重挑战的时期，当然，中国经济若能有效而且顺利地应对挑战，将迈上新的更高的台阶，因而"十三五"时期挑战与机遇并存。从总体上看，中国经济仍然处于较快发展的良好历史机遇期，关键是看我们如何做。我认为，"十三五"时期我们必须要做好两件事：一个是结构调整，一个是深化改革。

一、结构调整

"十三五"时期与"十二五"时期相比较，一个最大的不同点是经济结构的不同，可以说"十三五"时期我国的经济结构要发生质的变化。因此，经济结构调整是"十三五"时期的一个重大问题。

经济结构调整必然会涉及到许多产业的调整，但是目前讨论结构调整，首先涉及到的是关于支柱性产业变化的问题。

什么叫支柱性产业呢？就是指对我们增长贡献排在前几位的产业，这几个产业我们称之为支柱性产业。

---

* 本文是我 2015 年 11 月 1 日在"清华 2015 年度校友盛会"上的讲话录音整理稿。

目前结构调整首先是支柱性产业的变化。

怎么变化呢？大家知道，原来我们国家的支柱性产业有两个：一个是传统制造业。

传统制造业确实是我们的支柱性产业。它不仅有效满足了国内市场需求，而且是它引发的出口对我们的增长贡献很大。过去传统制造业引发的出口每年对我们的增长贡献都在3个百分点以上，我们过去的出口主要是传统制造业的贡献。所以传统制造业确实是我们过去的支柱性产业。但是，现在传统制造业有一个很大的问题就是产能过剩，而且严重过剩。数据表明，传统制造业的投资已经连续五年增速回落，现在它的增长已经是一个负数。这就标志着传统制造业已经不可能作为我们的支柱性产业了。因为它严重产能过剩。根据我们目前的测算，我们传统制造业中的有的行业的过剩比例在40%左右。差不多接近一半，所以说是严重产能过剩。而且我们估计到2016年6月份以前，传统制造业中的有的行业的倒闭企业数量会是现在企业数量的35%左右。实际上传统制造企业倒闭潮从2015年初就开始了，到2016年的6月份左右将会出现大规模的倒闭潮。这样一来，这种产业就不可能再作为支柱性产业了。因为它严重产能过剩，这是传统制造业目前遇到的严重问题。所有情况都标志着传统制造业已经不可能再作为支柱性产业存在了。

过去我们另外的一个支柱性产业就是房地产产业。

房地产产业过去确实是我们的支柱性产业，因为它引发的产业链非常长，像钢材、水泥、铝合金、煤炭等等，是一个很长的产业链。所以它对增长的贡献很大，确实是我们的支柱性产业。但是现在房地产遇到了严重的问题，我们现在对它的提法叫去库存化，目前房地产已严重的产能过剩。根据有关机构的推测，我们现在建成的房子可以够38亿人住。我们只有13亿人口，结果建的房子可以供38亿人口居住。实际上房地产产业已经连续五年增速回落。例如，2013年我们房地产投资增长速度是18.5%，2014年降到10.05%。2015年1到9月份降到4%，2015年年底要降到2%，降到了1位数。房地产很显然已经很难再继续作为支柱性产业存在了，所以我们对它的提法叫去库存化。最近调研的时候发现房地产产业已经非常艰难。其中有一家搞商业地产的企业，我去调研的时候，它的老总告诉我，半年时间没卖掉一平方米的房子，而这个项目的投资是20个亿。所以我建议他干脆把销售团队解散算了。我说你这么大的销售团队每天的成本多高，解散算了吧，变成资产管理公司，自己运营就行了，因为已经没有办法了。2015年6月份以后大量出现的集资不能还本付息的群发性案件，其背后都是由于房地产企业因无法顺畅销售甚至倒闭而引起的。所有这些，都标志着房地产产业已经很显然不能再作为支柱性产业了。

总之，我们原来的两个支柱性产业，一个是传统制造业，一个是房地产产业，都已经很难再作为支柱性产业存在了。虽然我们还需要这两个产业，因为它们涉及到民生，我们的吃穿住用都要靠它们，但是它们已不能再作为支柱性产业存在了。

那么"十三五"期间，我们的支柱产业是什么？因为任何国家在任何时期都一定有支柱性产业存在的。"十三五"期间哪些产业将成为我们国家的支柱性产业，这是目前结构调整中讨论最热烈的问题。从现在的情况来看，我们估计"十三五"期间可能有三个产业，将上升成为我们国家的支柱性产业。

1. "十三五"期间第一个支柱产业是战略性新兴产业

所谓战略性新兴产业，就是指既有战略性又是新兴的，我们把具有这种特征的产业统称战略性新兴产业。战略性新兴产业有两个特点：一个是市场需求巨大，因为需求不大就没有战略性；另外一个是短期内技术能够突破，因为技术不突破就不会是新兴的。所以要能成为战略新兴产业的产业，需要满足两个条件，一个市场需求巨大，一个技术短期内有可能突破。我们把能满足这两个条件的产业统称为战略性新兴产业。

按照这两个条件来分析的话，我们国家在未来的"十三五"期间，战略性新兴产业是哪些？哪些产业能成为我们的战略性新兴产业？目前分析的结果认为，能成为我们国家战略性新兴产业的一共有八个要点。

第一个就是新能源。

新能源属于战略性新兴产业。所谓新能源是相对传统的能源而讲的。传统能源就是指化石燃料，就是地球表面的动植物埋到地底下，经过若干年的地球变动后把它挖出来具有燃烧功能，被作为能源，这种作为能源的燃料我们就叫化石燃料，像煤炭、石油之类就叫化石燃料。这就是我我们讲的传统能源。

所谓新能源是指非化石燃料，非化石燃料我们叫新能源。新能源主要有五个形态，一个是水能、一个是风能、一个是太阳能、一个是核能、一个是生物能。这五个我们统称新能源。当然，现实中的新能源主要是指前四个。

我这里提醒大家，我们国家在能源上，最近除了提新能源之外，还有两个名词，一个叫可再生能源，可再生能源实际主要包括风能和太阳能。因为按照环保主义者认为，水能都不能算，因为利用水能就要修水库，水库会破坏自然生态环境。因而可再生能源实际上就主要是指风能和太阳能，这就是我们所讲的可再生能源。

还有一个概念叫清洁能源，清洁能源涉及范围更大。包括所有新能源，还包括一部分传统能源，像页岩气及天然气等，它们虽然属于传统能源，但它们是清洁能源。因此，除了新能源之外，还有一部分传统能源也算清洁能源。

所以在能源领域现在我们有三个提法，一个叫新能源、一个叫可再生能源、一个叫清洁能源。作为战略性新兴产业的是指新能源，主要是指风能、水能、太阳能、核能，这四大形态我们统称新能源。

2015年8月份我用了一点时间，对新能源这个领域做了一点考察。我发现水能在中国的投资空间似乎已经不大了。因为我们现在水能就剩下所谓的雅鲁藏布江这个水系还没开发，但这个水系开发似乎很难，其原因有二：一个高发地震带，再一个涉及到南亚和东南亚国家母亲河的问题，所以可能会引起国际上的纷争问题，因而我觉得水能的投资空间似乎已经不是太大。这是新能源的第一个部分。

另外一部分是风能和太阳能。也就是说我们讲的可再生能源这部分，它属于新能源的一部分。风能和太阳能我考察结果发现它有三个问题目前似乎还不能解决。所以我觉得对这部分新能源我们还只能做探索性投资，似乎完全大规模投资的条件还不具备，只能是探索性的投资。它的三个问题是：

一是它的发电成本太高，风能和太阳能的发电成本远远高于传统能源的发电成本。正是由于发电成本太高，因而消费者不接受，因为消费者不管什么能源发的电，他们只选择便宜的。要让消费者接受的话，就得降低成本，怎么降低成本呢？现在做了两件事，想降低它的成本。一个就是免征土地使用税，但是这个做法地方政府基本不接受。他们认为我们办了一个光伏电厂为什么不收税，根本不接受。我去河西走廊调研，有的光伏企业就在戈壁滩上建的。这些戈壁滩过去就没有用。但是一建光伏电厂就要收税了。我跟他们聊天，我说你们这地方就没有用，人家建电厂为什么收税？他们说魏老师，你是搞经济学的，你应该明白，没有使用价值就没有价值，有了使用价值就有价值。所以这个做法基本行不通。第二个做法就是财政补贴，用补贴方式让消费者使用风能与光伏的电。但财政补贴遇到一个问题，就是钱从哪来？财政补贴钱从哪来得搞清楚，而且还要清楚补贴多少是合理的，说不清楚。正是因为钱从哪来没解决，补贴多少比较合理也没有搞清楚，所以这种补贴基本不到位。我去考察的时候，好多企业说，魏老师你们不讲信用，说好的补贴，钱都不到位。我说很正常，钱从哪来没解决，补贴多少合理也说不清楚。所以目前补贴这个做法实际上很难实施。正是因为上述这些原因，所以这样来看，现有降低成本的两个办法，基本上在现阶段都用不成。我自己认为，要真正把成本降下来只有靠技术才行，技术突破才能真的把成本降下来。但是这种技术现在我看不到方向在哪里。所以发电成本过高的问题，现在实际上没有解决。这是第一个问题。

二是风能和太阳能有一个特点，就是间歇性和不可持续性。有风就有电，没有风就没有电；有太阳就有电，没有太阳就没有电。风大了，电就多；风小了，电就少。太阳强了电就多，太阳弱电就少，间歇性和不可持续很明显。这就导致电没法上网，电网要求上网的电必须具有持续性才行。正因为电网要求平稳上网，而风电与光伏是不可持续和间歇性的，所以没法上网。怎么样才能解决这问题，平稳上网呢？需要形成一个重要的技术即储能技术。但是储能技术现在似乎连突破的方向也不清晰。2015年8月份考察的时候好多企业告诉说，魏老师我们有新的储能技术。有人讲，他们有一项浮悬式的储能技术，结果我去看，全都是纸上谈兵。这时我才知道，全世界都在为储能技术而努力。这是世界性的问题，不仅是我们的问题。储能技术出现不了的话，风能与光伏就没法解决平稳上网的问题，这是第二个问题。

三是风电与光伏的技术路线实际上一直在摇摆。到底采用什么技术路线，似乎还没有形成统一的认识。例如光伏，到底是搞多晶硅还是薄膜发电？我参加这方面的研讨会，搞多晶硅的说薄膜没有前途，搞薄膜的说多晶硅没有前途。我说你们如果不能解释两个问题，一个是无锡尚德为什么破产，一个是汉能在香港的股价为什么拦腰斩断，这两个问题如果解释不清楚，就不能说服投资者来投资。无锡尚德是搞多晶硅的，已经破产了。汉能集团是搞薄膜的，汉能股价2015年5月份在香港拦腰斩断，从7块多掉到3块多，20分钟时间一千多亿港币就没了。因为香港股市没有跌停板制度，只要交易就继续跌，一看不对赶快停止了交易，20多分钟一千多亿港币没了。现在汉能集团已不是自己停止交易，而是香港交易所要终止它的上市交易了。我估计背后的原因可能就是技术路线上是不是还没有突破，投资者在怀疑它。我认为，如果上述这两个问题不能说清楚的话，投资者很难大规模投资。

所以，风能和太阳能上述的这三个问题，决定了我们目前对它仅仅只能是探索性的投资，还难以进行大规模的现实投资，因为上述这三个问题没有解决。这是新能源的第二部分。

新能源的另外一部分就是核能，核能我们完成了突破，大家知道清华大学及 21 家联合体 2015 年对外宣布,以清华大学为首 21 家联合机构,完成了第三代核电装备的生产。第三代是解决安全性问题的。核电最怕不安全,一怕地震二怕没有水。第三代解决了安全的问题,我们同美国、法国一起,已拥有这种技术了。所以我们 2015 年已经启动了三大核发电厂的建设。据说,我们第四代也已经完成了,只是没有正式公布而已。

我上次碰到一个民营企业老总,他投资于核电这部分,他告诉我第四代也已完成了。第四代是解决核废料问题的。解决核废料是第四代核电装备的问题。大家知道,欧洲国家基本没有地震这种大灾难,但是怎么处理核废料这是个大问题,据说,这个实际上也解决了。所以 2015 年 10 月习总书记出访英国一个最大的成果之一,就是中广核集团已经在英国要与法国联合建核发电厂。

原来核电我们是建在发展中国家的,像巴基斯坦,而这一次发达国家也认可了我们的核电技术。这就说明我们这方面的技术已经完全突破了。所以新能源的核电这部分,有巨大的投资空间。因为不仅仅有中国市场的问题,而且涉及到广大的世界市场。大家知道,据说 2030 年我们的新能源的发电量要达到发电总量的 32%。现在不到 3%,而且在能源里面,可能大部分是核电,因为最近我碰到国家电网公司搞技术的同志,他告诉我说我们未来的框架性电网,要占我们整个电网的 80% 以上,分立式电网只占百分之十几,分立式电网就是自己用电,自己发电,就是我们讲的光伏和风能所生产的电,只占百分之十几,也就是说新能源一大部分将是核电。所以新能源中核电有巨大的投资空间和现实的投资条件。

所以我考察发现,新能源这部分,实际上水能的投资空间已不大,风能和太阳能投资因为有三个问题没有解决而实际还处于探索性投资阶段。而真正拥有现实投资条件的是核电。而核电一旦启动之后,核电装备生产就会起来,而核电装备生产涉及到十几个行业,能带动相关的产业起来。据现有研究表明,现实有较大投资规模和机会的是核电,核电投资将会大规模推动。这就是我们所讨论的战略性新兴产业第一个要点即新能源。

战略性新兴产业第二个要点就是新材料。

新材料属于战略性新兴产业。因为未来好多产业的提升是靠材料的变革，也就是靠新材料。新材料不仅用途巨大，而且技术突破也比较快。大家知道，习总书记2015年10月这一次出访英国，专门去看了英国的石墨烯实验室，石墨烯是一种高硬度的纳米性材料。这标志着我国很关注新材料方面的动向，新材料未来需求巨大，而且技术也可能不断的突破。像中国2015年这一次天津港爆炸案，也告诉大家未来的新材料的方向。有一些化学品燃烧，灭火不能用水而是新材料。一张薄膜打过去，一覆盖火就灭了。所以未来消防队不能仅仅考虑用水灭火的问题，还要考虑使用灭特殊燃烧品的新材料的问题。所有这些，未来都有巨大发展空间。目前我们已经成功下线的C919飞机，实际上机壳就是一种的新材料，既轻又坚硬。所以新材料确实是属于战略性新兴产业，而且发展得非常迅速。

例如，据说利用石墨烯聚合材料生产出来的汽车电池，只充电几分钟就可以让汽车连续开1000公里；石墨烯强度超出钢几十倍，有望被用于制造超轻型飞机材料和超坚韧的防弹衣等；石墨烯如果取代硅，有望让计算机处理器运行速度快数百倍，有望引发触摸屏和显示器产品的革命，制造出可折叠和可伸缩的显示器等等。再例如，超薄材料的发现，会导致用品会越来越薄。我估计手机未来会薄到与酒店的房卡差不多。手机薄到像酒店房卡那么薄不是遥远的未来，而是很快就会实现。当然，我想它太薄似乎不太好用，但是它肯定是会发生变化的。

战略性新兴产业的第三个要点就是生命生物工程。

生命生物工程属于战略性新兴产业。它涉及到农业、医疗健康等等，需求巨大，而且技术突破非常之快。2015年10月我去外地调研碰到我的一个学生，两年前我去他们的市里面就碰到他，那天他正在剪彩，要成立一个体检中心。我那天去刚好碰上了，他还拉我去做剪彩嘉宾。但这次我见到他时他就告诉我说，魏老师，那个体检中心已经倒闭了。为什么倒闭呢，因为现在的体检，已经发展到了基因体检，抽几管血，从你基因推测你未来容易得肿瘤还是容易得脑血管病，提前就开出保健的建议。早就不用这种传统的体检了。我发现这个方向上变动非常之快，生命生物工程这个要点上，我估计未来会出现许多改变人们生活的各种创新。我最近调研这个领域发现，将会出现很多改变人们生活的突破。例如，现在已不是人体器官移植的问题，而是人体器官再造的问题。所以生物生命工程属于战略性新兴产业，这是所谓第三个要点。

战略性新兴产业的第四个要点就是信息技术以及新一代信息技术。

信息技术及新一代信息技术是战略性新兴产业。大家知道，现在我们许多产业的技术能够突破的原因，是因为信息技术的发展，例如像新材料，我们之所以能够突破很快，就是因为信息技术为人们认识物理结构提供了更加好的手段。再例如，生命生物工程之所以进步很快的原因，也是信息技术的使用，让人们对生命生物的领域认识更加深入。

不仅如此，信息技术已深入运用到各行各业的生产之中，而且也广泛应用于人们的所有社会生活和特质生活之中。所以信息技术以及新一代的信息技术，属于战略性新兴产业。

战略性新兴产业的这个要点实际包括两个部分，一个是信息技术，一个是新一代信息技术。

信息技术这部分目前在中国投资热点有三个，一个是芯片。我们现在自己还生产不出芯片。我们每年进口芯片的外汇跟我们进口石油外汇是一样的。我们每年买芯片的钱和我们从国外买石油的钱是一样的。大家想象，这个一旦突破，将有多大的贡献。所以最近我们极力支持产业基金及私募基金等基金进这个领域投资。因为一旦成功的话，对我们将有巨大的影响。所以芯片是我国在信息技术上目前投资的重点。

信息技术的第二个投资重点就是无线传输技术。未来信息基本靠无线传输，无线传输技术有巨大投资空间。现在我们搞的所谓铁塔公司加室内路由器，实际上这都是不行的，未来一定会发生的巨大变革，所以无线传输技术投资非常有意义。最近有许多产业基金之所以挤进这个投资领域，是因为有巨大的发展空间。

信息技术的第三个投资重点是终端使用。现在我们讲的互联网＋，就是信息技术的终端使用。这个现在我们做得还可以。但是未来投资空间仍然很大，像互联网＋金融、互联网＋教育、互联网＋医疗等等，都是终端使用，是一个巨大的投资空间。像互联网＋金融，出现许多新的东西，像 P2P，像众筹，像第三方支付等等。这些都是信息技术的终端使用引起的。

像众筹，我也遇到过。我住的那地方的有一个小书店，是我经常光顾的书店，因为他们老板知道我喜欢什么书。比如说我喜欢人物传记，他能够把任何地方出的人物传记都搜出来，所以它是我经常光顾的一个小店。但是前一段时间，店主给我发了一个邮件说，老师我们运作不下去了，现在实体店被冲击得很厉害，我们书店运作不下去了。如果你们还想让我继续运作的话，比如说再运作三年，那是不是你们一人拿一万块钱，如果有五十个人拿五十万，我保证为你们再运作三年，你愿意不愿意？你愿意的话就拿一万块钱，我筹够五十万，保证给大家再服务三年，我说一万块钱没问题，买三年服务太值得了。不过，过了几天他又发来邮件，说不行了，原来我们预计五十个人一人一万，结果有 253 个人都愿意参加，众筹了 253 万，要么你们 253 个人当股东一人一万，按众筹的钱确定一下书店还可维持多长时间。如果你们只想维持三年，那就不是一人拿一万，而可能是拿几千块钱就够了。这就是众筹。这就是互联网终端使用而产生的。未来中国在这些方面还是有空间的，而且我们现在还做得不错。

当然，还有些终端使用遇到了新问题，像第三方支付。对所谓第三方支付，大家知道银行现在意见很大，为什么？因为银行只有风险没有收益。第三方支付者没有风险只有收益。最近这方面的征求意见稿提出，每人每天用第三方只准支付五千块钱，我说这不行吧，钱是我的，我为什么每天只能支付五千。银行的同志告诉我说，因为过去没有互联网的第三方支付的时候，银行工作就 8 个小时，你要取款也就是 8 个小时，但互联网一旦使用，24 小时都可以了，可以随意取款。但你放在银行的钱已贷出去了，而且银行为了应付你取款要搞配付，估计你取一块钱，他要配付 5 块钱放在那里，所以你的钱虽然是你的，但它都贷出去了，你要挤兑银行怎么办？所以这样一来，就出现了一些新的问题，银行一方强调每天第三方支付最多五千块钱，而支付方却说是我的钱，我爱支付多少是多少，你为什么定，这样矛盾就来了。所以我估计未来情况可能既不是互联网改造金融，也不是金融改造互联网，而是可能会出现非驴非马，是个骡子的现象，也就是要有新东西出来。这些都是终端使用引起的。我们国家在这些方面还有空间，目前投资空间仍然很大。

由上述可见，信息技术这方面，我们有三个投资热点，一个是芯片，一个无线传输技术，一个终端使用技术。

当然，现在的信息技术还有两个问题没有解决，一个是没有实现大数据化，一个没有实现安全性。如果实现了大数据和解决了安全性的话，就进入到新一代的信息技术时代。

由此可见，新一代信息技术有两个投资热点：一个是大数据，一个是安全性。现在这两个投资热点的投资很活跃。我没有想到的一件事，就我们国家的大数据企业好多集中在贵阳。所以世界第四次大数据会议在贵阳召开，马凯副总理还专门去致辞。为什么呢，据说因为这种企业对气候有很高的要求，我看他们在一座山的山腰打了一个洞，告诉我说是为了通风。我发现我们大数据方面的投资也很热。

同时，安全性的投资也有巨大意义。现在的信息技术还没解决安全性的问题。所以中美在安全性问题上才争论来争论去，因为安全性问题在技术上没解决。一旦把对方的电网攻破的话，让你的电厂不能发电；把对方银行网攻破的话，让你所有银行不能工作；把你的航空网攻破的话，让你所有飞机不能起飞，等等，一秒钟让你完蛋，所以叫秒杀，这就是因为安全性没有解决。现在要解决它才行，所以许多投资者都在为此而投资。就我知道我们不少基金目前在这种投资上是很大的,一旦完成的话,意义重大。

总之,信息技术以及新一代信息技术,实际上在中国目前有五个投资热点:芯片、无线传输技术、终端使用、大数据、安全性。这就是战略性新兴产业的第四个要点,信息技术以及新一代信息技术,这方面投资有具有意义。

战略新兴产业的第五个要点就是节能环保。

节能环保属于战略性新兴产业。因为我们国家已经取代美国成为世界最大的资源消费国,节约资源是个大问题;同时我们也是最大的污染国,环境问题是一个大问题。而节能环保不能单靠法律。实际最终是靠技术。因为事情都不能干,当然可以解决环境问题,但是有好多事情必须干,而干了还不能影响环境,这是平衡点。在这种情况下,保护环境靠什么?得靠技术。一旦靠技术,当然就是产业的问题。所以节能环保不仅仅是政策及法律的问题,还是一个产业的问题。因为凡是靠技术解决的,必然会形成产业。

2015年春节期间,有关媒体报道,说四川省的一个城市实现了蓝天白云,就是攀枝花市。春节以后我因为别的事顺便去攀枝花看了一下,确实蓝天白云,为什么蓝天白云?就是因为攀钢脱硫技术完成了。治理环境靠什么完成的?就是靠技术,既然靠技术当然就是一个产业问题。现在不是谁污染谁治理,而是谁污染谁拿钱,第三方治理,第三方治理当然就是产业化问题。所以节能环保是战略性新兴产业,在中国有很大的发展前景。这是战略性新兴产业的所谓的第五个要点。

战略性新兴产业的第六个要点就是新能源汽车。

我们现在的汽车属于传统能源汽车。因而像排污问题解决不了,连德国大众这样的企业都弄虚作假,搞一个软件让你查不出污染,可能因为这个问题现在实在解决不了,所以才搞这种欺骗消费者的事。真正要解决问题,要走向新能源汽车才行。新能源汽车是未来的方向。像电动汽车,所以中国实际上已经把新能源汽车作为战略性新兴产业来推动。

大家看最近我们规定未来任何城市建小区的时候，必须配套一个基础设施：充电桩，充电桩也是最基本的基础设施。大家看到现在好多城市开始大规模启动充电桩的建设。因为这是新能源汽车必须配备的基础设施。这就说明我们要大力推动这种新能源汽车的发展。

目前电动车做得最好的是美国的特斯拉。北京有人买了这种汽车。上次让我去开，非常好开。一点声音都没有。为什么？我后来才知道，它没有发动机，就七块电池，所以没声音。但是我也很震惊，它没有发动机的话，那么它一旦发展起来，汽车工业咋办？汽车工业的核心是发动机，但它不要发动机，所以这时候我才感悟到，战略性新兴产业的特点，就在毁灭别人中发展自己，这个特点很明显的。例如网购把很多实体店都搞完蛋了，大家看现在大的商场除了吃饭的地方人多之外，好多都没有人，因为要买东西网上一点就行，到那儿去干嘛？所以我觉得这也是一个大问题，我们要考虑变革的负面影响的问题。

但是新能源汽车的发展方向应该不会受影响，而且全世界这方面的变革似乎很快。我看到一个资料，说英国剑桥大学在实验室中已生产出充一次电可以续航660公里以上的电池，而且这种电池可以连续充电2000多次，这些都表明新能源汽车将会很快得以发展。总之，新能源汽车是战略的新兴产业的第六个要点。

战略性新兴产业的第七个要点就是智能机器人。

大家知道，智能机器人在生产领域使用就产生了物联网，也叫工业4.0。现在发展得很迅速了。上次我到长沙去考察，有一家企业是为全世界的港口提供装备的，这个企业需要大量电焊工，但电焊工很难招，因为这个工种非常累而且有损于健康，但是这个企业现在完全不为此发愁了，因为完全智能化，现场几十个焊枪在运作，就一个人拿一个遥控器指挥就可以了。智能机器人在生产领域运用的话，会解决许多问题，而且会实现物联网和所谓的工业4.0。现在许多有危险性的生产活动都逐渐在实行智能与机器人化。

智能机器人不仅运用于生产领域，而且现在已经运用到非生产领域了。例如服务业也开始使用它了。你像遥控飞机，深圳那家公司一开始做的时候，还怕需求量不会太大，当时估计可能就是摄影爱好者买这玩意儿，但后来发现应用到很多领域，都可以使用。

智能机器人现在正在扩大使用领域，像无人驾驶汽车，恐怕也不是遥远的未来，据说技术上都没问题了。但我觉得现在是法律上的问题可能要赶快讨论。你像遥控飞机，如果每家都买，满天飞，出了问题怎么办？谁来负责。有人买是正能量，有人买是为了窥察别人隐私，你打不打，这是法律问题了。再例如，无人驾驶汽车，撞死人，谁负责任。我坐在上面我没驾驶它，当然我不能负责任，但谁负责任？是机器人负责任，还是买机器人的负责任，这都是现实问题。最近我参与这方面的讨论，才发现法律问题更加紧迫了，因为这些都很快成为现实。

智能机器人似乎在非生产领域的使用范围越来越大了，例如现在智能保安机器人都已经出现了。我上次去一个地方考察，住宅门口站的就是机器人。我一站那儿，它就告诉我，请拿出有效证件，连说三次，我还没拿，它说请你后退五步，你要不退，我出手了，结果一下就一拳头过来，吓我一跳，它非常忠实于主人。所以智能机器人未来需求会很巨大，智能机器人必定会成为战略性新兴产业的重要之点，有巨大的意义。这是第七个要点。

战略性新兴产业的第八个要点就是高端装备制造。

我们国家的高端制造短缺，所以高端装备制造属于我们战略性新兴产业，你像医疗装备就很短缺，例如核磁共振，我们就生产不出来。在北京你要搞核磁共振检查一下的话，有朋友关系都得等一两天，因为我们短缺。

最近我碰到一家企业老总，他告诉我，说他们要准备生产核磁共振了。核磁共振的基本原材料是稀土，他们现在已经控制一个稀土矿，现在唯一要做的就是要找到一个拥有这种生产技术专利的人才行，因为它有专利保护，只有找到这个人，他们就可以生产了。而且他告诉我，一旦生产，价格比国外的便宜30%都有很高的利润，因为国外对我们基本是垄断价格，垄断利润。可见，核磁共振我们非常需要。所以，高端装备制造，属于我们国家的战略性新兴产业。

总体来讲，现在在讨论中大家一致认为，我们国家的战略性新兴产业在未来五年到十年内，可能主要包括上述这八个要点。新能源、新材料、生物生命工程、信息技术以及新一代信息技术、节能环保、新能源汽车、智能机器人、高端装备制造。上述这八个要点的不断发展，将会使战略性新兴产业逐渐成为我们国家的支柱性产业，对增长将有很大的贡献。这是我们判断"十三五"期间我们国家的第一个支柱性产业，即战略性新兴产业。

2. "十三五"期间第二个支柱产业是服务业

服务业将上升成为我们国家的支柱产业。对此，有人不理解。说过去我们讲工业立省、工业立市，现在怎么提服务业是支柱性产业，觉得不可理解。实际上很正常。进入后工业化时代的国家，服务业会逐渐上升成为支柱性产业。我们国家目前已进入后工业化社会，因而当然在"十三五"期间，逐渐把服务业上升成为我们的支柱性产业。

不过，我们在"十三五"把服务业作为支柱性产业，也有自身具体的原因，主要有三个原因。

第一个原因就是所谓的就业原因。大家知道，我们国家的就业压力实际上是挺大的。过去就业靠什么？靠增长速度提高。我们国家的增长速度提高一个百分点，就可吸纳一千万左右人的就业机会。但是现在我们增长速度是中高速，"十三五"期间只能保持6.5%到7%之间了，显然不可能靠增长速度解决就业问题了，那靠什么呢？得靠服务业，因为服务业是最大限度提供就业机会的产业，在同等发展条件下，服务业是最大限度吸纳就业机会的产业。所以我们要大力发展服务业，这是第一个原因。

第二个原因就是节约资源的原因。大家知道，我们国家在"十三五"时期，将取代美国成为世界最大的资源消费国，但我们所需要的大量资源我们又不能完全提供,所以节约资源是一个大问题。怎么节约呢?得靠服务业。因为服务业是最少消耗资源的产业。在同等发展条件下,服务业是最少消耗资源的产业,所以要大力发展服务业。

第三个原因是提高我们经济结构档次和水平的原因。大家知道,一个国家服务业在经济结构中的比重是决定这个国家经济结构的档次和水平的。一般来说,服务业占的比重越高,就说明这国家的经济结构的档次和水平就越高。像美国,每年增长的80%来自于服务业,对美国每年增长贡献最多的是服务业,因而美国的经济结构是一个高档次的经济结构。而我们服务业比重偏低。要提高我们的经济结构的档次和水平,就必须大力发展服务业。

总之,具体来讲,"十三五"时期我们把服务业作为支柱产业的原因,就是上述三个。所以,现在要大力发展服务业。

怎么大力发展服务业呢?我们把服务业分为四大类。

第一类就是消费服务。

所谓消费服务,就是为人们的消费活动提供服务的服务。消费服务包括六个部分;第一是餐饮与商贸,第二是医疗与健康,第三是养老消费服务,第四是儿童消费服务,第五是家政消费服务,第六是信息消费服务。这六个部分我们统称消费服务。

我们国家消费服务现在有巨大发展空间,因为严重短缺。例如医疗与健康就是如此,我们的医疗与健康领域有两个问题,一个看不起病,一个看病难。看不起病和看病难是两回事。看不起病是穷人的问题,是社会保障制度改革的问题。看病难则是服务业不发达的问题,有钱也看病难,这是因为医疗与健康服务业的不发达,所以要解决看病难的问题,只有靠发展医疗服务业才行。

从目前来看,现在仅仅靠政府,医疗与健康这个服务业发展不起来。所以我们现在开始鼓励社会资本进入。最近我们这方面改革的重要方向是放开社会资本进入医疗与健康领域。过去是不放的。后来放了一点,例如只能办非营利性医院,现在全部放了。为什么?因为这种服务业我们有巨大的发展空间。看病难，可能好多人都有体会，看病难的原因是我们这种服务业发展严重不到位，因而要大力发展。

再比如说，养老消费服务。养老消费服务在中国越来越重要。因为我们已经进入老龄化社会了，但是养老消费服务不是我们讲的养老地产的问题。我一直弄不清楚，为什么一讲养老消费，就和地产搞一起，不是这个问题。投资养老消费服务，要控制两个团队，一个是老年病治疗团队，一个是老年特殊服务团队。这两个团队组织起来，就能投资养老消费服务，而且投资空间很大。

我考察过日本养老消费服务。它分两种模式，一个叫集中型，一个叫分散型。集中型的就是托老所，分散型就是你住在你家里，公司给你提供定期与不定期的服务。我专门考察过日本的托老所，它分类很细，其中有一个部门叫老年失忆症患者部。这个部的负责人告诉我说，一般感到不安全，具有焦躁不安倾向的老年人容易得这病，得了这种病以后他经常跟你讲些莫名其妙的话，他讲完之后你一定顺着说，千万不要戗着说，戗着说就要闹事。比如说，他突然告诉你我中了2个亿大奖，你就说是，已经给你存在银行放好了。这样他高兴地走了，玩去了。如果你说没有，他就砸东西了。所以有时候我们还得找一点让他们高兴的事。比如说宣布，请大家注意，安倍首相明天来看望大家了，大家听了很高兴，但一转身就忘了，高兴就行。有时候打针他们不去，你告诉他说，你得去，因为那个医院是你办的，你得体验一下，他们就高兴地去了。这个负责人告诉我说，这种养老消费服务并不是你们想得那么简单。我觉得有道理。

2015年10月北京媒体大量报道一件事情，就是北京大学钱理群教授把自己的房子卖了，住到养老院去了，一个月的费用是2万人民币，住的房子一百多米大，各种服务都由养老院提供。对此大家讨论得很热闹。在讨论中有人就提出来，2万一个月他能拿，我们拿不出来怎么办？我说，你拿不出来找政府，跟人家养老院没关系。因为你面临的问题是养老社会保障问题，就是讨论政府在养老中发挥什么作用的问题，而这里是讨论养老消费服务的问题。养老保障与养老消费服务是两个不同的概念，是两回事。我估计我国养老消费服务，未来需求很大，例如像老年失忆症患者，我们国家年发病增长率是7%，跟我们GDP增长速度差不多。这种病没法家庭养老，因为他们不认识亲人了。最近有个企业家，父亲得了这个病，他告诉我，为了让老先生能安度最后的这些年，给他雇了三个保姆。结果三个保姆把他父亲一捆放在楼道，自己玩去了，因为这种病人不会说。所以他就问我，咱们国家有没有这种养老机构，一天多少钱都可以。很可惜没有啊。实际上大家注意中国现在不是没有投资机会，而是有巨大的投资机会。这种消费服务不要小看它，未来有巨大的发展空间。

最近有人告诉我，他原来盖房子，现在不盖了，干什么呢？搞消费服务。承包了几个小区，每个小区建了网站，给住户所有的服务都能提供，只要你需要的服务，都能提供。例如办护照、签证、医院挂号等，所有事都可以服务。他告诉我说需求巨大，只要你设定费用就行，他告诉我说，现在中产阶级最大的问题就是怕麻烦，只要能解决麻烦，多少钱都行。因为对富人来讲，凡是钱能解决的，都不是问题，他们就是害怕麻烦，所以，只要你帮他解决就行。可见，这种服务业有巨大的投资机会。

总之，消费服务在我们国家未来有很大的发展前景，这是第一种服务业。

第二种服务业就是商务服务。

所谓商务服务，就是为人们的商务活动提供服务，我们将这种服务叫商务服务。商务服务是一个宽泛的产业概念。大致上包括四大类。第一金融服务，例如像商业银行、投资银行、证券、保险、基金等等都属于这种服务。第二类是会计师事务所、审计事务所、经济商务类律师事务所等。第三类是投资咨询类公司，包括各种投资咨询、管理咨询、经营咨询等公司。第四类是园区管理业务，包括园区开发、管理经营等公司。

上述四类都属于商务服务，商务服务在中国有巨大的发展空间。尤其我们看到，改革步伐很快，例如金融改革、混合经济改革等，都会推进商务服务业发展，因为这些改革使得许多经营活动都有第三方参与了，第三方参与实际上就是商务服务业。因而商务服务业有很大的发展空间。这是第二种服务业。

第三种服务业就是生产服务。

所谓生产服务，就是为生产过程直接提供服务的服务，这类服务就叫生产服务。生产服务也是个宽泛的产业概念。例如北京有一家公司为全国的钢厂服务。帮这个钢厂调整一下工艺流程，让它实现节能环保，帮这钢厂在钢水出口处加一种原料，让它生产新的钢，叫产品功能定位，或者在炼钢设备上喷一层原料，让它延长设备使用寿命，等等，这些技术服务，就是生产服务。北京现在有一大批所谓的轻资产公司，就几十个技术人员，为某个行业或产业搞技术服务，技术服务就是很重要的生产服务。

再比如说，设计也属于生产服务。无论是服装设计、工业产品设计、建筑设计等等，都属于生产服务。比如像工业产品设计。最近大家如果家里要换空调，买什么牌子好，你发一个帖子，向网民咨询一下，你注意网民给你推荐的第一个一定是三菱，为什么推荐三菱，空调实际上核心技术都是一样的，没什么区别，那为什么推荐它？因为它的设计变了，出风口声音非常小，你夏天卧室开着它，一点问题没有，一点声音都没有。这是什么带来价值？是设计带来。所以设计是生产服务的内容。

生产服务在中国有巨大的空间，因为世界潮流是，一个企业只干自己最核心的部分。大量生产经营活动要外包，外包就是生产服务发展的一种新情况。最近我碰到一个搞农业的，他说现在搞农业单个投资回报率很低，例如养一只鸡才赚几毛钱，养一头猪才赚几块钱，真要赚钱的话，要靠规模农业才行。但是一旦走上规模农业的道路，生产服务必须跟上，例如有的提供兽医服务，有的提供市场，有的种猪服务等等，没有生产服务不可能通过规模农业而提高农业回报。所以，生产服务在中国有巨大发展的空间。

总之，生产服务实际上包括三大类：第一是技术服务，第二是设计服务，第三是生产业务外包服务。

第四种服务业就是精神服务。

所谓精神服务，就是为满足人们的精神需要而提供的服务。这种服务业我们统称为精神服务。人的享受实际上就分两种，一个物质享受，这种享受靠消费服务满足；第二个是精神享受，这种享受靠精神服务满足。精神服务是一个宽泛的产业概念，包括娱乐、影视、旅游、文化、出版等等，这些以满足人们精神需要为特点的服务都属于这种服务业。

精神服务是重要的服务业，因为人富有之后，物质享受逐渐会没有增长的弹性，例如北方人吃馒头，穷的时候每顿吃两个，富了不可能每天吃30个，人的消费支出实际上大量的是精神消费支出。例如一部电影卖十几个亿没什么大惊小怪的。只要你能满足不同阶层的精神需要的话，一定有票房价值。2015年我们拍的一个电影叫《捉妖记》，卖得还不错。我专门去看了一下，为什么票房那么高，就是因为能满足不同社会阶层的需要。比如说你是很有思想的人，作者通过人和妖的关系，告诉你当下社会的实际弊端在哪里，怎么解决它，你看了以后很有认同感，认同感就是一种精神享受。而小孩什么都不知道，看着胡巴好玩，高兴地大喊胡巴胡巴。正是满足了不同人群的需要，才有票房价值。据说《捉妖记》拍了两次，第一次拍完后发现主演吸毒，就不能上映了，又重拍了第二次。投资方为什么敢第二次投资呢？因为知道有票房价值。当然，这种服务业要注意满足人们的精神需要才行。

请大家注意，精神服务业未来投资都有巨大的意义。例如像旅游，未来空间就是很大的，2015年我因为考察一带一路，在河西走廊去了几次，河西走廊有一个城市就是张掖市，它有一个景点，叫丹霞地貌，我看的丹霞地貌比较多，觉得它并没有太特殊的地方，很一般，但是它那里是人山人海，80多块钱一张票，我看了一下，游客百分之八十来自于中国发达地区,他们为什么要看这玩意呢?因为我发现只有在这个地方人才能获得什么是沧桑感,山清水秀的发达地区没有这感觉,到这里才有这种感觉,所以发达地区来的人很多。我告诉当地政府说,你们一年接纳一千万,十年才一个亿,我们十三个亿,若每人一生来一次,需130年,因而有巨大的投资机会。

2015年8月我到格尔木看到,一个企业投资旅游设施,我说你们一定要投资,因为只有这里才有昆仑文明和盆地文明,只有这里才能感悟昆仑文化和盆地文化。中国人每人一生来一次,你就够了。这种精神消费在中国会越来越广泛,不要小看它。

我估计精神服务业在中国的投资,具有巨大的空间,但现在我们有人往往忽视它。实际上错了。人富裕之后的消费支出不是物质消费支出的不断上升,而将是精神享受支出的上升。更多的支出是精神享受,只要你能搞出满足人们精神需要的产品,一定有很大的潜力。因此精神服务是服务业的第四类服务业,要大力发展。

总体来看,我们把服务业就分为上述这四大类,消费服务、商务服务、生产服务、精神服务。这四大类服务业的发展,逐渐使服务业的贡献不断提高,服务将成为我们的支柱性产业。

其实,服务业的作用现在已经逐渐显现出来了。例如2015年1到9月份,对增长贡献最多的就是服务业,占了整个贡献的60%左右,服务业的支柱性已经显现出来了。因此,中国目前的增长速度回落不用害怕,因为我们在调整结构,很正常,没什么大惊小怪的。随着服务业将上升成为我们的支柱性产业,中国经济仍然会保持中高速增长的,这就是我们预计的我们的第二个支柱性产业,即服务业。

3. "十三五"期间第三个支柱产业是现代制造业

现代制造业将上升成为支柱性产业。大家知道,制造业分两种,一个叫传统制造业,一个叫现代制造业。传统制造业是生产私人产品的,吃穿住用都来自于它,现在我们的传统制造业严重过剩了。现代制造业是生产公共产品的，我们公共产品短缺。正因为生产私人产品的传统制造业严重过剩了，公共产品仍然短缺，所以生产公共产品的现代制造业将代替传统制造业，上升成为我们的支柱性产业，我们要大力发展现代制造。

怎么发展现代制造业？在"十三五"期间我国现代制造业大致上有五个要点。

第一个要点就是航空器制造与航天器制造。

航空器就是飞机、航天器就是卫星。

为什么把航空器即飞机作为一个重点？因为我们国家是一个飞机的需求大国，现在空客和波音的第一大客户是中国。大家想想，我们如果能自己生产飞机，不买它们的飞机的话，我们恐怕就不会为7%左右的增长率发愁了，很可惜我们生产不出来，但是市场需求巨大。

同时，我们国家也是通用飞机需求大国，通用飞机就是低空飞机，私人飞机。最近我们讨论通用飞机的时候，大家谈到消费热点，大家说消费热点一般是从富人开始，逐渐波及到一般人群，现在富人的消费热点是什么，大家说是私人飞机。按照消费的传导规律，通用飞机，一旦富人玩它的时候，它会逐渐通过租赁方式而波及到一般人群，因为一般家庭买不起飞机，但一家人甚至几家人联合起来能租得起，例如几家人租架通用飞机到三亚玩一圈，这个支付能力是有的。租赁一旦起来，我们也就成为低空飞机需求大国了。所以请大家注意，不要小看这个要点，坐低空飞机会上瘾的，我坐了几次之后一到机场就琢磨能不能再有机会继续坐它，不想坐那个大飞机了，它有三个好处，第一不安检，直接登机。第二准时起飞，因高空拥堵而低空不拥堵。第三它是家庭式的装饰，哥们喝个啤酒，一晃就到了，所以是享受的感觉而不是感到疲劳。所以我坐了几次特有感悟，因而一到首都机场就想，今天有没有哥们的私人飞机坐一下。因此，租赁业一旦起来，它的市场也会很大。

卫星也是我们现代制造业的要点，因为我国卫星制造有自身的技术及性价比，不仅可以满足国内各种市场需求，也可以满足国际市场的需求，有巨大的发展潜力。

所以，现代制造业现在的第一个要点就是航天器制造与航空器制造，已经启动了。例如我们和俄罗斯准备联合开发宽体客机。再例如2015年国庆节前我们中航集团公司的三家上市公司停盘，我估计是要把发动机独立出去了。飞机和发动机不应该是一家公司，要分开了。因此，我们的布局已经启动了。这是现代制造业的第一个要点。

现代制造业的第二个要点就是高铁装备制造。

高铁装备我们国内市场需求巨大。而且我们在国际市场有非常强的性价比的竞争力。据说，2030年我们每个县都要通高铁，因为我们终于发现在中国这一个人口众多且国土面积巨大的国家，陆地最佳的交通工具是高铁，极其方便，一下带动了整个经济，人流物流信息流都活跃起来了。

江西萍乡市的朋友一直请我去，我一直不答应，因为到南昌下了飞机还要坐五个多小时的小车，当然会很累，我一直不愿意去，后来他们告诉我说，魏老师你来吧，高铁通了。45分钟就可以从南昌到萍乡。他们告诉我从萍乡再往前坐半个小时就是长沙了，我去了发现人流及物流一下子就都起来了。高铁将是我们未来最大的交通发展方向，市场巨大。同时准备出口。大家知道印尼的高铁合同已经签了，泰国的高铁合同在2016年就签。英国估计也没问题。俄罗斯合同也签了，我估计中国高铁走向世界没问题了，可以说，高铁现在成了我们中国的一张名片。

我觉得中国改革开放中做得最成功的一件事就是高铁装备制造。引进、消化、吸收、提高，从而形成了自己的高铁装备系统。大家知道，十年前咱们在高铁上是学生，人家是老师，现在老师和学生同台竞争了，而且学生竟然能竞争得过老师，这是中国改革开放后做的最成功的一件事，很有意义。

高铁装备制造一旦启动，它所带动的产业是多方位的，例如钢铁都会因此拉动起来。我2014年到内蒙古调研，去了包头市的包钢，包钢不是央企，是地方国有企业，他们告诉我说，魏老师，我们早就不生产建筑钢了，建筑钢严重过剩了，我们生产高铁轨道钢。这时我才知道京沪高铁轨道的70%是包钢生产的。2014年我们通车的日喀则到拉萨的铁路轨道，也是他们生产的，那是高寒地带，一会儿冷一会儿热，对钢铁有很大要求，大家想想，高铁装备制造让我们钢铁过剩的生产能力也找到出口了。尤其是我们对外出口高铁装备，是一个系统工程。从钢轨到信息，到电力，到装备等是一体化的。有的国家让我们建设完以后运营一段时间再交付给他们，大家想想，这对中国经济拉动多大。这就是现代制造业的第二个要点。

现代制造业第三个要点就是核电装备制造。

大家知道，核电装备制造我们已经完成了第三代及第四代技术的突破。首先国内未来的需求是巨大的。现在我们的核电不一定在海边，内地的湖边及河边都可以。大家知道，内地修建核电的可行性调研已经开始，因而国内市场需求巨大。同时，核电装备还要走向世界。发展中国家我们早已经开始了，例如巴基斯坦开始建了。发达国家也可以进入了，像英国这一次签了协议，这就标志已经进入发达国家了。尤其是英国在这方面是要求极其严格的国家，能进入英国就能进入别的发达国家，英国对我们起到了广告的示范效应。我们把核电制造作为重要的要点来发展了。所以，现代制造业在"十三五"的第三个要点就是核电装备制造。

现代制造业的第四个要点就是特高压输变电装备制造。

为什么要把这个作为要点呢？因为我们准备用特高压这种技术改造中国电网。要用特高压技术改造中国电网，当然特高压输变电装备制造就成为现代制造业的重点。原来有人对此技术有些担心，因为全世界现在没有一个国家用这技术，我们一旦用这种技术改造国电网，就会形成全国统一电网，全世界现在没有这种状况，例如美国的电网是以州为单位，我们一旦形成统一电网，会不会有安全性问题。现在似乎大家逐渐形成共识了，已经决定用特高压技术改造中国电网。正因为如此，特高压输变电装备制造就成为现代制造业的重点。估计,"十三五"期间此项投资拉动的直接与间接投资可能有4万亿左右。而且,据说现在国外也有国家对这种技术很感兴趣,例如墨西哥就承认我们的技术,要求给他们也输出,这样一来,国际市场也会起来。因此特高压装备制造当然就成了我们现代制造业的重点,这就是第四个要点。

现代制造业的第五个要点就是现代船舶制造。

大家注意,现代船舶制造,不是船舶制造。现代船舶制造是以能生产航母为技术标准的。能生产航母的这种技术水平的船舶制造才叫现代船舶制造。为什么把现代船舶制造作为重点呢?因为我们要构建航母编队。你们看2015年9月抗战胜利阅兵就充分释放了这个信息,因为天空中有舰载机编队飞过。舰载机就是在航母上起降的飞机,这就是告诉大家,建立航母编队是中国海军的一个发展方向。这就决定了现代制造业要把现代船舶制造作为重点才行,因为航母不能光买别人的。尤其是航母自己没战斗力,它是海上飞机场,一旦运作起来就要保护它,例如水下有潜水艇,水面有巡洋舰,空中有预警机。因而生产航母编队,它反映了一个国家的现代制造业的水准。所以,现代船舶制造就成了现代制造业的第五个重点。

总体来讲,"十三五"期间现代制造业的基本重点就这五个,由此可见,现代制造业生产公共产品,我们公共产品确实短缺,所以要大力发展现代制造业,让它逐渐上升成为我们国家的支柱性产业。

总之,我们估计"十三五"期间,我们国家的支柱性产业主要是这三个:一个是战略性新兴产业,一个是服务业,一个是现代制造业。也就是说,结构调整实际首先表现得最为突出的就是支柱性产业的变化。原来的两个支柱性产业就是传统制造业和房地产产业,它们将不能再作为支柱性产业存在了,将产生新的支柱性产业,这就是,战略性新兴产业、服务业、现代制造业。这三个产业将逐渐上升取代原有的支柱性产业,成为我们国家的新的支柱性产业。当然,传统制造业和房地产产业我们还需要。因为它们涉及到民生,我们的吃穿住用都来自于传统制造业和房地产业，但是它们将不再是支柱性产业，将逐渐转向常态性产业。所以"十三五"期间，在新的支柱性产业上升的同时，原来的那两个支柱性产业，即传统制造业和房地产产业将逐渐转向常态性产业。当然，这种转型的过程也很艰难。

比如说，传统制造业转型就很艰难。我最近调研的时候，发现企业家们都很艰难。因为这种产能过剩我们是第一次遇到。我们过去是什么都缺，现在是什么都多了，过剩的危机第一次遇到。就像过去我们穷的时候得的病是贫血，我们对这种病已有了经验，现在富了一下子脂肪肝出现了，对这种病还不适应。

当然，国家也会帮助企业转型，例如国家要推动和国际的产能合作。中国要和国际上搞产能合作，尤其是一带一路。就是要让更多的过剩的产能能转移出中国。沿着一带一路的国家，我们在传统制造上还有一些优势。总之，要让一部分产能在国际合作中走出国门，从而缓解企业的压力。强调和国际的产能合作，强调一带一路，必然会让一些产能在国际市场上释放，缓解国内产能过剩的压力。

即就是这样，对于企业来讲，目前也仍然很艰难，所以最近调研的时候，他们老问我说，魏老师，你是经济学家，有什么好办法没有？我说我也没有办法，只有一个字熬。看谁能熬过谁。熬到最后就是能撑下来的，熬不住就是倒闭，就这个办法。所以，现在根本不是看谁能赚钱，关键是看谁能赔得起，有的企业赔五年都不倒，有的赔两个月就倒了。剩下就是赔得起的企业，这种生产能力能生存下来，成为我们未来的传统制造的中坚力量。企业在熬的过程中，不是看谁赚得起，而是看谁能赔得起，能赔得起就能生存下来，赔不起就被淘汰掉，产能过剩问题就得以解决。我们估计"十三五"期间传统制造业产能过剩的问题可以解决。

再一个就是房地产产业。房地产产业库存的压力可能 2016 年会比 2015 年更重。因而要去库存化。去库存化的有效方法是把房地产全部交由市场调节。交给市场调节，实际上市场的供需关系规律就开始发挥作用了。凡是严重供过于求的地方，房价会下跌，而供不应求的地方房价会上涨。通过供求关系规律让房地产回归为正常的常态性产业。这个规律现在已经起作用。最近调研的时候，我碰到一个我的学生，他是搞房地产的，他说房子卖不掉可能有两种情况，一种是供给过剩，一种需求不足。供给过剩说明不能干了，而需求不足还可以干。问我怎么判断怎么样是供给过剩，怎么样才是需求不足。我告诉他只有一个指标，就是价格弹性。比如说一降价马上能卖掉，就告诉你需求不足，一降价还卖不掉，就是供应过剩，那你就要具体评价一下你还能不能再干。总之，我们只要交由市场来调节，供需关系规律必将强势起作用。

有些人现在老问我还能不能买房子，我说不能笼统问，要问在哪买和买什么样的房子。在市场供求规律起作用的条件下，买房只有一个诀窍，也就是只有一个办法，就是预计一下这个地方的房子十年后的供需关系。十年后这个地方的房子仍然供不应求，现在多高价格都敢买，如果十年后这个地方的房子严重供过于求，多低价格现在也不能买，因为房子的供求关系决定房价。一旦交给市场之后，大家注意实际上就是供求关系起作用。我们已经决定不救房地产。因为房地产是严重供过于求的问题，不是资金或者别的方面出了问题，去库存化只能靠市场。当然，有人老幻想救，现在不是救不救的问题，而是要全部推向市场，这就是要让供求关系强制性让中国房地产产业走向供需平衡。成为一个常态性的产业。

市场调节的力度是很大的，我估计可能房地产产业在2016年的五六月份最难受。一旦房子没法销售，资金回流不畅通，资金流出了问题的话，房地产业的资产重组及房地产企业倒闭就会开始出现。因为交给市场之后，完全是供求关系决定，一旦投资失误，这个地方的房子严重供过于求，你再想救也没办法，所以房地产企业自己得想办法突围。

我最近调查房地产业的时候，有的人很极端，骂娘很厉害，抱怨不救房地产，抱怨银行贷款收紧，我说你就不要骂娘，得想办法自我突围才行。因为一旦交由市场，就不是救不救的问题。大家知道，这一次房地产是因为供求关系出了问题，不是什么贷款不放的问题，不是什么制度缺失的问题，就是没有市场需求了。这样一来，市场供求这个规律就严厉起作用了。所以我估计2016年可能五六月份中小房地产的倒闭潮就要来了。

大致上在"十三五"期间，可能房地产产业会逐渐自我调整，转向一个常态性产业。总体来讲，"十三五"这五年期间，原来的所谓支柱产业即传统制造业、房地产产业，将逐渐转向一个常态性的产业。完成这个调整，应该是不会有太大的问题。

当然，对于个人来讲，那就情况不一样了。有的企业可能压力非常大，有的甚至破产倒闭，所以大家知道，结构调整经常显现出来的就是企业家的改朝换代。过去像传统制造业、房地产业是我们的支柱性产业，因而相关的人，就非常知名，很活跃。而随着它们逐渐转向常态性产业，过去一些比较活跃的人可能逐渐淡出历史舞台，而与新的支柱性产业相关的人就应运而生了，活跃起来了。这种现象实际上已经开始了。

最近我们一个房地产的老总讲得很有意思。他说我们房地产现在从正宫娘娘变成小三了，过去政府请吃饭，我们坐的主桌，现在坐偏点了，现在谁坐主桌？是互联网＋。我估计再过几年大概好多知名人士将消失不见，而名不见经传的将应运而生了。2015年国内评的十大富翁，房地产只剩两个了。八个都是别的产业的。随着"十三五"的推进，大家看将有许多名不见经传的人就活跃起来了，这是结构调整的必然结果，所以这也是企业家的改朝换代。

我估计我们的结构调整的难度一定很大，实际上现在各方面都感到了压力，但是一旦结构调整完成的话，中国的经济结构将达到发达国家的水平。这是具有重大历史意义的变革。"十三五"一旦经济结构完成调整，中国没有不能生产的东西了，中国的整个经济结构将达到发达国家的水平，这是重大进步。所以建议大家最近别老看增长速度有些回落的问题，我们对这个已经不那么关注了，很关注结构调整。一旦完成结构调整的话，我们中国的经济结构将达到发达国家水平。这个是一个巨大的成功。

现在有的人还是琢磨增长速度怎么样怎么样，实际上大家注意，我们最关注的还是"十三五"的经济结构。结构一旦完成调整，中国整个经济结构将进入发达国家的行列。"十三五"到2020年结束，到2020年大家再回过头来看，会发现我们经济结构发生了巨大的变化。这就是和大家讨论"十三五"的第一个问题即关于结构调整的问题。因为目前经济结构调整主要表现在支柱性产业变化上。所以给大家主要介绍了一些这方面的情况。

二、深化改革问题

关于"十三五"讨论的第二个问题，就是深化改革问题。因为"十三五"时期我们的一个重要工作是深化改革。到2020年"十三五"结束的时候，我们新的体制的框架要基本建立起来。因为到2020年新的框架必须要基本要完成，改革不能无限期地拖了。"十三五"期间可以说是改革最为关键的五年。这五年里我们要完成整个改革的最基本的任务，改革要在关键点上取得实质上进展。

"十三五"期间我们的改革任务是繁重的，我认为改革中可能让大家最为关注的是两项改革。

1. 金融改革

金融改革就是金融体制的改革。这是"十三五"期间可能率先要完成的改革。

金融改革的重点是什么？过去我们的金融实际上是一个垄断部门，而"十三五"期间要走向金融自由化，所谓金融自由化，就是指金融要全面放开从垄断部门转向市场，实现市场化。金融改革大致上有六个重点。

第一个就是利率市场化。

商业银行的存贷款利率，国家将不定了，由市场来决定，这就叫市场利率化，这项改革已经开始。2015年10月23日这次降息与以往不同，这一次降息央行公布了一个基本利率，但没有约束性，不再给商业银行规定浮动上限，过去是定一个基准利率，然后给商业银行一个波动的上限，这一次已经没有上限了，商业银行认为利率是多少就多少，不再受央行约束。未来我估计央行可能还会公布存贷款基准利率，但将没有约束性了。商业银行的存贷款利率由商业银行自己来决定。怎么决定呢？根据货币的供求关系来决定。这一项改革已经有了重大推进，这就叫利率市场化。

大家知道，过去商业银行的存贷款利率是国家定的。商业银行利率是行政化的。而现在全部放开了，走向利率市场化。利率市场化启动以后没有出现所谓的高息揽存的问题，没有出现。这个也告诉大家一个新时代到来。这就是过去是资本和土地的天下，未来将是技术与劳动的天下。资本回报率会越来越低，资产回报率越来越低。而未来真正收入上升的是技术和劳动。这是个新时代的到来。所以银行利率放开之后，存款利率没有出现太多的上升，而基本就在基准利率上下。这就告诉大家一个新时代到来，我们知道过去最值钱的是货币和土地，但未来最值钱的将是技术和劳动。

利率市场化从根本上已经开启了，"十三五"期间必定要完成。利率市场化喊了几十年，这一次要完成这个划时代的改革。利率全部交由市场来调节叫利率市场化。存款人和贷款人、银行之间讨价还价，最后达成一个共同确定的价格就是利率市场化。这项改革要在"十三五"时期完成。

第二个金融改革的要点就是汇率市场化。

汇率市场化就是外汇价格不再由政府定而是市场定，市场定就是外汇的供求关系决定汇价。我们国家决定外汇供求关系的重要数字就是我们的外汇储备量。外汇储备量决定了外汇的供求关系,而外汇的供求关系决定了汇价。这一项改革在 2015 年 8 月 11 号就已经启动了。我发现,如果连续三天外汇储备量减少,人民币一定进入贬值通道;外汇量连续 3 天增加,人民币一定进入升值空间。所以外汇价格不再由政府定而是由市场定。而决定外汇供求的关系就是外汇储备量。大家知道,2015 年 8 月有一天外汇储备量减少了 900 多个亿,人民币价格一下贬到 1∶6.47。所以这时的汇价是由市场决定。2015 年 8 月 11 号是我们汇价转轨的一天,从完全由政府决定而转向由市场决定。

现在我们国内的外汇市场收市已经延长到晚上 23∶00。和欧美外汇市场基本对接,解决时差的问题,就是说我们的汇价基本上放开了。我估计我国外汇储备量如果能保持在 3.5 万亿到 4 万亿之间的话,人民币对美元的汇率可能就保持在 1∶6 到 1∶6.5 之间,因为这是市场决定的,我们已经基本启动了这项改革。

我国的这项金融改革,使得美国财政部不再讲中国操纵汇率的问题了。国际货币基金组织也正式表态中国没有操纵汇率,七国集团也承认中国汇率是市场调节的结果,而不是政府操纵的结果。我国的这一项改革取得了突破性进展。在汇率市场化的条件下,大家关注汇率的话,一定要关注外汇储备量,它是决定中国外汇供求关系的基本要素,而供求关系决定了汇价,这是新的运转规则,这就是市场调节汇价。

有人讲中国人民币没有大幅度贬值的基础,实际上这种说法取决于一个重要的数据,即中国政府会把外汇储备量控制在 3.5 万亿到 4 万亿之间。只要外汇储备量控制 3.5 万亿到 4 万亿之间,人民币就没有大幅度贬值和升值的可能。因为汇价是由市场供求关系决定的。这一项改革实际已经取得根本性突破。这是我们金融改革的第二个重点。

金融改革第三个要点就是人民币在资本项目下的可自由兑换。

人民币可自由兑换,我们在贸易项目下已经放开了,从事贸易的企业的换汇与结汇基本上是自由的,但资本项目还没有全放,最近在自贸区试点放。自贸区的企业和个人,只要有国外法律认可的投资凭证,在换汇上也没有太大约束，直接在银行办就可以了。过去要到外汇局批指标，现在不用了，直接由银行操作就行了。当然，在这方面，现在还有一个没有放，就是一个身份证一年只准买5万美金，这个规定还没有取消，还在，我估计未来会提高这个额度。人民币可自由兑换先从自贸区开始，最后逐渐再发展到一般人群，但对还没有海外投资凭证的这些人，估计外汇兑换额度可能还会控制在一个数字上。

我估计"十三五"会完成这一项改革。为什么呢？因为我们国家希望人民币成为第五种世界货币，而要成为世界货币，当然就必须可自由兑换。现在有四种世界货币，美元、欧元、日元、英镑。人民币要成为第五种世界货币，要成为第五种世界货币当然能自由兑换才行，不能自由兑换是不行的，所以这一项改革在"十三五"期间是要完成的。

大家知道，国际货币基金组织对中国人民币能不能成为世界货币的技术考核已经完成了。最近将公布这一考核的结果。如果技术考核结果符合的话，人民币将成为第五种货币。你要成为世界货币，当然只有自由兑换才行。所以可自由兑换的这一项改革，也是"十三五"要解决的问题。我估计可能是很快的事。

当然，我们讲的可自由汇换不是自由放任，而是有效管理下的可自由兑换。因为如果放任自流，有可能会使外汇大量流向海外，外汇储备会大幅减少，从而引起人民币大幅度贬值，我们要在汇价与自由兑换之间找一个平衡点，兼顾两项改革，这就是有效管理的可自由兑换。

大家知道最近我国有一件重要的事，就是人民币跨境支付已经放开了。人民币跨境支付，这个动作很厉害。等于我们要摆脱美元体系。过去我们做任何生意，整个的货币流动都在美国的监控之下，因为你都要进入美元体系，你钱哪去了，怎么回事，人家很清楚。但一旦走向跨境支付就要打破这个约束了。实际上这也是在为人民币成为世界货币做充分的准备。因此，我估计资本项目的可自由兑换，也是"十三五"要解决的问题了。这是就金融改革的第三个要点。

金融改革的第四个要点就是银行自由化。

什么叫银行自由化呢，就是人们可以自发地成立银行，同时银行也可以自由破产。这项改革"十三五"一定会完成的。大家知道，2015年5月1号我们实施了一个制度，叫存款保险金制度。存款保险金制度是保证银行自由化的一个重要的制度。大家如果了解西方金融史的话，就知道西方之所以能自由地办银行，银行能破产的原因，就是因为这个制度的实行。过去我国没有这个制度，所以不准民营企业办银行，因为你办的银行出了问题国家要负责任，国家得兜底，叫国家信用，因而不能随便办银行。但一旦这个制度实行了，银行出了问题，国家不兜底了，而是商业信用，当然可以自由办银行了，因为责任自负。这个制度等于给银行上了保险，出了问题保险给银行兜底，既然国家不负责任了，当然国家就不能阻止自由办银行了，所以银行就要放开。

据说，我国2015年5月1号这个制度公布之后，已经有60多家民营企业要求创办银行。据说这60多家都符合规则。因为谁能办银行，银监会有制定的标准，这60多家民营企业都符合标准。一旦放开的话，几十家民营银行产生了。前些年我们搞了好长时间才产生了5家民营银行，而现在可能会出现几十家，"十三五"期间可能大量的民营银行将产生。

银行一旦放开，银行竞争就开始了。银行一旦竞争开始，银行这个职业就不再是一个旱涝保收的职业了。因为竞争开始了。银行最需要什么人呢？最需要的是不要担保和抵押敢把钱贷给你，因为知道你把钱能还回来，本息能还回来，银行最需要这种人。担保和抵押对银行来讲都有损失，银行最需要这种不要抵押担保敢把钱贷给你，知道你到时候能还本付息，最缺这种人。而现在银行是七大姑八大姨都进来了，无用的人太多，因而很快就会裁员，不是未来，"十三五"时期裁员最多的可能就是银行业，真正的竞争开始了。现在我们国有银行有一些行长，不是真正的行长，是官衙门。现在我们国有银行有的行长到民营银行当行长不会干，几个月就辞职了，真正的竞争开始了。浙江台州的民营银行不要担保抵押敢把钱贷给你，这是真正的银行，随着银行的放开，银行的竞争将会在"十三五"非常剧烈。裁员和变现不动产都是很正常的事。这就是金融改革的第四个重点即银行自由化，已经启动，"十三五"要基本完成。这项改革很重要。这是金融改革的第四项。

金融改革的第五个重点就是放开非银行金融。

非银行金融在"十三五"将全面放开。像各种基金，无论是私募还是公募，无论是证券基金还是产业基金，都要放开。债券、证券、保险、资产证券化等都要放开。我们在金融方面放的最快就是非银行金融，再加之互联网的冲击，使得非银行金融发展很快。互联网＋金融出现了许多新的现象。我们不得不去放开。所以大家看非银行金融最近放得很快。

最近我去西部调研的时候，有人有意见，说你们放得太快了。为什么呢？因为现在谁都可以租个门面房办投资公司来高息揽存，骗我们的钱。我这说不是放得快的问题，而是你要有风险意识才行。你得注意，改革一定和风险挂在一起，你要没有风险意识，人家琢磨你的本金，你琢磨人家利息，你想谁完蛋？你琢磨他利息，他琢磨你本金，你不就玩完了吗？要有这种风险意识，因为这都是放开的必然结果。所以，不是我们放得太快了，而是人们要随着这种新体制逐渐建立而有风险意识才行，这些都随着改革而要形成的是新的意识。总之，非银行金融放得很快。

第六个重点就是资本市场改革。

资本市场改革中的一项重要改革，就是把上市从审核制要变成注册制了。所谓上市从审核制变成注册制，就是指谁能上市谁不能上市不是政府说了算，而是投资者说了算。投资者认可你就能上市，这就是注册制。美国就是注册制。谁都可以上市，先在股权交易市场交易股权，交易得很好，大家发现这个企业好，就进入证券交易，最后到纽交所。谁决定企业能不能上市，是投资者。从审核制转向注册制是重大改革。

注册制一旦形成之后，大家注意，股市的牛市体制就基本建立起来了，在注册制条件下，能上市流通一定是优质资源。非优质资源根本上不去，因为投资者不认可。投资者并不是随意认可你上市的，而是要求你要有相应的承诺。例如，美国投资人要认可企业能上市的话，企业对投资者要有承诺，其中一条重要承诺就是强制分红。企业要先告诉投资者分红是多少。有人问马云，你如果再有选择的话，你还在美国上市吗？马云说坚决不在美国上市，压力很大。新东方在美国上市后，经营班子非常累，当牛作马，但基本上给股东打工了。为什么？强制分红。一旦达不到要求你就得滚蛋，不支持你，你就得退市。所以美国资本市场是个投资性市场，我们是投机性市场。我们的上市公司第一年还可以，第二年利润就出现问题，第三年就不行了，第四年就戴帽子，第五年就重组，这实际上就是圈钱。因而在审批制条件下，投资者不可能考虑回报问题，而只能考虑股价问题。

在美国，几乎每家都有股票，但换手率平均两年一次，而我们一天20次，因为我们是投机啊。真正的资本市场应该是注册制度。而我们是审核制度。现在要把审核制要变成注册制。2015年李总理的政府工作报告说本年度注册制就要落地。我原来以为5月份就可以，但后来有关方面提出来，我们任何改革必须合法。所以要先修改证券法，因为证券法是审核制，先得修改证券法。4月份人大第一审，这种法一般三审就落地了。因为我们人大是逢双月开会，4月份一审后，应该在6、8、10这几个月二审和三审，但没想到遇到了股灾，证券法不能随便审一下就行，要认真全面的审核才行。所以6月份没有上二审，8月份也没上，10月份也没有，二审如果12月上的话，那2015年肯定还落不了地，应该到2016年。但是"十三五"期间一定完成这项改革应该没问题。目前我们正在为注册制做各种准备，例如要打通新三板与创业板的通道，新三板是股权交易，而创业板是证券交易，等于要开启注册制了。

这个改革一旦完成的话，投资者决定谁能上市谁不能上市，谁都可以自由上市，市场决定谁能上市，政府退出。这项改革是有非常重大意义的。这就是金融改革的第六项改革。

总体来讲，我们这次金融改革，基本上就是以上这六项任务。"十三五"基本都要完成。利率市场化，汇率市场化，人民币在资本项目可自由兑换，银行自由化，放开非银行金融，上市审核制变成注册制，这六项改革基本上在"十三五"都要完成。这些改革一旦完成，大家注意，我们整个经济体制就转向真正的市场经济了。当然，这种改革也会引发金融监管体制的改革，一行三会的体制也变，可能要变成金融监管委员会。因为现在的监管是以分业经营为基础，而金融改革实际上转向混合经营了，其监管体制当然要变。

到2020年大家再回过头看的时候，就会发现中国的金融体制已经从垄断部门彻底转向金融自由化了。这项改革具有极其深远的意义。因为一旦金融自由化，货币运转自由化了以后，就等于是市场配置资源，而不再是政府了。这是保证中国经济高效发展的重大的利好消息。

大家知道，现在国际上对我们的金融改革评价总体比较好。认为中国一旦在"十三五"期间完成金融改革，即上述这六项任务彻底完成的话，中国经济要转向真正的市场经济了。所以，对于金融改革大家一定要关注，因为它涉及到所有企业和所有的人，我认为"十三五"我们的改革中非常重要的一项改革是金融改革。

2. 政府体制改革

"十三五"改革中最重要的第二项改革就是政府体制改革。政府体制改革之所以是"十三五"改革中的另外一个非常重要的改革，是因为我国过去的体制是政府在资源配置中起决定性作用，而现在要转向市场在资源配置中起决定性作用，这种改革的关键是政府体制改革。政府体制改革怎么改呢？现在的总体目标是政府减政放权。政府怎么减政放权呢？要向三个方面放权。

第一，向社会放权。

所谓向社会放权，就是逐渐要放开一大批民间组织，把权力交给民间组织来行使，从而走向一种新的社会治理。现在已经放的民间组织主要有四大类：

第一类是慈善类。慈善类已经放开了，政府不再搞慈善，谁有钱谁搞。任何人可以创办慈善基金。慈善基金有一个章程，政府监管让你照章办事就行了，慈善活动全部交由社会，所以现在申请基金在民政部门非常容易，有一个章程，照章办事就行了。

第二是商会类。各类商会已经放开，比如说浙江人在北京成立一个浙江商会，现在都非常容易，政府不再过多干预了，参加商会的人们互通信息，相互帮助，实现一种和谐性的自我治理。

第三类是科学研究类。过去成立这类民间组织难度挺大，现在很容易了。不仅自然科学类放开，社会科学类也放开了。最近一个政府的人士退休了，给我递了一个新名片，上面写的是新供给学派研究院长，告诉我他退休后自己成立了个研究院，自任院长。以后这种事没有什么大惊小怪，有一个章程到民政部申请就可以了。

第四类是社区管理类。社区管理类要进一步的放开。例如北京好多小区很大，最高的决策机构是业委会，它可以决定小区为大家搞什么样的服务，小区搞的什么设施对大家提高生活质量有好处，自己定就行了。这种公众自治性机构要大面积的放。不放的结果是会出现好多负面的事情，例如一个街道办主任家里动不动查出几千万赃款，放开不就完了吗？让社会自己管理自己，社区管理制度已经逐渐在形成。

总之，现在先放开四大类民间组织，"十三五"期间要进一步的放。要成立许多这种社会组织。西方把这种机构叫NGO，非政府和非企业就是NGO。民间组织的放开，可以实现社会的自我约束和自我治理。这就是减政放权的一个方向，就是向社会放权。

政府减政放权第二个方向就是向市场放权。

凡是市场能解决的问题，政府一定不管了。比如说职业资格认证，这个应该是市场的权利，一个企业招什么人，企业当然知道，但政府却非搞个职业资格认证，大学生没毕业得考取几十个证。而考证就得培训，培训就要交钱，灰色收入问题解决不了，政府就不要管了。最近李克强总理讲，染指甲的都有好几个证，政府管它干吗，政府一律不用管了。最近政府放权的重要内容就是职业资格认证统统放了，90多个职业不用政府搞认证了。这是市场的职能政府管它干吗，政府不用管了。

再比如说，谁是品牌谁不是，这是消费者的事。消费者知道什么品牌好、什么品牌不好，政府就别搞这个认证了。我去一个企业调研，看到墙上挂了各种证明是名牌的牌子，企业告诉我全是买来的，只要给钱就行。消费者决定的事政府一律不得参与。

再比如说，谁是高新技术企业谁不是高新技术企业，这是投资者判断的，投资者知道谁是高新技术企业而谁不是，政府不用评判了。有的地方政府搞保护主义，硬是把养鸡场评价成高新技术企业，企业以此而骗投资者。这种事搞它干吗，政府统统退出去。所以，凡是市场能解决的都交给市场。连上述讲的谁能上市谁不能上市政府都要撤出来了，交给市场了。

总之，要继续向市场放权。这是"十三五"改革中减政放权的重要一点。

政府简政放权的第三个方面是向企业放权。

向企业放什么权呢？要放三个权。

第一个就是企业体制选择权。什么是企业体制选择权，就是投资人办一个什么样的企业，这是由投资人决定的。政府不能规定投资人办一个什么样的企业，这应该是投资人自己的权利。而我们过去是政府来规定投资人办一个什么样的企业。过去小平同志讲不管白猫黑猫抓住老鼠就是好猫，但后来有人给猫设计动作，以什么动作抓住老鼠才是好猫，这是不行的。投资人要办什么样的企业，是他们自己的事，政府就不用具体管了，这个就是要把企业自主选择权交给企业。

现在我们已经启动了这一项改革，"十三五"将全面完成。企业在这方面的权利，有四个已经放到位了。

一个是资本金制度我们修改了，就是你办一个企业资本金是多少，过去是政府定的，现在变成你认为多少就多少了，政府不管了。资本金制度从实缴制变成认缴制了。过去办企业时资本金多少是政府定的,例如政府规定办某个企业的资本金是五千万,但创办者没有这么多钱或者想使用这部分钱,就只好虚报或者私自使用这部分钱,结果就出现了两宗罪等着你,一个虚报资金本,一个偷逃资金本罪,事还没办罪来了。政府规定资本金的结果,是企业家事情还没办,两宗罪等着你,虚报资本罪、偷逃资本罪。因此,资本金要定多少,政府就别管了,投资人认为是多少就是多少,这就叫认缴制。投资者认为五万就五万、一千万就一千万。企业的资本金是多少这个事已经交给投资人自己定了。例如北京有五个人拿到了新的执照,他们认为自己创办的企业资本金十五万就够了,一人三万,那就行,写上就好了。只要有人愿意跟你做生意就行,政府不再管了。所以资本金制度从实缴制变为认缴制了,你自己认为自己的企业资本金是多少就多少。因此,我估计刑法上的两个罪,即虚报资本金罪与偷逃资本金罪也就随之消失了,资本金制度改革已经完成了。

　　向企业放企业选择权的第二件事,就是我们把年审制已经变成年报制了。大家知道,过去每到年底工商部门要审核企业,审完了以后盖个章企业才能有合法经营权。不盖章就是非法经营。企业经营活动是企业自己的事,工商管人家干吗?只要企业没有违法,而且即就是违法,有法律部门管,工商部门不应该搞所谓的年审。因此,现在从年审制已经变成了年报制了。企业到年底向工商部门发个邮件,告诉一下经营情况就行了,这项改革已经落地了。

　　向企业放体制选择权的第三件事,就是企业注册的办公条件和注册地这方面的有关规定也已经放开了。过去办企业办公室什么样子都有规定,现在没有规定了。所以,一间办公室注册好多企业都可以。只要能找到注册地点就可以了。例如,我发现现在有的一个办公地里面注册两三个企业。过去这方面有严格的界定,现在都放开了。

　　向企业放体制选择权的第四件事,就是三证合一,一证一码。所有企业有一个编码,像个人身份证一样,个人拿身份证可以走遍天下,企业拿着编码也可以走遍天下，不用别的了。企业在自身体制方面的应有权利，要交由企业决定。

"十三五"期间企业体制选择权还会继续。因为现在这方面政府还管得太多，比如说，怎么开董事会政府都规定，这种事政府就别规定了，投资人办企业他们知道怎么搞，怎么搞才好，政府就不用管了。就像我们民政部门给人发结婚证一样，发了结婚证之后，至于怎么恋爱、怎么结婚跟政府没关系，只要没有家暴就行，政府不能规定人家怎么去生活。企业也一样，一旦注册完成，政府就只管门外面的事，比如企业危害公众利益不行，这些政府当然要管。但是企业内部的事政府就不用管了。现在管得太多，例如薪酬之类的各种企业自身决定的事都管。就不用管这些事了，甚至连所谓的劳动收入在整个分配中占的比例的这些事，也不用管了，内部的事情都应该以契约为准，例如以劳动者和企业之间的契约，如果当事方都同意如何办，双方都认可就行，既然双方都认可，政府就别再管了。政府要管的是双方必须遵守契约，保证契约的执行。

但是现在政府管的还太多，所以下一步在"十三五"期间这种权利会继续放。上述这方面的权利我们叫企业体制选择权。现在正在放，现在做完了上述这四项改革，资本金制度，年审制变成年报制，企业注册地及办公条件的具体要求取消，三证合一和一证一码。下一步会沿这个方向继续放权，"十三五"期间完成这个放权，就是办一个什么样的企业，是投资人自己的权利。政府不具体管了，就叫向企业放企业体制选择权。现在这方面的放权已经启动，"十三五"期间基本完成这个放权。这就是向企业放权的第一个权利，叫企业体制选择权。

向企业放权第二个权利就是投资经营权。

投资经营权应该是企业的，企业投什么产业、多大规模，这是企业自己的事。政府不要管，只要不是纳税人的钱，企业的整个投资经营活动政府一律都不能再管了。而现在政府却在管，因为我们实行的是审批制。企业的投资经营要经过政府审批才行。这个权利应该是企业自己的事而不是政府的事。投资人拿他们自己的钱投资，投资责任自负，投资什么产业、投资规模多少，这是企业自己的事，政府不用审批。所以，这个权利要交给企业，但若交由企业的话，就必须取消审批制度。但是若取消审批制，政府又要作为重要的社会管理主体存在，政府如何实现自己的职责呢？政府完成自己的职责的主要办法就是负面清单管理，因而我们取消审批制后，准备推新出的管理制度就叫负面清单管理。政府只公布负面清单，告诉企业什么不能干，凡是和负面清单没有关系的经营活动，企业自己干就行，政府一律不审批，这就叫负面清单管理。

大家知道，"十三五"期间负面清单这个制度要在2018年完成。我们现在已经开始在自贸区试点了。在"十三五"的2018年要在全国完成负面清单管理，从政府的审核制变成负面清单管理制。在负面清单管理条件下，政府只挂出负面清单，告诉什么事不准干，那些和这些不能干的事没有关系的所有投资活动，企业都不用再找政府了，企业自己干就行，因为不再审批了，目前我们在为这个制度做各种准备，我估计未来的政府负面清单基本上以国务院现在给天津、广州、福建自贸区的清单为依据。

我看过目前的负面清单的内容，放得很开，除了黄赌毒之外，什么经营活动都可以干。不要再找政府审批了，你干就行，这叫负面清单管理。这个改革力度蛮大的。大家知道，西方国家就是负面清单管理。企业根据负面清单的要求而进入自主投资和经营，我们要从审核制转向负面清单管理了。应该说，这方面放得很厉害，而且已经明确规定，2018年要全面铺开负面清单管理，要"十三五"期间完成。

负面清单管理实行后，不像现在干任何事都要找政府审批，投资经营权完全归企业了。企业自己投资经营，责任自负，损失企业自担，政府为什么审批啊，不用再审批了，所以转向负面清单管理以后，投资经营权就交给企业了。在审批制条件下，投资经营权一定不会给企业的。一旦把审批制变成负面清单管理，才能把这个权利交给企业。所以我们"十三五"期间向企业放权的第二个权利，叫投资经营权，一定要交给企业。而将投资经营权交给企业的改革，就表现为从审批制变成负面清单管理。我估计这项改革会在2018年全面铺开，2020年就是"十三五"结束的时候基本完成。这就是向企业放权的第二个权利，即投资经营权。

向企业放权第三个权利就是独立法人权。

企业是一个独立的法人，它拥有的权利必须给企业，这叫向企业放独立法人权。比如说，任何部门的公共管理权利不能影响独立法人运作。如果公共管理权影响了独立法人权，那就影响企业的经营活动，企业可以起诉。最近我国新的行政诉讼法已经通过了。这个行政诉讼法给企业的重要权利就是企业可以告政府。既可以告人也可以告文件。若政府的某个人影响企业的经营企业可以告人，政府的某个文件影响企业的独立法人权利，企业可以告文件。这个权利已经给企业，因为行政诉讼法已经完成通过了。

"十三五"期间将把企业独立法人权将逐渐交由企业。因为这是企业应有的权利，政府的行政公共权利不能干预它，所以目前政府要全面进行调整。

总之，现在我们对企业放第三个权利的思路是很清晰的。在"十三五"期间基本要完成。也就是说，向企业放什么权？就这三个权，一个企业体制选择权，一个投资经营权，一个独立法人权，全部将这些权利交由企业这就叫向企业放权。

由上述可见，我们这一次政府改革减政放权，在操作上还是有板有眼的，不是没有思路，而是思路很清晰的。向社会放权、向市场放权、向企业放权。这种放权的重要理论基础是什么呢？就是政府不再是经济建设的中心，政府是社会公共管理的主体，企业将是经济建设的中心，政府将成为一个社会公共管理主体。

政府作为社会管理主体，其职能只有四件事，一个稳定宏观经济，这是中央政府的事，因为货币发行、财政收支是中央政府定的，稳定宏观经济是中央政府的职能。第二是保障民生，第三是提供公共产品，第四是维持公平竞争环境。政府职责就这四件事。以这四件事为职责,就标志着政府将成为社会公共管理主体。

所以,这一次政府减政放权,实际上就标志着政府不再是经济建立中心,而是社会公共管理主体。所有有关经济建设的权利都要逐渐交由企业,要完成这个大的调整。这一次政府的改革,减政放权,其理论基础实际就是这个基础。政府要从经济建设中心转向社会公共管理主体。这样一来,政府要将相关权利交给企业、交给市场,交给社会。

当然,我最近调研的时候,发现许多人很不理解。有一次到一个地方碰到一个工商管理所的所长,我去时他正准备约谈一家企业,我说你为什么约谈?他说两件事,第一件事是五年前它的资本是40万,现在经营规模这么大怎么还是40万?当时成立时企业小是40万,现在大了怎么还是40万?我说这个事现在不归你管,他说我怎么不知道。第二件约谈的事就是,他把去年有关经营状况的邮件发给我,他没有等我回复他,他就自己干了。我说,回复叫年审,不回复就叫年报,现在是年报制了,他说我怎么不知道。当然,后来我们聊着聊着就熟悉了,他说真话了,他告诉我说,魏老师,实际上我们现在心里很失落啊。现在没人找我们了,过去到年底是排队请吃饭的。现在别说董事长连董秘都找不到,不理我们了。所以魏老师,我们很失落,很寂寞啊。我说不找你,你不就挺好的嘛,可以学习学习,就不用那么费神了。他说但是吃饭没人请吃了。我说你要知道,过去请你吃饭,不是人家自愿请你,而是迫于无奈,一边请你吃,一边心里嘀咕,吃吧,吃死你,那你何苦,吃这种饭干嘛呀。

还有一次我到一个地方调研,一个人告诉我说,魏老师,你说现在当官有啥意思?我说你要注意,现在当官很清楚,不能发财。政府要成为法治政府与服务型政府,当官不能发财,你知道吧,这是已经定下来的改革方向。你看没看习总书记2014年五四青年节在北大与学生的座谈,他说做人跟穿衣服一样,穿衣服必须把第一个扣子扣好。如果你们要想发财,致富,那就下海经商,在商海中拼搏,也就是说,要发财那你就去下海经商，拼搏，商海中奋战，你别到政府这个地方来，这里不发财。你要走错门就麻烦了，我后来对他说，哥们你要注意，现在是新规则了，不能用过去的思维。他说魏老师你放心吧，我交的企业家都是哥们，不会出卖我的。我说，哥们你要注意，在利益场合可是没有哥们的，只有利益平衡，你在利益场合找哥们等于在娱乐场所找爱情是一样的，这是不可能的，你小心呀！

因此，我现在蛮担心在哪里？就是我们体制在变，但有人老是不理解，还在坚持原来的思维，这样会毁掉人的。因为这一次反腐坚定不移，"十三五"规划建议里面专门强调了反腐的问题。我们"十三五"要完成整个体制改革的基本框架，其中就是政府体制改革的基本框架2020年完成。所以大家想想，有人还用老思维来理解的话，那就肯定是很麻烦的。因而我老是建议许多人要面对这现实，因为我们坚定不移地向这方向转，那你也得调整，若不调整的话，我估计就挺麻烦。

政府改革的方向上不会变动的，从目前来看，我认为政府体制改革有一个非常清晰的改革方向。

总之，我觉得"十三五"期间的改革虽然很多。但是上述这两条很重要，一个是金融体制改革，一个是政府体制改革。这两项改革的思路和整个运作都很清晰，而且"十三五"期间将要完成。所以建议大家在理解"十三五"规划建议的时候，在对改革的理解上，要看到虽然各个改革方面都很重要，但是我觉得可能推动最快的，最终要在"十三五"真正要完成的，是这两项改革，金融改革，政府体制改革。这两项改革很重要，要在"十三五"期间要完成。

建议大家能够关注一下上述这两方面的改革。当然，还有别的方面，像国企改革等等。但是我觉得可能"十三五"期间可能能够尽快完成的是这两项改革的框架，在2020年完成的，因为这两项改革是很重要的。所以，关于"十三五"和大家讨论的所谓第二个问题即改革问题，我认为这两项改革比较重要。

总体来讲，虽然"十三五"可能涉及的内容很多，但"十三五"

里面有两个我认为很重要的事,一个是结构调整,一个是改革。对大家介绍了一些这方面的情况。大家知道,我们这种论坛实际上不是传播知识和结论,而是思维和信息的交流。所以就这些方面我给大家提供一个思路和信息,供你们参考。你们接受了是进步,不接受也是进步,因为引发思考就行。在座都是理解能力很强的,引起你们的思考我就完成了任务。我认为"十三五"规划里面关于所谓新常态、新体制,涉及问题可能很多,但可能最为重要的是上述这两件事。所以和大家做了一个沟通。我一再讲,不是结论和知识,是思路和信息的交流,如果大家有不同认识没关系,关键是能引发思考就行。

回归新常态与跨越中等收入陷阱

近来随着中国经济进入新常态这个观点的提出，人们调低了对经济增长的预期，全国人民和各级政府都意识到了进一步改革的重要性。中国人均GDP在步入中等收入水平后怎样保持继续增长的势头，防止掉入中等收入陷阱？本文总结了一些国家的成功的经验和失败的教训。在深化改革过程中社会上出现了一些对改革不理解甚至抱怨的声音，虽然不是主流，但也值得我们注意，为什么会出现这些对改革和反腐的质疑，改革者应该以明智的态度去对待这些质疑。

"十三五"时期，党中央适度调低了经济增长的预期，告别了过去10%的高速增长，把经济增长确定在7%左右，着力于克服"成长中的烦恼"。回归新常态意味着中国经济将主要精力着眼于解决在发展中积累的矛盾和问题，习近平总书记表示"中国改革已进入攻坚期和深水区，我们要敢于啃硬骨头，敢于涉险滩，敢于向积存多年的顽疾开刀"。中国应如何解决经济发展中积累的矛盾与问题？本文试图对此做些探讨。

一、中国经济发展中积累了哪些矛盾与问题

现在中国经济发展中积累的矛盾与问题主要有：（1）消费不足而投资过剩，造成消费与投资的比例失调，投资产生的供给能力无法被疲软

---

* 本文由我与杨林同学共同讨论完成，由杨林执笔。

的消费所消化，在长期形成产能过剩的风险。(2) 第三产业和工业之间的发展比较不匹配，具体而言就是服务业占 GDP 的比重太低，不仅低于欧美等发达国家，而且比印度等发展中国家低不少。(3) 贸易顺差占 GDP 比重过高，一方面贸易顺差形成巨额的外汇储备，使得国内的人民币被动超发，出现通货膨胀压力，另一方面外汇储备投资于美国国债的方式无疑是给美国等发达国家提供了低息的资金注入，无助于改善中国的国民福利。(4) 收入差距逐步拉大，表现在三方面：一方面农村和城市之间的收入差距出现扩大趋势并长期保持在 1∶3 以上，第二方面是东中西部的区域收入差距出现扩大化趋势，广大的中西部地区无法享受到经济发展带来的好处，第三方面是垄断部门的员工收入和非垄断部门的员工收入差距很大。(5) 环境和资源两个硬约束越来越紧，过去长期以来以低廉的环境成本和低廉的自然资源成本换取经济增长的老路难以为继，诸如雾霾等一系列环境危机和自然资源的枯竭提醒着经济增长的高速度已经接近社会承载的极限。因此必须对中国经济的实际增长潜力提出修正，新常态的提出就是这样的一种修正，即用相对较低的短期增长速度来换取长期可持续增长的空间。否则如果不进行这样的修正，则会导致上述问题长期得不到解决甚至持续恶化，最后侵蚀掉经济长期增长的基础。(6) 城市化明显滞后于工业化，因为户籍制度和土地制度的原因，进城农民并没有真正融入到城市生活中来，还有一些本来应该转移到城市的农村劳动力没有转移出来，这样城市化就远远慢于工业化。工业化创造的巨大供给能力并没有被城市化创造的消费需求所吸收，多余的生产能力只能依赖外需，在美国次贷危机后外需有所下降，直接导致中国制造业产能利用率严重不足，有时甚至不到 70%。

回顾历史，当一个国家的人均 GDP 超过五千美元后极易陷入中等收入陷阱，虽然中等收入陷阱因为首先发生在拉美的墨西哥、阿根廷、巴西等国又被称为拉美陷阱，但随着后来亚洲的印尼、马来西亚、泰国等国也出现类似的经济经过高速增长然后出现停滞甚至负增长的现象。中等收入陷阱已经不再特指某个区域的经济发展现象，而变成了一种全球性的收入增长陷阱。以墨西哥为例，上世纪40年代到60年代中期，墨西哥保持了6.7%的长期经济高速增长，被称为"墨西哥奇迹"，但是始于1968年的一系列社会动荡使得墨西哥的经济增长速度大减，风光不再的墨西哥跌入中等收入陷阱，长期无法实现经济的正常增长。回顾墨西哥的教训，主要原因是墨西哥收入分配不均衡，占总人口比例较少的高收入阶层成为"墨西哥奇迹"的主要受益者，获取了巨大的财富，相反占总人口比例较高的广大低收入群体几乎没有从"墨西哥奇迹"中获得多少经济利益而继续生活在低收入水平之中。因为高收入阶层的平均消费倾向和边际消费倾向远小于低收入阶层，因此墨西哥经济出现了高收入阶层消费饱和，而低收入阶层因为无钱消费而无法启动消费的局面。对于这种因为收入分配原因造成的内需不足，墨西哥政府不是着力于改善失衡的收入分配现状以扩大国内市场，而是采取扩张性财政政策的方式来扩大总需求，以增加政府开支并增加政府订货的手段来解决企业的产品销路问题。当然这种政府订货在短期内确实缓解了墨西哥企业的问题，但是长期而言政府不可能无限的增加政府开支，因为政府开支的持续增加需要大量的政府收入，而这种政府收入只能来源于增加税收，税收的增加会进一步打击国内的总需求，而且政府也不可能无限的增加税收。因此政府开支的增加只能是缓解国内需求不足的短期权宜之计，绝不是一种可以长期持续的政策。在政府的一系列政策失误和原本存在的收入分配不均的双重打击之下，墨西哥社会出现了深刻的危机，不仅罢工和游行随处可见，而且暴力犯罪和毒品走私猖獗，社会持续动荡。社会不稳的直接后果就是资本撤离，不仅原本看好墨西哥发展前景的外资纷纷撤离，就连在经济增长中获利颇丰的本国资本也纷纷撤离，社会的持续动荡严重恶化了墨西哥的投资环境，多地出现工厂被焚烧等事件。资本觉得墨西哥已经不是一个安全的投资地点，于是纷纷逃离墨西哥撤向海外，"墨西哥奇迹"戛然而止。

中国的人均GDP已经进入了中等收入国家的行列，是像日本、韩国一样跨过中等收入陷阱进入发达国家的行列，还是像大多数国家一样在进入中等收入国家之后被卡在那里，长期陷入中等收入陷阱苦苦挣扎，似乎是一个非常重要的命题。要解决这个问题的原则就是防止出现长期持续的经济增长与国民福利的脱钩，经济增长与国民福利的脱钩指的是在经济增长的过程中国民福利的增长缓慢，严重落后于经济的增长，甚至没有太大的国民福利的增长。回想 2008 年经济危机给中国出口部门的严重打击，可以发现如果国内的需求无法吸收国内大量投资形成的生产能力，一味地依靠外需来消化过剩的产能，那么在外部需求饱和或者外部需求突然下降时，经济会出现非常严重的下滑，长期的持续增长也便不存在可能性了。尤其是在 2008 年金融危机之后，欧美逐步修正长期以来靠贷款维持过度消费的生活模式，回归一种量入为出的生活模式时，出口外需就不太可能在短期内爆发式增长了。过去十年中国经济的增长主要依靠加入 WTO 之后持续扩大的出口需求，这种持续扩大的需求背后是欧美习以为常的借贷消费生活模式，但是这种生活模式在长期而言也是不可持续的，2008 年美国经济危机之后，欧美国家的居民会逐步调整生活模式，借贷消费这种超出实际支付能力的超前消费模式会被更加量入为出的消费模式所取代。而此时中国第三产业和工业之间的发展不匹配，不仅挤压了经济增长的空间，而且成为了在长期出现通货紧缩压力的主要原因。第三产业的主要成本是人工工资，而在工业的总成本中人工工资占的比例很小，工业太多而第三产业太少会使得工人的劳动收入在国民财富分配中所占的份额太少，而因为工业使用更多的资本，使得资本在国民财富中分得的份额变得太大。长期以来中国的储蓄率太高就成为一种经济失衡的表现，而仔细分析中国储蓄的构成会发现，居民储蓄占的比重和绝对数额其实比较稳定，真正增加速度很快的是企业储蓄和政府储蓄，这种现象背后的原因就是第三产业和工业之间的发展失衡。同样，第三产业和工业之间的发展失衡也使得收入分配失衡出现，因为这样的产业结构会使得劳动收入在总收入中的占比持续维持在低位甚至持续高速下降，而占人口比例较少的少部分资本拥有者独享了资本获得的收益，使得收入差距持续拉大。同时垄断也成为收入差距拉大的一个主要原因，垄断部门的工作人员获得了垄断收益，而非垄断部门的人却要为这些垄断收益买单——不得不支付比市场均衡价格高得多的价格购买垄断部门提供的产品和服务。而非垄断部门的就业人口是总人口中的大多数，这部分人的收入实际购买力下降预示着他们的消费能力受到打击，会削弱他们的长期消费能力。

二、中国为何在经济发展中积累了上述矛盾与问题

导致上述这些问题一个很重要的原因就是政府对微观经济活动的过多参与，这种参与最直接的表现就是生产性支出占政府总支出的比例长期过高，在过去的二十多年里，生产建设性支出占政府支出的比例一直维持在40%到50%之间，不仅是世界之最而且远高于第二名的新加坡，新加坡生产性支出占政府支出的比例为25%到30%。生产性支出占政府支出的比例如此之高势必会挤压福利性支出占总支出的比例，无法为社会成员提供一种相对完备的社会福利保障，使得居民部门预防性储蓄的动机非常强，有钱也不敢消费，一定程度上影响了国内的消费性需求。政府的生产建设性投资实际上变成了补贴工业企业的配套投资，减少了工业企业自己的实际投资成本，替代了很多本来该企业自己进行的投资，使得企业需要更少的投资就能生产出原来需要很多投资才能生产出的产品。假如一个企业每年生产一百万元的产品，在没有政府的生产建设性投资时需要企业自己出三百万元的投资，而在政府进行了大量生产建设性投资之后，工业企业自己只需要出两百万元进行投资就能实现每年一百万元的产值。这个例子虽然简单，但是却说明了政府的生产建设性的经济本质——对工业企业形成了一种无形的补贴，减少了企业的实际成本，扩大了企业的利润空间，促使企业有很强的动机去进行更多的投资。但是政府的生产建设性投资很大部分需要居民来买单，一个政府的重要财政收入来源就是房地产市场的土地出让金，土地出让金太高

一定程度上推高了房价，过高的房价实际上就是居民为这种政府生产建设性投资进行买单的过程。另一个政府收入的来源就是各项税费，如果政府进行太多的生产建设性投资就会增加对居民部门的税费成本压力，降低居民的实际可支配财富。总而言之，政府过多的生产建设性投资对于居民部门的影响就是剥夺了一部分居民部门的财富去补贴工业企业，最后居民部门出现消费不足，而企业部门出现投资的过度。

政府过度参与微观经济活动的另一个重要后果就是会出现一些腐败和损害居民利益的事情，政府在拆迁、基础设施建设等方面的重要角色未必会真正有利于居民福利的提高。比如我国政府长期进行的基础设施投资，一些基础设施投资并没有真正改善居民的福利，有些是政绩工程和重复建设，有些甚至仅仅是为了一些腐败分子从中渔利的没有必要的工程。一些地方刚刚建好的工程仅仅几年甚至几个月后就拆掉重新建，不仅原有建筑的拆除会污染环境，而且重新建起来的新工程也是一种公共资金的浪费。

从更深的层次看政府过多参与经济活动，还会给一些利益集团扩大和固化自己的利益版图提供渠道，这些利益集团可能会和政府中的重要官员结成利益同盟，如原统战部长令计划的"西山会"就是一个典型的利益联盟。"西山会"中的商人丁书苗和刘志军、令计划等高级官员结盟，"西山会"至少每三个月聚会一次，联盟中的商人为联盟中的官员升迁提供资金，而联盟中的官员通过制定对这些"资助者"有利的政策来回报他们的支持。前政治局常委周永康通过其子周滨建立的联盟则范围更广，不仅囊括了石油系统和四川系统等多个行政主体的主要领导，还扩大了联盟的范围，以至于原汉龙集团董事长刘汉竟有"四川省第二组织部部长"之称，可见这种联盟干预官员任免已经到了很公开和可怕的程度了。习总书记反复强调的"不准党内搞团团伙伙"，总书记口中的"团团伙伙"其实指的就是这种利益联盟，反腐败很大程度上指的也是反对这种影响政府独立性的利益联盟。很显然，能够进入这些联盟的人仅仅是社会成员中的少数，因此这些利益联盟所代表的仅仅是社会少数人的利益,不可能代表社会多数人的利益,当一些政府部门的政策制定和执行涉及到这些联盟成员自身的利益时,当这些联盟成员为了自己的利益而主动游说政府并推动政府的某项政策制定和实施时,政府无疑会丧失独立性,成为这些利益联盟为自己牟利的工具。而且这种利益结盟一旦形成,利益集团就会根据自己的需要左右政府的决策,并通过操纵政府部门的人事任免来确保自己对政府的影响力和控制力,打击正直和不听话的政府官员,扶持和提升听自己话的政府官员。绑架政府使得政府的决策偏离国家的利益和经济的长远利益,让政府走到人民的对立面,让政府放弃对国家经济长远发展最有利的政策而选择对这个利益集团最优的政策。长期的结果就是持续的经济政策错误,把国家推向全国人民和全国大多数企业的对立面,也把政府引向一条不归路。过去,中国经济发展能够实现高速增长的最重要原因就是中国政府是一个独立进行决策的政府,其经济政策很少被某个利益集团所绑架,甚至政府为了实现经济的长远发展会放弃一些利益集团,比如让大量国有企业破产和让大量国有企业改制就放弃了一些利益集团。过去,政府之所以能很大程度上保持独立性,一个重要的原因就是那时经济还不是很发达,一些利益集团还没有做大,他们还没有完成足够操纵政治的资金积累和能量积累,这些利益集团还没有成为非常强势的集团。但是中国经济持续高速增长到了今天,社会财富快速积累的同时一批强势的利益集团也逐渐羽翼丰满,他们是过去改革的受益者,但却不愿意看到继续改革影响到他们的利益,因此他们很容易利用自己强势集团的经济实力在寻租过程中和政府中的一些"团团伙伙"结盟,来实现自己的利益最大化。因此反腐败打击这种联盟虽然重要,但是更重要的是减少政府对微观经济活动的具体参与。反观这些利益联盟的形成过程可以发现,这些联盟是由政府过多参与经济活动中一个又一个的寻租行为逐步积累形成的。冰冻三尺非一日之寒,这种利益联盟的形成绝不是一朝一夕的功夫,而是来自于政府长期对经济活动的参与,同时彻底消除这种利益联盟也绝不是反腐这种治标之策能够做到的,反腐只能在短期内震慑住这些利益联盟并使之暂时偃旗息鼓，但是，一旦高压反腐的力度有所减弱，这种利益联盟则必将重新出现并继续为所欲为。因此治本的方法只能是减少政府对微观经济活动的参与，进而减少伴随产生的寻租行为，一旦寻租行为得到遏制，这种利益联盟也就土崩瓦解了，这才是保持政府独立性的治本之策。

一个独立的政府对于国家经济的长远发展十分重要，因为只有一个决策独立不和任何特定利益集团结盟的政府才是代表全国大多数人的政府。相反，如果政府因为过多参与经济活动而有意无意地和一些利益集团结盟，就会使得政府成为只代表少数人利益的政府，这样无疑会遏制经济的长期稳定增长，并在国家经济发展之路上埋下一颗定时炸弹，国家势必会掉入到中等收入陷阱之中。墨西哥就是一个典型的政府和一部分大富豪结盟的例子，墨西哥这个国家虽然不富裕，但是墨西哥的首富电信业巨头卡洛斯却长期超越比尔·盖茨和巴菲特成为世界首富。卡洛斯致富的主要手段就是垄断，他不仅垄断了电信业还垄断了部分金融业和房地产业，而墨西哥的主要行业几乎都是垄断的，这种垄断的受益者就是那些少数大富豪。这些墨西哥富豪和政府要员结成联盟，为政府要员的升迁提供资金、操纵选举和政府决策过程，使得自己在行业中永远保持垄断地位。这种垄断最终使得墨西哥创造力枯竭，经济活力受到抑制，垄断企业本身也因为缺乏竞争压力而躺在垄断利润之上坐享其成，没有进行技术进步的动力，墨西哥于是就长期陷入中等收入陷阱之中了。

反观少数成功跨越中等收入陷阱的国家则坚持了政府的独立性，使得政府没有和一些强势集团结成利益联盟。比如日本在上世纪60年代出台国民收入倍增计划：1959年推出了最低工资法，1960年推出了覆盖全体国民的社会福利保障体系和全民年金法，企业为了适应新的法规也开始推行职业训练和在职培训以降低员工的离职率，减少解聘员工需要支付的成本。这些政策在当时就受到了很多大企业大财团的阻挠，因为国民收入倍增计划实际上就是一种国民财富的重新分配，把一部分原来属于企业的利益分给了员工和其他社会成员，这种重新切蛋糕的行为会一定程度上增加企业的实际用工成本并减少资本利得。但是为了扩大日本国内的消费需求和改善国民福利，日本政府还是力排众议强行推行了国民收入倍增计划，结果使得日本经济的发展获得了长远的坚实基础，不仅国内需求逐渐启动而且社会矛盾趋于缓和。在日本的国民收入倍增计划获得成功后，韩国在深入研究日本经验的基础上，在1985年也模仿日本推出了以全民医疗、国民年金制度和最低工资法案为核心的韩国版国民收入倍增计划。在此过程中也屡屡受到韩国大财团的阻挠，因为很多社会保障的成本需要企业和政府共同承担，企业并不愿意承担这些增加的成本，因为它增加了企业的成本。回顾韩国和日本历史上的这个过程，根据世界银行的数据，1959年的日本和1985年的韩国若按照购买力平价计算的人均GDP大约和中国现在的水平相当，也大致和1969年墨西哥的人均GDP水平相当，因此中国是否能够推行一个中国版的国民收入倍增计划就显得很关键，一定程度上会决定着中国是否能够跨越中等收入陷阱。因此保持政府的独立性就显得十分重要，不能让政府和少数强势集团结盟而成为仅仅代表少数人的政府，必须使政府保持独立性，成为代表多数人利益的政府。

进一步分析为什么日本、韩国的政府没有和利益接团结盟成为代表少数人的政府，而是成为了独立制定和执行政策的代表多数人的政府？这里就可以发现让更广泛的民主得到实施的作用了，日本在上世纪五六十年代逐步实现了社会各阶层参与广泛的民主，韩国在上世纪八九十年代经历诸多政治风波也逐步实现了包容社会各阶层的民主。这种参与广泛的民主真正使得政府反映了各阶层人民的诉求，而不是仅仅反映某个特定利益集团的诉求，政府真正成为了一个代表社会大多数人的政府。就中国当前的情况而言，建立一个覆盖面更广参与度更深的民主机制一方面可以降低政府的生产性支出在政府总支出中的比例，另一方面以利于建立一个民生主义政府。从降低政府的生产性支出在政府总支出中的比例这个角度来看，更多社会阶层参与到政府政治生活中来会迫使政府从大量的投资活动中抽身而出，把更多的精力放在教育、医疗和社会福利保障等民生领域，因为这些民生领域和很多人的切身利益直接相关。很多社会阶层会认为未必需要那么多的政府建设性投资，很多社会阶层也会对重复建设投反对票，传统的政府大量生产建设性的行为，获利的仅仅是从事生产活动的企业，居民部门并没有从这些大量的生产建设性中获得太多的实际利益。因此让更多的社会阶层参与到政府政策决策和政策实施中来，建立覆盖面更广覆盖深度更深的民主，一定会缓解消费不足而投资过剩的经济失衡问题。从建立民生主义政府这个角度看，政府的职能如果一味地从促进生产的角度干预经济甚至直接参与到具体微观经济活动中来，无疑会挤占很多本该用于民生领域的政府公共资源，使得政府越来越成为一个生产主义政府而非民生主义政府，这样的政府会带有非常浓重的重商主义色彩，而一般带有重商主义色彩的政府普遍容易忽略民众福利的提高，古今中外概莫能外。同时政府为了筹集参与到具体微观经济活动中来的资金，会想方设法进行"增收活动"，甚至出现巧取豪夺的现象，一些政府行为就或多或少地蒙上了一些营利性色彩，甚至让政府成为一种泛营利型政府，这种营利性政府很容易与民争利甚至通过剥夺民间财富的方式来获利。宋代王安石政府就是一个典型的带有非常浓重泛营利色彩的政府，王安石认为"天下之富不藏于国，则藏于民"，要想国家富有就必须剥夺一部分民间的财富，于是出现了很多与民争利的问题，激化了政府和民众的矛盾。这些行为无疑是和现代服务型政府的理念相违背的，因此必须认识到政府过多的参与到微观经济活动中来是非常不利于居民福利的提高的，会忽略掉很多居民的福利，有时为了实现某些经济活动的目的甚至会损害居民的福利，与民争利的事件会频繁发生。事实上如果能够用扩大民主的深度和广度，就会减少政府对具体微观经济活动的干预和参与，一定会纠正经济的失衡和改善居民的福利，长期而言就会缓和社会矛盾，促进社会的和谐，真正使国家成为一个名副其实的和谐社会。

中国经济的失衡背后的原因无疑有两个，一个是部分学者观念上的误区和部分政策制定者对于改革的惰性，学术界一种非常盛行的观点就是认为中国在未来几十年内仍然需要坚持政府投资拉动和出口导向型增长的道路，必须保持GDP的高速增长，如果不能维持GDP的高速增长中国就会出问题，所以应该放弃一切而唯GDP论。认为GDP越高越好，GDP增速越快越好，甚至认为中国经济失衡的问题可以在GDP的高速增长中自动解决，认为可以用GDP的高速增长来替代改革，即认为只要实现GDP的高速增长即便不改革也没事，经济会在GDP的高速增长中从失衡自动恢复到均衡。一些政策制定者尤其希望用GDP的增长来替代改革，甚至可以不改革，仅用GDP的增长来做大蛋糕，而不改变切蛋糕的方式。这很显然是一种改革惰性的体现，因为增加GDP容易而改变切蛋糕的方式困难，而人有时往往趋易避难，只想做容易的事不想做困难的事，于是一厢情愿地认为只要通过GDP增长来做大蛋糕就可以回避改革躲开改革。但回顾阿根廷、巴西、墨西哥、马来西亚等掉入中等收入陷阱国家的教训，就很容易能摒弃这种充满惰性的幼稚观点。回归中国的事实也发现伴随着中国经济的高速增长，中国经济的失衡不仅没有得到自动解决反而在加剧并扩大，这也基本上宣告了这种错误观念的破产。另一个原因是一些企业利益集团和政府决策执行部门对改革的阻挠，因为在改革开放过程中，一些政府部门在参与具体微观经济活动的过程中获得了很多利益，并且和一些企业利益集团结成了隐形的利益联盟。这种利益联盟使得一些政府部门和一些企业总是有意误导政府的政策决策或者干预具体政策的执行，使之能够实现自己的利益最大化。最近反腐查处的"大老虎"基本上每个人身后都有一个和强势集团结盟形成的官商集团，这个问题已经越发明显地影响到了政府的独立性，甚至引发了一些社会矛盾，增加了政府执政的风险和难度。

从第一个原因的角度看，应该明确意识到并不是生产建设性投资越多就会越好，也不是出口和外汇储备越多越好，更不是GDP越多越好。GDP不仅要重数量更要重质量，投资不仅要重数量更要重效率，出口不仅要重数量更要注重国际贸易对中国居民福利的提高。重复建设和形象工程产生的GDP是公共资源和经济资源的巨大浪费，低效率项目投资会阻碍产业升级，高污染项目的投资会严重破坏生态环境，巨额外汇储备如果仅仅用于购买外国国债就是相当于是为外国提供了非常廉价的资金，无法把这些外汇储备变成本国技术进步的资本基础。如果经济增长不能带来国内消费能力的增长，不能提高居民的福利，还造成了巨大的浪费和环境污染，用低效率的投资阻碍了产业升级，财富的积累只能表现在产能过剩和外汇储备的不断增加上面，因此产生的产能过剩和大量贸易顺差有时不仅无助于经济的长期增长并且会积累巨大的经济风险。国内投资过度带来的产能过剩虽然短期内可以靠扩大出口来消化，但是出口量终究不能无限地扩大，国外市场的容量终究是有限的，更何况像2008年国外遇到经济危机时甚至会出现出口市场严重萎缩的局面。借助于要素价格的扭曲来促进投资，靠压低各种要素价格来补贴工业化补贴投资的做法只会加剧结构性失衡并最终造成供求失衡——在很多市场上长期供过于求，一些产品只能卖"白菜价"，侵蚀掉经济长期健康增长的基础。从第二个原因的角度看，因为一些政府部门和一些企业的利益而行政性设立的垄断会造成一些商品或服务的长期供给不足，这种垄断利润给这些政府部门和企业带来了巨大收益，但是最后却是整个经济为此买单。垄断不仅阻碍了新增资本进入这些垄断领域投资，造成投资不足和供给不足，而且这些垄断经济部门中的企业没有竞争压力也没有进行技术进步的动力，最终会使整个经济的效率受到严重损害。中国单位GDP能耗是日本的8倍美国的4倍，中国单位GDP污染约为日本的7倍和美国的3倍，这无疑和垄断部门缺乏技术进步直接相关。垄断带来的市场价格和均衡价格之间的巨大差额使得寻租行为盛行，寻租和伴随而来的腐败几乎成为社会的常态。同时伴随着这些利益集团获得更多的利益，他们也无疑成为更大的阻碍改革的力量，使得进一步的改革难以推进。

三、中国只有通过改革才能解决经济发展中积累的矛盾与问题

推进改革主要要从下面几个方面进行努力。

第一是需要破除垄断,降低一些行业的进入壁垒,把一些原本不开放的垄断性行业变成开放的行业。尤其是很多服务性行业,如医疗、教育、通信、能源和金融,这些行业直接和居民的日常生活息息相关,垄断使得居民受到的利益损失最直接,比如破除通讯市场的垄断无疑会降低通讯费用,提高通讯质量,从而改善居民福利。开放这些服务业可以引导非公有制经济进入,民营企业和外资的进入会增加这些领域的投资和供给,使居民获得质量更好价格更低的优质服务,不仅可以调整服务业在经济中占比过低的结构性失衡,还可以进一步启动内需,调整消费不足而投资过剩的局面。另一个需要破除的是上游产业的垄断,因为如果上游产业垄断并且涨价就相当于对所有下游产业的产品一次性地征收了一笔固定数额的"隐形税收",这种"税收"没有成为国家的收益却被这些垄断性企业所占有,最后只能是全国人民为这种垄断产生的"税收"买单。打破这些产业的垄断地位短期而言可以增加就业,长期而言通过引入竞争机制可以增加行业内企业进行技术进步的压力和动力,继而在长期推动这些行业的技术进步。

第二是要消除一些要素市场普遍存在的价格扭曲,长期以来我国为了推动工业化进程,人为地压低了很多生产要素的价格。比如压低银行利率,使得银行利率长期低于均衡水平,无法发挥利率作为资金价格调整社会生产的作用,甚至低成本的资金使得一些低效益的项目得以上马,阻碍了产业升级。同时居民在低利率的情况下事实上饱受负利率的侵害,实际利率为负的现象侵蚀了居民的财富,削弱了居民的消费能力,一定程度上造成了消费不足。又比如压低自然资源价格和环境成本

价格，会造成工业生产对环境的肆意破坏和对自然资源的大量惊人浪费。因此让这些要素价格回归正常就成为了当务之急，价格指挥经济活动，但是如果要素价格不能真实反映经济的正常情况，那么价格对经济活动的调节可能就会成为"瞎指挥"甚至"乱指挥"。

第三是调整政府支出结构，既要减少生产建设性的支出，更要增加民生性服务的支出。长期以来我国政府都是一个生产建设型政府，而非民生服务型政府，政府长期使用政府的公共资源尤其是经济资源去参与到具体的微观经济活动中去，各级政府重视GDP增长而忽略了政府本来的职能——保障民生提高居民福利。因此政府支出的结构必须改变，一方面应该减少出口退税和基础设施建设支出，因为过多的出口退税事实上是在用中国居民的钱补贴外国消费者，是在用中国居民的福利补贴外国居民的福利，过多的基础设施建设无助于社会福利的提高。况且中国出口的价格优势来源于中国人的勤奋和低廉的劳动力成本，并不完全依靠出口退税，过多的出口退税也会使得出口部门的企业缺乏生存压力不利于其长远发展。过多的基础设施投资不仅会出现很多重复建设和形象工程，更重要的是会挤占掉很多本应用于公共服务的政府公共资源。而且中国长期的基础设施建设已经很大程度上出现了社会对基础设施需求的饱和，很多地方的基础设施已经足以服务当地的经济社会运行，更多无益的基础设施建设只能是带来惊人的腐败和浪费。另一方面应该增加对民生领域的政府支出，建立健全一个覆盖面更广覆盖更深的社会保障体系。中国城市化进程长期落后于工业化进程的主要原因就是户籍制度，城市化本应是进城农民的市民化，即给在城里工作的农民以平等的市民待遇。但是因为缺乏资金，这些人的市民化过程迟迟无法完成，以至于制造业和服务业在GDP中占比高达近90%时，城市人口仅占了总人口的48%，很多人因为无法获得城市市民的待遇而选择回到农村，即便留在城市的人也不敢在城市大量消费而是增加了大量的预防性储蓄来防范风险。因此给予这些人平等的市民待遇推动城市化进程就显得非常重要，这显然需要大量的政府开支，增加的福利性政府开支就是这种开支的一个重要来源。同时针对资源价格长期偏低的局面，可以考虑开征资源税或提高原有资源税税率的方法来筹集资金，不仅可以解决资源价格长期偏低的问题，还可以为民生服务开创一个稳定税源，过去常见的通过低价资源致富的"煤老板"将会少很多。当然推进城市化建设民生服务型政府需要的资金可能是开始很大，等到步入正轨后逐步减少并趋于稳定，那么这就需要一开始就获得一笔巨大的启动资金，万事开头难，对于这个问题可以考虑通过政府减持国有企业股份，即一次性出售一部分政府持有的国企股份的方式来筹集，可以在短期内筹集到一笔非常可观的资金，同时也可以考虑利用国债市场通过发行特别国债来筹集。对于那些因为国家的战略需要和战略安全仍然保持政府高比例控股的国有企业可以提高他们的利润上缴比例。因为中国现在处于劳动力相对充裕而资本相对不足的资源禀赋之中，所以总财富中被资本拿走的比例会非常高，劳动分得的比例会比较低，此时对于过高的资本利得也可以进行征税，这样长期而言即便福利性开支随着城市化率的提高而大幅增加，政府的财力也应该可以应付。

以上三个方面的改革最重要的无疑是第三个方面，因为只有实现了政府支出结构的调整才能从根本上解决中国经济的失衡问题，才能解决城市化落后于工业化的问题，也才能把政府真正建设成一个服务于全体民众的民生主义政府。同时这三方面的改革彼此之间存在着非常严密的内在联系，因为只有尽可能多地破除垄断和纠正要素价格扭曲才能使政府从繁杂的经济投资中抽身而出，淡化政府的泛营利性色彩，回归到服务民生的本位上来。因此第一个方面和第二个方面的改革是第三个方面改革的前提和基础，如果不能弄好前两个方面的改革，那么改变政府支出结构就会成为一句毫无意义的空谈。同时第三方面的改革是前两方面改革的目标、追求和落脚点，必须明确前两个方面的改革是为着第三个方面的改革服务的，改革的最终目的还是为了改变和优化政府的支出结构，并通过改变政府支出结构来转变政府职能，通过改变政府支出结构来实现产业升级，通过改变政府支出结构来改善民生，通过改变政府支出结构来解决经济失衡问题，解决中国经济和社会中存在的矛盾和隐患。

最后，伴随着利益重新分配的经济改革必定不会像四万亿等短期经济刺激计划一样赢得太多的掌声，改革者必须耐得住寂寞，同时现阶段的经济改革往往伴随着责难，改革者必须有清醒的思想准备。因为经济刺激计划使得大部分企业和大部分工人短期内都有工作可干有收入可拿了，但是新常态下伴随着经济结构调整的经济改革会使得利益出现重新分配，一些既得利益集团的利益会不可避免地受到损害。一些企业会衰落，一些企业会繁荣，下去的企业一定会抱怨改革，因为是改革动了他们的奶酪，而上来的企业未必会为改革欢呼。似乎人的本性往往缺乏感恩而易于抱怨——对改革给予他的利益似乎认为理所当然，但对拿走他利益的改革又可能充满责难。一些企业破产会使一部分人暂时失业并走上比较痛苦的再就业之路，这些人一定会指责改革抱怨改革影响了他们的生活；而那些上去的企业里面的人则未必会说太多改革的好话也未必会对改革怀抱感恩——他们把成功视作自己努力理所当然的回报。甚至在改革过程中政府的一些部门也会出现一些非常不赞同改革的声音，因为改革减少了他们的权限和寻租的空间，一些政府部门不得不在改革的过程中放弃掉原来一些自己长期享有的特权和因此带来的利益，比如简政放权减少审批环节使很多靠审批获得灰色收入的人收入大减，生活质量的下降使他们对改革充满抱怨，这也许是改革一个最大的阻力。可以说现阶段的改革已经进入了深水区，不再像以前的改革一样具有帕累托改进的性质——在不损害任何人利益的情况下严格改善一部分人的利益，现阶段的改革只能是利益的重分配——损害一部分人短期的利益来改善所有人长期的利益。

因此，改革是一个费力不讨好甚至费力还要挨骂的事情，改革者是寂寞甚至落寞的，一方面鲜有掌声，一方面非议责难不断，改革者要有这个清醒的认识和充分的思想准备——改革不是为了赢得掌声也不是为了回避责难，而是用短期的阵痛换取长期的健康，是一个非常痛苦但又不得不做的手术。改革的过程中政府要转变职能，政府公务人员要重新定位，企业要产业升级，全社会成员必须要转变观念，放弃一些短期利益来确保长期的利益。政府公务人员要从微观经济活动的具体参与者变为经济活动的监督者，政府要从生产建设型政府变为民生服务型政府，从运动员变成裁判员。以前靠行贿和搞政府关系来获利的企业必须把观念从老路上转过来，通过为社会创造服务、为社会生产产品来获取利润。如果每个个人和每个政府部门都仅仅从自己的角度来考虑，不考虑经济社会的长期利益，也不考虑自己的长期利益，那么改革便很难进行下去了。因此回归新常态，积极推动改革，跨越中等收入陷阱不仅需要进行顶层设计的党和国家领导人的艰辛努力和付出，更需要社会每一个成员的理解和适度的牺牲，只有全社会同心同德，为了长期利益而支持改革，才能保证改革的进行和成功。

美国在上世纪二三十年代也和中国现在非常类似，GDP总量很高但是工人的生活条件和劳动条件很差，社会贫富分化非常严重，社会问题突出，贸易顺差巨大。很多行业垄断在一些大家族手中，金融业的摩根家族、钢铁业的卡耐基家族、石化行业的洛克菲勒家族等控制着美国的很多经济资源。与垄断伴随的腐败也经常发生，垄断家族为了维护自己的利益使用各种手段维护自己的垄断地位。但是随着政府拆分垄断企业和打击垄断势力的一系列法案的出台，垄断得以在很大程度上破除，随着加强社会保障和增加居民收入的一系列民生主义政策的出台，社会的贫富差距得以缓解，广大民众的财富增加带来了国内旺盛的需求，国内需求逐步取代外需成为经济发展的主要推力。虽然社会利益重新划分带来了短期的阵痛，一些利益集团失去了原有的既得利益，一些垄断家族丧失了垄断地位，但是美国不仅没有失去竞争力还取得了长期持续的经济增长，这种长期的繁荣事实上维护了美国社会每一个人的长远利益。在一个繁荣的美国社会，企业家不需要冥思苦想考虑怎样把企业撤到海外，居民不需要担心有社会混乱危害到自己的人身安全，资本的拥有者可以通过资本获得稳定的回报，而不用担心一次社会动乱把自己的资本都毁掉。稳定而持续增长的内需奠定了美国长期发展牢固的经济基础，没有持续动荡的社会奠定了美国长期发展的社会基础，民主的政府和社会各阶层广泛参与的民主政治奠定了美国长期发展的政治基础。在这三大基础之上美国成为了一个强大的国家，然而经济问题绝不仅仅是单纯的经济问题，而往往又是社会问题和政治问题，分析经济基础、社会基础、政治基础这三大基础之间的关系，可以发现有着广泛参与度的民主政治即政治基础是另两大基础的前提。因为只有一个民主的政治制度才能为社会提供解决经济问题和社会问题的空间和途径，成为解决社会问题的重要手段，相反，不让各阶层的民众广泛参与的政治即被少数人把持的政治仅仅是掩盖社会问题并使之不断恶化的遮羞布。最大限度地扩大民主的深度和广度，让社会各阶层都积极参与到民主政治中来，建立一套解决社会问题和经济问题的政治机制，"把权利关进制度的笼子里"，无疑是所有改革中最困难和最具有挑战性的一个环节，当然也是最重要和最不可或缺的一个环节。短期的阵痛无疑是医治长期经济失衡的良药，也是维护每一个社会成员长远利益的唯一正确选择，相信经历改革之后中国会迎来更美好的明天。

人口结构、新常态与经济改革

随着中国人口结构的变化,一系列经济结构变化将会产生,一方面过去的高投资高储蓄的数量扩张型经济增长模式渐成历史,另一方面集约化的质量深化型经济增长模式有待开启。从2013年53.7%的城市化率和1∶3.3的城乡收入比判断刘易斯拐点应该还没有到来,但是从农产品价格和工资的普遍上涨来看中国经济又出现了刘易斯拐点来临的特征现象,结论是刘易斯拐点提前到来了。这种提前背后是制度扭曲,土地制度制约了农业部门的规模化经营,户籍制度减缓了农业部门劳动力向城市部门的转移。未来中国经济增速势必放缓,因此在此背景下提出新常态的概念,降低经济增长预期成为必然。事实上经济增速的长期下降趋势几乎使得维持7%的经济增速也略显困难,为此必须在破除垄断和改革土地制度和户籍制度上面下功夫。

一、制度扭曲下人口结构变化特点

刘易斯认为在社会发展过程中,城市部门的劳动力供给是一条先比较水平而后逐渐陡峭最后完全垂直的供给曲线,这样劳动力供给可分为三个阶段:(1)首先是农业部门存在大量的劳动力剩余,城市部门只需要用非常少的工资就可以把这些剩余劳动力从农业部门转移到城市部门

---

* 本文由我的博士生杨林执笔,我们共同讨论完成。

中来，此时劳动力供给曲线为水平线。(2) 接着随着城市部门完全吸收掉这些剩余劳动力，社会的劳动力需求如果继续存在就必须以更高的工资来转移农村的劳动力进入城市部门，此时农村的剩余劳动力已经转移完毕，只有当农业部门存在技术进步时才能释放新的劳动力到城市部门。此时从农业部门向城市部门转移劳动力将变得困难，此时劳动力供给曲线逐渐变得陡峭。(3) 随着前一阶段农业部门向城市部门的转移，农村人均土地拥有面积和农业机械化的生产使得农村的单位劳动力生产率得以很大程度提高，农业部门人均收入迅速提升，以至于农业劳动力的人均收入和城市部门的劳动力人均收入相当，此时不再可能从农业部门转移劳动力出来，城乡收入差距的消失最终使得从农业部门向城市部门的劳动力转移变得不可能，此时该国农业人口占总人口比例约为5%左右，从农业部门向城市部门的劳动力转移完全结束，此时劳动力供给曲线完全垂直。

可以认为刘易斯拐点是一个区域而非是一个很小的点，指的就是上述的三阶段中的第二阶段，可以把这个区域称为刘易斯拐点区域，进入这个区域后就会出现比较普遍的劳动力工资上涨。因为第一阶段完成进入第二阶段之后，即标志着农村剩余劳动力的低工资转移过程已经完成，继续的转移需要农业部门的技术进步进行配合，否则难以释放出足够的劳动力。对于中国是否进入刘易斯拐点是一个存在争议的问题，如果仅从2013年53.7%的城市化率来看，相对于中国的工业化程度而言似乎可以认为这是一个比较低的城市化率，从这个角度看似乎有很大的继续城市化的空间，应该没有进入刘易斯拐点区域。再如2013年城乡收入比是3.3∶1，即城市人均收入是农村人均收入的3.3倍，这一方面说明中国的城乡收入差距比较大，另一方面也表明如此之大的收入差距应该能够鼓励更多的农民到城市来工作，因此从这个角度看似乎也可以判断中国没有进入刘易斯拐点区域。但是如果从价格指数的角度看可以判断中国似乎已经出现了刘易斯拐点现象，从图1和表1可知以1993年的CPI和PPI为基数100，观察CPI、PPI的运动趋势可以发现CPI持续上升而 PPI 保持平稳，考虑到 CPI 由很多成分组成，我们单独把食品 CPI 拿出来看，发现食品 CPI 的上涨速度大大高于 CPI，而食品中包括像调味品、豆制品、茶叶等很多成分，为了反映出农产品尤其是主粮价格变化趋势我们把粮食 CPI 单独拿出来。这样处理的原因是豆制品和茶叶等非主粮的进口已经放开，中国消费的豆类很多都是从美洲进口的，因此豆类价格不能反映出国内的农业生产现状，但是因为国家安全的问题，我国在粮食的进口方面还没有完全放开，所以粮食价格实际上还是可以比较准确地反映农村现状的。

表1　　　　　　　　各种价格指数

年份	PPI	CPI	食品 CPI	粮食 CPI
1993	100	100	100	100
1994	119.5	124.1	131.8	150.7
1995	134.4	135.8	154.7	187.5
1996	137.3	144.1	162.3	194
1997	137	146.9	162.2	185.1
1998	132.9	146.1	159	182
1999	130.5	144.7	154.8	178.9
2000	133.3	145.1	152.2	167.5
2001	131	145.8	152.2	166.8
2002	128.8	145	151.6	165.1
2003	131.1	146.2	155	167.4
2004	137.2	150.1	164.9	193.8
2005	142.1	151.9	167.8	195.2
2006	145.1	153.4	170.1	197.9
2007	148.2	158.2	182.4	204.2
2008	155.1	164.1	196.7	211.2
2009	149.7	163.4	197.4	216.8
2010	155.2	166.7	204.6	228.6
2011	161.2	172.1	216.4	241
2012	158.5	174.7	221.2	245
2013	156.6	177.3	225.9	249.6

图1

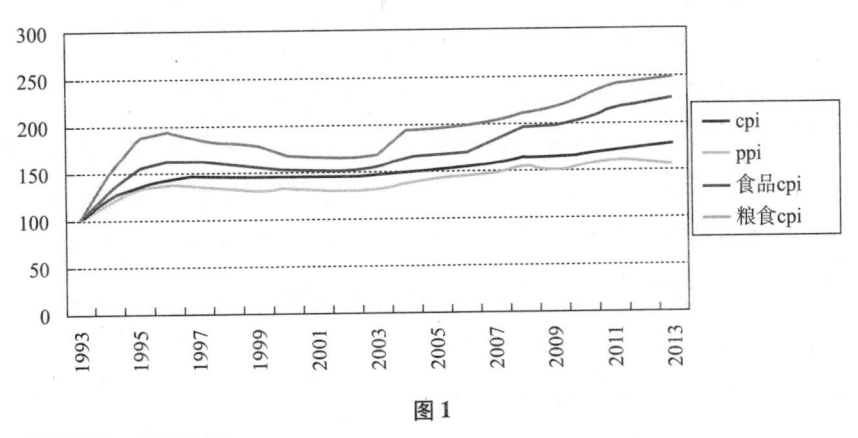

资料来源：国家统计局。

从图1可以看出，CPI长期呈现一种比PPI高出很多的增长趋势，这很难仅仅用央行超发了很多货币来解释。因为货币超发应该是PPI和CPI都一起等比例上涨才对，而CPI长期高于PPI而且这个差距还随着时间的推移逐步扩大，这说明有系统性的原因导致了这个结果。农业和工业的区别在于农业部门技术进步的速度非常缓慢，而工业部门技术进步的速度较农业部门快很多，因此如果社会发生普遍的工资上涨，即劳动力成本发生普遍的提高，那么工业部门可以通过使用更先进的生产设备来替代人工，更先进的设备意味着可以用更少的劳动力生产出更多的产品，劳动生产率的提高使得实际的劳动力成本上涨很慢。工业部门可以通过提高技术来提高劳动生产率来对冲这种劳动力成本上涨带来的负面效应。相反农业部门就没有这么轻松了，因为农业部门技术进步缓慢，仅有的两种提高劳动生产率的办法是发明新的种子和大量使用机械化设备的规模化生产，然而新的农作物品种研发缓慢，规模化生产又需要时间。所以劳动力价格上涨就意味着农业成本会大幅上涨，短期内找不到太多使用新技术来替代人工的办法，因此只能让农产品涨价。因此在普遍的劳动力成本上涨的情况下，技术进步较快的部门产品价格上涨的压力较小，技术进步较慢的部门产品价格上涨的压力非常大。比如欧美日本这些发达国家工业部门的产品和发展中国家工业产品的价格差距不大，但农业部门产品价格就明显比发展中国家高很多，主要原因是这些发达国家可以使用机器人或者自动化程度更高的生产线来使得较少的劳动力生产出较多的产品，而农业部门这种技术进步比较缓慢，劳动力成本的提高会迅速推动农产品价格的上升。

图1中曲线从高到低依次是：粮食CPI、食品CPI、CPI、PPI，也发现技术进步越慢的部门产品价格上涨情况越严重。如果用粮食CPI代表农业部门的产品价格上涨情况，用PPI代表工业部门的价格上涨情况，可以发现长期的趋势是粮食CPI抛开PPI以一个比较快的速度在上涨。CPI的各项组成成分中和农业联系最紧密的是食品CPI，而食品CPI的各项组成成分中和农业联系最紧密的无疑是粮食CPI。其背后的经济学含义是中国符合进入刘易斯拐点第二个区域的价格现象，虽然2013年的城市化率仅有53.7%。在进入刘易斯拐点区域之后，城市部门的劳动力供给不再像以前一样是几乎无限的供给，只有让工资上涨才能吸引更多的劳动力进入到城市部门中来，此时就会发生普遍的劳动力价格上涨。这个过程中原来一些农村的农民从农业部门进入城市部门工作，他们不再进行农业生产劳动却要继续吃饭，于是这些人从农产品的提供者变成了农产品的需求者。因为短期内农业部门技术进步缓慢，可以认为对农产品的供给减少而需求却增加了，供给的减少和需求的增加势必会让农产品涨价。在此过程中城市部门的工资上涨使得农民继续留在农业部门工作变得比较不划算，城市部门工资的持续上涨使得留在农业部门的人员就业机会成本比较高，他们会想方设法从农业部门逃离出来进入工资较高的城市部门。持续的民工荒和粮食价格上涨背后的都是同一个原因——中国出现了进入刘易斯拐点区域的经济现象。

但是这似乎和中国2013年城市化率仅有53.7%这一现象不相称，因为如此之低的城市化率意味着还有很多农业人口在农村，理论上是可以把他们转移到城市中来的，从这个意义上讲中国又似乎没有进入刘易斯拐点区域。那么为什么没有进入刘易斯拐点区域，又出现了刘易斯拐点现象呢？这里面的原因就是中国特殊的制度安排。以前国家利用计划经济的方法积极推动工业化，新建了大量的重工业工厂，但是轻工业和服务业发展严重滞后。因为重工业吸收劳动力的能力比较弱，而吸收劳动力能力比较强的轻工业和服务业发展都很不充分，无法吸收足够的劳动力，为了解决城市中存在的就业机会不足的问题，国家就只能通过户籍制度把户口分为城市户口和农村户口，给予这两种不同户口的人不同的福利待遇并且限制农村人口到城市来工作，以防冲击本来就很脆弱的城市就业系统。这种城乡二元化的制度安排使得城乡的人口流动存在着人为的阻力，农村人进入城市后在医疗、养老、子女教育等公共服务领域无法获得和城市人口同样的待遇。这种不同户籍对应不同福利的制度安排人为地增加了农村劳动力向城市转移的阻力，使得大量本可进入城市部门的农村劳动人员无法在城市扎下根来，有的甚至在城市工作一段时间后又被迫回到农村。

农村人口向城市转移的动力是城乡收入的差距，理论上在进入刘易斯拐点区域后这种城乡收入差距会快速缩小。因为一方面原来离开农村的农民留下的耕地使得留在农村的农民的人均耕地面积迅速增加，另一方面随着农村人口转移向城市，这些农民从农产品的供给者变成了农产品的需求者，社会对农产品的需求迅速增加，农产品就会涨价，农产品涨价使得种地的经济收益提高。在此情况下农村如果通过规模化经营把分散的小块农地集中起来，并大量使用农用机械可以提高农民的劳动生产率，农民的人均农产品数量可以迅速提高，进而农民的种地收入迅速增加，这会使得城乡的收入差距迅速变小。但是因为制度上的原因使得农村的农业规模化经营变得很困难，我国的土地制度不是允许自由买卖的土地私有制，而是国家拥有土地的产权而农民拥有承包权，这种制度安排使得土地的集中变得很困难。农民进城后自己原来拥有的土地承包权并没有随着他进城而消失，留在农村的人很难兼并他的土地进行规模化经营，缺乏土地兼并的渠道使得进城农民留下的土地大多抛荒，没有通过规模化机械化的经营发挥土地兼并后集中管理的优势。短期内农业技术进步提高劳动生产率的唯一的办法就是通过土地兼并实施规模化的集约化生产，大量使用农业机械，使得人均农产品产出提高，进而提高人均收入。但是这种不合理的土地制度安排使得这种提高劳动生产率的进步变得很困难，进而使得城乡收入差距不仅没有大幅缩小甚至出现了小幅扩大，我国农村和城市的收入水平比例常年维持在1：3左右，2013年约为1：3.3，几乎看不到迅速缩小的趋势，这是违反一般经济学规律的。因为一般经济学规律认为劳动价格的普遍上涨最后会推动城乡收入差距逐步缩小，最后消失，像美国、欧洲、日本等发达国家都是在经济逼近刘易斯拐点时城乡收入差距大幅缩小。

因此必须明确是城乡二元化的户籍制度和土地制度阻碍了农村劳动力向城市的转移，使得中国在没有进入刘易斯拐点区域的情况下却又出现了刘易斯拐点现象，即在城市化率很低的情况下出现了民工荒和粮食价格的普遍上涨。与刘易斯拐点对应的是人口红利，人口红利指的是在某一时期因为有大量的农村人口流入城市部门，为城市部门提供了廉价的劳动力，这种廉价劳动力最后形成了企业的竞争力并成为推动经济增长的重要力量。但是中国的现实情况是土地制度和户籍制度的制约使得刘易斯拐点提前到来，刘易斯拐点的提前来临意味着中国并没有很充分的利用人口红利，而是把人口红利浪费了很多。意味着很多本该来到城市工作的农村劳动力因为制度原因没有一直待在城市，而是把很多宝贵的青春留在了农村，而随着时间的流逝他们逐步步入老年，人口红利没有被城市部门全部吸收而是浪费在了农村农业部门。与人口红利的浪费相对应的是人口结构老龄化的出现，按照国际标准65岁以上人口占总人口超过10%即可认为一个社会步入了老龄化社会。美国在上世纪70年代中期步入老龄化社会，此时人均GDP7000美元；日本在上世纪80年代中期步入老龄化社会，此时人均GDP为10000美元；韩国在2000到2005年间逐渐步入老龄化社会，此时人均GDP为1.5万美元，这些国家在步入老龄化社会时均已经完成工业化，步入后工业化时代。但是中国约在2015年左右步入老龄化社会时，其人均GDP仅为7000多美元，其工业化并未完成。2013年中国人口中位数约为35岁，而日本1985年人均GDP1.1万美元时人口中位数达到35岁，而2010年韩国人口中位数达到35岁时人均GDP已过2万美元。土地制度和户籍制度导致刘易斯拐点提前到来最直接的影响就是让中国的大量劳动力无法进入城市部门而在农村变成老人，对于宏观经济的影响就是出现未富先老的现象。

考虑到两个原因，第一，2013年城乡收入比为3.3：1，城市人均收入远高于农村人均收入，农村劳动力向城市转移仍然有很强动力；第二，2013年城市化率仅为53.7%，如此之低的城市化率意味着还有很大的空间让农村劳动力向城市转移，因此我们可以判断中国经济真实的刘易斯拐点并未到来。但是因为制度扭曲，经济中出现了以民工荒和农产品价格持续上涨等刘易斯拐点现象，故可以判断如果能够消除这些制度性扭曲，中国享受人口红利的时期可以被延长。相反，如果不能消除这些制度性扭曲，中国就很容易出现把本来该吸收的人口红利浪费掉的危险，中国步入老龄化社会的事实要求我们必须尽量多地把劳动力从低收入的农业部门转移到相对高收入的城市部门，并以此增加社会财富，启动内需。

二、人口结构的变化与新常态概念的提出

根据弗里德曼的生命周期理论，一般认为年轻人消费较少储蓄较多，因为年轻人为了自己的养老不会花完自己的全部收入，必然省下来一部分用于储蓄。老年人消费较多储蓄较少，原因是老年人不需要为未来的不确定性准备较多的预防性储蓄，其主要任务是在自己死之前把年轻时积累的储蓄消费掉。如果一国正在经历人口红利阶段，那么这个国家的年轻人会相对比老年人多很多，经济可能出现一种供给过剩的趋势。平均年龄较低意味着人口结构中年轻人较多，因此储蓄也比较多，

而消费比较少，储蓄形成的资本存量最后通过投资会转化成供给能力，而消费比较少意味着需求会比较少。因此在供给能力有过剩倾向的情况下，过剩的供给只能通过出口释放到国外去，国际贸易容易出现顺差。同时因为国内劳动力成本比较低，在该国建厂能够充分利用该国的劳动力成本优势，国外企业也比较喜欢在该国建厂，FDI的涌入会带来资本项目的顺差，因此人口红利阶段的一个表现是贸易项和资本项的双顺差。

假如把年轻人称为净生产者，即生产超过消费的人，把老年人和小孩称为净消费者，即消费超过生产的人。如果净生产者较多，即社会中年轻人作为净生产者多于作为净消费者的老人和小孩，则经济的主题就会是"生产"。如果作为净消费者的老人和小孩在经济中占比超过一个数额，经济的主题就会比较偏向"消费"。2014年下半年的一些时期中国在国际收入平衡表的资本项下史无前例地出现了逆差，成为资本净输出国，即中国输出的资本多于流入中国的资本，再次验证了人口结构对经济的影响。随着劳动力成本的上升，中国已经不像以前一样对外商有着巨大的吸引力了，部分外商投资到劳动力成本更低的地区去了，与此同时，国内的企业也因为劳动力价格上升的原因把企业搬到了国外一些劳动力成本更低的国家。结果是流入中国的资本减少，而从中国流出的资本变多，资本项的国际收支逆差终于出现。在2015年，中国的劳动年龄人口达到峰值，2015年之后劳动年龄人口会减少，虽然理论上2015年是劳动年龄人口的峰值，但是实际可以被城市部门所使用的劳动年龄人口峰值应该出现在2015年之前。因为土地制度和户籍制度形成的劳动力从农村向城市转移的阻力，很大一部分年轻的劳动力被滞留在农村而没有转移到城市中来，使得实际上可以被城市部门使用的劳动年龄人口远比理论上的劳动年龄人口少得多。制度扭曲不仅使得刘易斯拐点提前出现，而且使得中国的劳动年龄人口峰值提前出现，进一步削弱了中国经济的竞争力。

人口结构的变化必然导致经济增速下滑，其主要经济效应体现在两方面：

中国的劳动力成本优势在逐渐降低，当然这里的降低指的是相对以前，中国相对美国而言的劳动力成本优势还是存在的。但是相对其他亚洲国家的劳动力成本优势就几乎不存在了，在面临印度、越南等其他亚洲国家的劳动力成本优势挑战时，就会出现出口成本优势相对削弱的现象。主要表现就是出口增速会放缓，FDI流入量会有所减少，以前外商投资中国主要是看中中国低廉的劳动力成本优势，于是有大量的FDI涌入中国，把中国作为加工车间，在中国加工成为制成品后出口到国外去，这就表现为中国以前一直持续的国际收支资本项顺差和贸易项顺差的双顺差情况。但是这个情况会逐步改变，因为劳动力成本长期上升的趋势会使得流入中国的FDI减少，中国国内企业也会到印度越南等劳动力成本更低的地方去投资势必造成资本外流，因此第一个出现的情况是中国国际收支资本项可能由顺差变为逆差。即原来是流入中国的资本多于流出中国的资本，未来可能变成从中国流出的资本多于流入中国的资本，中国在某些时间可能变成资本净流出国。等到中国持续较长时间成为净资本流出国之后，中国的出口势必会减少，进口势必会增加，长期而言则可能产生贸易逆差。事实上2014年的一些时间中国已经出现了国际收支资本项的逆差，成为了净资本流出国，而出口增速也在2014年出现了放缓。

另一个人口结构变化导致的经济变化是城市化速度放缓。主要原因是刘易斯拐点现象使得农业部门的劳动力向城市部门转移变得更困难了，直接表现就是民工荒的出现和劳动力工资的持续上涨。继续从农村向城市转移劳动力会比较困难，转移难度较小的那些人已经被转移出去了，剩下的都是转移难度较大的人，很多是妇女、儿童、老人和受教育程度较低难以适应城市生活的人。此时只有城市的公共服务供给增加，给这些人提供更好的公共服务，或者对其中的受教育程度低者提供较好的培训才能把这些人转移到城市部门来，因此可以认为未来的城市化是速度放缓已是必然。

在出口市场增速放缓和城市化增速放缓的大背景下，党中央明确提出了新常态的概念。新常态的核心就是调低经济增长度的预期，把经济增速预期调低到7%左右，这无疑是非常理智的选择。在有效劳动力供给减少的情况下，劳动力工资的上升还会造成成本推动型的通货膨胀，企业的利润空间会被挤压，部分企业会被破产而淘汰出局。如果一段时期劳动力供给量突然猛增，而资本积累率也突然提高，那么社会总产出会突然上升，在劳动力平均年龄较小因而消费率较低的情况下，这种人口红利的出现会给经济带来一种通缩的压力。事实上就是因为这个原因，在2000年到2002年这个集中大量释放人口红利的时期，中国经济在产品市场确实出现了短暂的供过于求的局面，出现了明显的通货紧缩。与此相反，到了2015年的现在人口红利的衰竭使得劳动力供给会在短期内下降，同时人口结构改变造成的储蓄率下降和资本形成率下降会使得企业的资本成本上升，在劳动力成本和资金成本同时上升的情况下就会出现成本推动型的通货膨胀。

居民消费价格指数CPI代表的是最终消费品的价格变化，最终消费品的成本里面大概包括三部分的内容：其一是原始的农产品，其二是加工过程中使用的工业制成品，其三是参与到加工过程中的服务业产品，劳动力价格的上升至少会显著提高第一种和第三种成本。第二种成本可能不变，或者至少不会上升特别多，因为工业制成品可以使用更先进的技术来替代一部分人工，即用提高劳动生产率的办法来对冲劳动成本的上升，用更少的工人生产和原来一样甚至更多的产品，这样工业制成品的价格不会发生太大变化，其表现是PPI上涨幅度不大。但是原始的农产品因为农业的技术进步缓慢不太可能在短期内用机器来替代太多的劳动，因而价格上涨的压力很大。同样，服务业产品也不可能在短期内用机器来替代人工，比如厨师做饭和理发师理发就是最典型的例子，不可能用机器来替代厨师的工作，也很难用机器去替代理发师的工作，因此劳动力价格上涨必然使得服务业产品价格上涨。三项消费价格指数的组成成分一项价格不变而两项价格上涨，其最终结果必然是总价格的上涨。在消费品价格上涨的推动下，社会商品会发生比较普遍的价格上涨。因此在人口结构改变带来通胀压力的背景下，政府为了对冲这种压力必然会采取一种相对保守的货币政策，以往类似 4 万亿这种非常宽松的货币政策时代恐怕一去不复返了。政府为了遏制可能出现的通胀，必然决定在长期采取偏紧的货币政策，就意味着企业的融资环境会在一定程度上恶化，其利润空间会被进一步挤压，经济出现下行压力。

　　从上文所述可知虽然中国的刘易斯拐点并没有真正到来，但劳动力的结构性短缺已经成为现实，刘易斯拐点现象已经出现。过去所经历的因为劳动力平均年龄较为年轻，社会扶养老人和小孩的压力较小，消费率较低储蓄率较高，资本形成速度较快，因为廉价劳动力和大量经济剩余转化为资本存量造成的劳动力和资本同时激增的时代已经渐行渐远。当前的趋势是抚养比会上升，劳动力的有效供给会减少，伴随而来的老龄化使得经济中消费上升储蓄下降，最终资本积累的速度会减慢，其结果无疑必然是经济增长速度的显著放缓。随着刘易斯拐点的逼近，城市化速度会减慢，制度扭曲和实际的人口结构改变会成为两个导致城市化放缓的原因。城市化放缓无疑会影响到房地产市场、铁路、机场、公路等城市基础设施的建设，进而影响到钢铁、水泥、电解铝等上下游产业。简而言之就是减少这方面的需求，进而减少这些产业上游产业和下游产业的实际需求，成为一股减慢经济增速的力量。2007 年之前人均工资的涨幅一直低于人均 GDP 的涨幅，但是 2007 年之后至今出现的情况则相反，人均工资的涨幅远高于人均 GDP 的涨幅。如果把这个现象仅仅归结于新劳动法的出台似乎并不合理，因为新劳动法推高人均工资仅仅可能是短期作用，其效力仅能保持一两年，不可能成为一股持续推高劳动力工资的力量。超过五年以上的持续人均工资上涨则只能是说明人口结构的变化使得工资上涨成为了一种长期趋势。

三、下阶段改革要注意的问题

人口结构改变后,过去中国经济中劳动生产率提高较快和工资水平持续较低的两个现象会逐步改变。

(1) 支撑过去劳动生产率提高较快的两个原因会逐步衰减。因为过去劳动生产率提高较快有两个原因:其一,劳动人口平均年龄比较年轻,年轻人创新能力较强,同时年轻人作为净储蓄者的相对数量多于作为净消费者的老年人和小孩,造成储蓄率较高,高储蓄使得资本形成率较高,较高的资本形成率通过技术引进和技术模仿实现了劳动力生产率提高较快的现象。因此过去的劳动生产率提高主要是通过积累资本,并用这些资本从国外引进设备来实现的,这个过程表面上是资本投资,实质上是技术引进,属于一种引进型的技术进步和模仿型的技术进步。其二,大量的农村人口从劳动生产率较低的第一产业部门转移到劳动生产率较高的城市部门,这种转移使得劳动生产率提高较快。但是未来这两个原因将难以持续,首先人口结构的改变使得劳动人口中年轻人减少,平均年龄的提高使得劳动人口的创新能力变弱。伴随而来的是净消费者会增加净储蓄者会减少,储蓄率的降低使得资本形成率降低,继而减慢技术引进和技术模仿的速度,因此单位劳动生产率的提高速度会下降。然后因为劳动力从农村向城市转移的难度变大,使得从第一产业向第二产业和第三产业转移的绝对人数大幅下降,这自然会降低劳动生产率的提高速度。

(2) 过去工资长期维持在低水平的基础是存在几乎无限的劳动力从农村转移向城市,城市部门面临着几乎无限的劳动力供给,此时只要工资能够维持这些劳动力在城市的基本生存需要,就能招到人。即使企业新增投资需要新增很多劳动力需求,但是几乎无限的劳动力供给仍然能够满足这种需求,继而把劳动力工资水平维持在一个比较低的位置。但是这种情况在未来肯定不可能继续存在了，劳动力的有效供给不再是几乎无限了。此时如果要维持高投资率除了需要有高储蓄率作为资金支撑外，还需要有比较大的新增劳动供给，否则新增投资创造的劳动力需求将难以得到满足。企业新增投资需要招收新员工，而又没有像以前一样的几乎无限的劳动力供给，此时唯一的选择就是增加工资从别的企业挖人过来。一个企业涨工资势必会带动其他企业涨工资，用增加工资的办法来获得劳动力势必会抬高整体工资水平，增加企业成本并压缩企业利润空间，甚至使这些新的投资项目出现亏损，于是企业的投资行为就会减少甚至消失。

伴随着这两个经济特点的变化，为了在劳动力供给减少的大趋势下维持中国经济的竞争力，保持中高速增长，即必须设法增加有效的劳动供给水平。如果不能继续发掘现有劳动力存量的价值，实施人力资源开发战略，并把原来因为制度扭曲而滞留在农村的劳动力转移到城市中来。在人口结构改变的大背景下还可能出现无法保持7%的经济增速的窘境，经济增速可能跌至3%～5%的低位区间不是没有可能。设法增加有效的劳动供给水平包括两方面的含义：一方面是设法用更少的劳动力生产更多的产品，实现经济增长，达到这个目标需要劳动生产率以比较快的速度提高，技术进步速度必须加快。另一方面是要设法增加劳动力的绝对供给量，把原先因为制度扭曲沉淀在农村的劳动力释放到城市部门，增加城市部门的劳动力绝对供给水平。未来GDP的增长主要还是靠城市部门，因为农业总产值仅占GDP的约10%左右，已经是小头儿了，不太可能成为推动经济实现7%增长目标的主要力量，未来保持增长还需要靠城市部门这个大头。因此下一阶段改革主要是两个方向：第一个方向是提高全要素生产率，即提高技术水平，用提高劳动效率的方法来缓解劳动力供给减少的影响；第二个方向就是彻底废除城乡二元结构，改革土地制度和户籍制度，争取尽量多的从农村释放劳动力到城市来。

1. 提高全要素生产率的关键是破除垄断

提高全要素生产率的主要手段是破除垄断，垄断企业坐享垄断利润，没有竞争压力，因此也没有进行技术进步的压力，成为了社会技术进步道路上的绊脚石。事实上几乎所有垄断部门都是国有资本比较集中的部门。因为国有企业管理效率低下、技术进步缓慢，政府为了保证这些企业不倒闭，所以使用行政手段和"玻璃门""旋转门"等或明或暗的门槛来维持这些垄断企业的垄断地位，进而用垄断利润来保证这些企业不倒闭。这种垄断事实上相当于给予了这些国有企业一种巨额的补贴，以确保这些企业不倒闭并实现国有资本的保值增值。只不过这种靠垄断来维持的补贴是最终由消费者来买单的，是用消费者的钱来支付这种巨额补贴。垄断的部门可分为两种类型：一种是服务业部门，一种是工业中的上游产业部门。服务业部门指的是像金融、医疗、能源、通讯、教育等服务业部门，比如通信部门的垄断使得国人的手机通话费用远高于应有的均衡水平，而医疗和教育部门的垄断使得看不起病和上不起学的现象普遍发生。金融部门的垄断使得储户被动接受银行给的很低的存款利率，在出现较高通货膨胀时这种很低的存款利率事实上变成了侵蚀居民财富的负利率。工业中的上游产业指的是像石化、钢铁、能源、金属制造等工业上游产品行业，这些行业的国有垄断企业通过垄断制造供给不足，然后推动价格上涨，让使用这些产品的所有下游产业的厂商支付给了他们一笔巨额的"隐形税收"，最终这种因为上游产业垄断形成的"隐形税收"落到了最后购买产品的消费者身上。如果垄断仅仅是涨价而没有带来其他什么坏的影响，那么垄断的存在似乎还并不是那么令人深恶痛绝。但是事实上垄断对经济最大伤害并不是涨价，也并不是用价格盘剥的方式实现了合法的财富转移，而是阻碍了技术进步。我们知道技术进步的原动力来自于竞争的压力，因为在竞争条件下如果一个企业不实现技术进步，那么这个企业很快就会被实现了技术进步的企业所击倒。这种竞争的环境淘汰了那些技术落后的企业，留下了技术进步的企业，同时也使整个经济中的技术水平得到了很大提升。相反，如果没有竞争，在一种垄断的条件下，垄断企业一方面不需要担心自己的盈利能力——垄断利润足以支撑起很高的盈利水平，另一方面不需要担心有新的竞争者进入抢夺自己的市场——政府的行政性门槛阻止了潜在的竞争者进入。这就决定了垄断企业丝毫没有动力实现技术进步，哪怕是一些非常小的技术进步。

在明确了实现技术进步最大障碍是垄断之后就必须要思考怎样才能破除垄断，事实上我国说要破除垄断已经说了很多年了，但是基本上是雷声大雨点小或者只打雷不下雨，政策停留在口号和纸面上，始终拿不出切实的行动。这是什么原因呢？为什么大家都意识到了破除垄断的重要性却不能破除垄断呢？主要的原因在于这些垄断企业里面有很多国有资本，如果这些国有资本不撤出，那么就不能真正破除维护他们垄断地位的行政性准入限制。因为只要这些垄断企业被国有资本控制，就意味着这些企业里面有政府的利益，政府希望让这些企业盈利来使这些企业里面的国有资本保值增值，然后政府靠严格的行政性准入门槛来维护这些垄断企业的垄断地位，使政府持有的这些企业的所有者权益得到保值增值。因此破除垄断的关键是要把政府的股权从这些垄断性企业里面撤出，只要政府和这些垄断企业划清关系，那么就可以放开准入门槛，让这些行业从垄断逐步走向竞争了。必须明确政府不能有多重利益，必须明确政府真正的核心利益是什么，如果政府有多重利益，就可能发生政府的不同的利益互相冲突的问题。政府的背后是政党，长期而言一个政党真正的利益也是唯一的利益是保障自己这个政党能够持续执政，而不被赶下台或被其他政党取代执政地位，这一点任何国家的政党都一样，世界上没有例外。因此中国共产党唯一的核心利益就是确保自己能够长期执政，除此之外党应该放弃任何与这个核心利益有冲突的其他利益。鱼与熊掌不可兼得，党保障自己执政地位的唯一办法就是把国家经济搞好并化解社会矛盾，把可能存在的执政风险降到最低，这才是一个政党唯一的核心利益。政府的收入有税收作为保障，经济搞好了税基得到扩大，就能获得足够维持政府正常运转的税收，至于那些比税收少得多的国有企业的上缴利润和分红，不会是也不应该是政府的主要收入来源，否则政府和商人、企业有何差别？何况那些垄断性国有企业阻碍了技术进步，过去的二十余年技术进步最缓慢的就是被国有垄断企业把持的服务业和工业上游产业，结果是这些垄断部门供给不足，价格被抬高，经济的效率受到损害，消费者对于质次价高的产品怨声载道，以至于一些别有用心的人和外国势力利用这些怨气来抹黑政府、丑化政府形象，给我党的执政带来了巨大风险。因此我党非常有必要从那些损害居民福利阻碍技术进步的垄断企业抽身而出，和他们划清界限，在经济活动中成为一个公平的裁判员，而不是同时担任裁判员和运动员。放弃在垄断性企业的利益，出售在这些企业的股份，甚至可以考虑将在这些企业的股份全部或者大部上市，让这些企业成为公众公司。必须明确党在这些垄断性企业里面的利益不是一个政党的核心利益而是非核心利益，把经济搞好，化解社会矛盾，保障党的永久执政才是党的唯一核心利益，当核心利益和非核心利益冲突时，唯一正确的选择是放弃非核心利益保护核心利益。相信我党能做出明智的选择。

2. 改革土地制度和户籍制度与彻底消除城乡二元化结构

为了增加劳动力的绝对供给量，必须消除制度扭曲造成的劳动力转移阻力，处理好这个问题的关键是改变政府收支结构和改革传统的土地制度。历史上实施城乡二元化的户籍制度的原因是为了阻止农民进城，以防农民进城对城市的就业市场产生冲击。这种制度安排的历史背景是计划经济高度集中的管理模式和优先发展重工业的发展战略，当时国家主要对重工业进行投资，对服务业和轻工业则基本上抱持放弃的态度，重工业吸收就业的能力很弱，而吸收就业能力强的轻工业和服务业基本上被政策所边缘化，结果是城市部门创造的就业岗位很少。这么少的就业岗位以至于无法为城市自身的新增劳动力提供就业，最后被迫以"知识青年上山下乡"的方式把大量适龄城市劳动力贬到农村去，以一种惨烈的方式化解了城市的就业危机。改革开放后这种高度集中的经济模式被废除，城市吸收就业的能力加强，但迟迟没有废除掉城乡二元化的户籍制度的原因是政府没有能力给予进城农民和市民一样的公共服务，造成这种局面的原因是政府的财政收支问题和城市服务业的垄断问题。无法给农民市民待遇的主要原因有两个：其一是城市的公共服务政府投资太少了，投资不足造成了供给不足，在此情况下如果贸然改革户籍制度，给予农民工城市居民的福利待遇必然会严重影响到原来的城市居民的正常生活，进而引发社会矛盾，影响社会稳定。其二是城市里面诸如住房、能源、教育、医疗、养老、金融、通讯等服务业行业长期处于垄断状态，垄断的结果是供给不足，虽然这些垄断主体通过垄断并涨价获得了很高的垄断利润，但是这种垄断对于增加城市公共服务是不利的，非常不利于进城农民融入城市。比如医院的垄断使得医疗行业的投资严重不足，相对于城市居民的需求而言，医疗服务的供给非常少，即便是城市居民也面临看病难的问题，就根本谈不上给进城的农民提供优质的新增医疗服务了，此时唯一的办法就是用户籍制度来减少进城农民工的医疗服务需求。再比如教育的垄断使得城市的学校总量上显得很不够，教育服务明显供给不足，如果贸然把户籍制度废除，则大量的农民工的子女涌入学校势必会造成学校的巨大压力，冲击城市居民子女的受教育权利，此时唯一的办法就是用户籍制度限制农民工子女在城市的入学，甚至把进城农民工的子女赶回农村去上学。

　　如果放开户籍制度让进城农民工彻底市民化，那么就需要加大在教育、医疗、养老和社会福利领域的政府支出，在现行的分税制条件下这种支出很大部分由地方政府负担。但是上世纪90年代分税制改革后的结果是财权上移而事权下移，即中央政府拿走了财政收入很大一块蛋糕，留给地方政府的蛋糕较小，但是地方政府却需要负担很多公共服务的职能。城市公共服务的提供方基本是地方政府而不是中央政府，但是地方政府的财政收入却在分税制改革后变小，连给原有城市户籍的居民提供足够的公共服务都显得捉襟见肘，也就根本谈不上给新进城的农民提供足够的公共服务了。同时政府的支出结构又是完全扭曲的，政府的生产建设性投资支出占总支出的比例太大了，这一比例常年维持在40%～50%之间，不仅是全世界最高，而且远高于排名世界第二的新加坡政府25%的生产建设性支出占比，其生产建设性投资占政府总支出比例约为后者的两倍。一方面主要负责公共服务提供的地方政府因为分税制的制度安排而收入不足，另一方面还需要应付生产建设性投资的大量支出，所以基本上就没有多余的财力来给进城农民工增加改善公共服务了。

因此要彻底废除城乡二元化的户籍制度，从政府收支的角度讲，必须从两方向进行调整。

(1) 调整政府的税收结构，改革税收收入分配制度，可以考虑是否可以把一些属于地方政府的公共服务职能转移给中央政府，即考虑事权上移，让中央政府负担更多的城市公共服务成本。还可以考虑重新划分财政收入在中央和地方的分成比例，提高地方政府在共享税中享有的比例甚至把一些属于中央财政收入的税种划给地方政府，让地方政府的财权和事权对称。从税务结构属性来看，分税制在国际上属于典型的联邦制税制安排，国际上使用分税制的这种税务制度的基本上是联邦制国家，但是这些国家在建立分税制这种制度安排时非常明确地把财权和事权做了对称性的划分，依照事权大财权就大、事权小财权就小的原则把地方政府和联邦政府的权利和义务作了科学划分。但是我国实施分税制改革时有意地对财权和事权的划分做了模糊化处理，把大量的财权收归中央，把很多事权的支出留给了地方。这个制度安排的背景是分税制改革之前中央财政很缺钱，几乎到了需要向银行贷款发工资的"讨饭财政"的境地，中央政府不仅拿不出钱来给公务员开工资甚至拿不出钱来给军队发军费，不得已甚至鼓励军队去经商，靠军队经商的收入来弥补拖欠的军费。此时中央政府为了改变这种没钱的窘境，进行了报复性的税制改革，把自己在财政收入划分中的被动局面彻底扭转了过来，使中央财政收入实现了报复性上涨。这种特殊情况下形成的财权和事权的不对称划分，其政治目的是形成强中央弱地方的局面，加强中央政府对地方的控制，防止类似苏联解体的问题发生。此举虽然有利于加强中央政府对地方的控制，有利于防止类似苏联问题的产生，但是其长期效果是否达到了设计者的初衷，是否有利于经济的长远发展值得商榷。

（2）改革政府支出结构，减少生产建设性投资，增加公共服务型投资，尤其注意增加城市公共服务领域的政府投资。必须增加政府对城市医疗、教育、养老、社保等城市服务领域的支出，政府的支出可以作为民间投资的配套投资，来引导更多民间资本进入城市公共服务领域进行投资，增加城市公共服务供给。用政府投资来做配套投资引导民间投资的做法是很常见也很有效的，政府的生产建设性投资就是很好的对民间生产建设性投资的配套投资，比如企业投资准备修一个工厂，但是电力供应不够，此时要么企业自己出钱建一个电站要么政府出资建一个电站。如果最后是政府出资建电站就是相当于政府出钱给企业的生产投资做配套投资了，因为如果政府不出这个钱，企业自己也要出钱建一个电站，政府的配套投资可以理解为是对企业投资行为的一种补贴，即是用政府的经济资源补贴企业投资推动工业化的行为。过去政府用自己的生产建设性投资做了很多给企业投资做配套投资的行为，现在可不可以考虑也用政府的民生投资给企业在城市公共服务领域的投资进行配套投资呢？完全可以，比如建学校和医院，政府可以先把土地平整好，把水电都通好，再把路都修好，最后只需要企业自己修医院和学校的主楼就行了，这就可以大大节省企业的投资，相当于是政府通过自己的投资行为给企业的公共服务性投资进行了补贴。再比如以前在鼓励企业的生产性投资行为时，政府往往把开发区的厂房都修好，只要企业自己购入生产设备招到工人进行生产就行了，政府建的厂房可以低价租给企业使用，有时甚至免费让企业使用，企业只要能解决就业拉动GDP并创造税收就行了。这个模式其实也可以用在提高城市公共服务上来，比如养老院等问题，可以政府先把学校、医院、养老院等房子修好，只等企业招到老师和医生并安排学生就读及老人入住就行了，这些房子可以以低价租给企业或个人，甚至可以免费给他们使用，只要他们能给城市提供更多的公共服务就行了。因此减少政府生产建设性投资并不意味着政府真的就无事可做了，在增加民生性支出，增加公共服务供给的领域政府还是大有可为的，这里的关键是转变政府的观念。传统的政府是一切为GDP服务的政府，为了增加GDP当然需要进行大量的生产性投资来拉动GDP的增长，现在应该转变观念让政府变成是为人民福利服务的政府，通过增加社会保障性开支来提高人民的生活水平。还需要改变传统的政府绩效评价体系，传统体系下对GDP增长这一指标比较看重，因此会激励政府去用政府生产性投资的行为来引导民间的生产性投资去追求GDP，现在要把反映社会福利的指标纳入到政府绩效考核中来，甚至可以使用一票否决制来倒逼政府去提高民生福利。

除了改变政府收支结构之外，还可以通过放开垄断性行业的进入门槛来提高城市的公共服务供给水平，在政策上鼓励民间资本对公共服务领域的投资。过去我们国家只是鼓励民间资本在制造业的投资，目的是最大程度拉动GDP，对公共服务领域的民间资本投资没有太大的鼓励。主要原因是像医疗、教育、金融、通信等服务业都是国家垄断的，设置了很多或明或暗的准入门槛，不让民间资本进入这些领域，现在随着人口结构的改变，需要增加城市劳动力的绝对供给，必须建好城市公共服务以期彻底废除城乡二元化制度，就必须把这些公共服务领域向民间资本开放。对服务业的垄断抬高了这些服务类产品的价格，进城农民工很多无法支付如此之高的价格。政府硬压着服务业搞垄断，造成服务业供给不足，长期而言对于服务业自身的发展也是不利的。比如很长时间以来医患关系一直非常紧张，发生了很多患者杀死医生的悲剧，同时医院靠着垄断地位又一直涨价，涨价的结果使得居民的医疗成本大大超过了其自身的可承受水平，一旦"因病致贫"发生，则患者很容易把怒火撒在医生身上，给医生的人身安全带来危险。因此开放这些服务业领域的准入门槛对于这些领域的健康发展也是非常重要的，如果继续保持垄断，这些领域仍然是一种畸形发展的状态。比如医疗领域就会长期存在医药回扣、腐败等灰色收入问题，最后激化医患矛盾。又如教育领域，各个学校凭借垄断地位巧立名目收取"择校费""赞助费"等各种费用，大大不利于教育行业的发展。如果对服务业的垄断加以破除，引入竞争机制，不仅有助于降低农民工享受这些服务的成本，还能增加这些行业的有效供给，为破除城乡二元化结构创造可能。

土地制度改革的重点是实现土地的科学流转，因为如果能够实现土地的流转就可以实现农地的规模化经营，从农业部门解放出更多的劳动力使之进入城市部门，增加城市部门的劳动力绝对供给量。传统的土地制度使得土地的使用权比较分散，一个农户的土地东一块西一块，无法集中也就无法进行规模化的经营。可以考虑把农民的土地承包经营权予以确权，虽然不能把土地的所有权一下子给农民，但是还是可以把土地的经营承包权给农民的。这种承包权明确产权以后予以登记，并上网进行电子化管理，最后要允许农民把这种承包权上市交易，通过建立类似股票交易市场的交易平台来把这些上市交易的土地承包权予以集中。等到土地集中之后，就可以开办农业公司，通过公司的财力和人力来把这些集中之后的土地进行规模化管理，实施机械化的耕种。规模化经营中可以大量使用高科技的农业设备，播种、施肥、喷农药和收割都可以让农业工人操作大型机械予以完成，农业的劳动生产率就会大幅度提高。劳动生产率的提高一方面可以进一步解放出更多的劳动力并使之转移到城市部门来，另一方面可以提高农民的人均收入，解决城乡收入差距过大的问题。

从各国过去的历史来看，当一国收入进入中等收入水平之后，都会出现一种经济增速放缓的现象，这种普遍的增速放缓就是新常态这一概念提出的实际背景。经济增速在经济高位之后有所回落，欧美等传统市场经济国家和日本、四小龙等赶超型国家（地区）都不能例外，主要的原因是经济经过起飞阶段的资本投资驱动实现了高速的经济增长，但是随着资本的边际收益递减，这种要素拉动型的经济增长会出现瓶颈。从要素投入驱动调整到创新驱动需要时间，所以经济增速会有所下滑。同时城市部门对农业人口的需求又往往在此时逼近或者到达刘易斯拐点，使得人力资本的供给一定程度上出现不足，减缓了经济的增长。这时该国有两种选择：一种是持续使用凯恩斯主义的经济刺激方式来提高经济增速，利用扩张性的货币政策和财政政策使经济获得短期的推力来对冲经济增速放缓的压力。但是此举无疑会积累更大的经济风险，历史上亚洲四小虎和拉美就是这么做的，其结果是不仅没有解决问题，还把国家拖入了长期的低增长之中。另一种选择是主动调低经济增长目标，并且进行结构性改革，欧美和日本、四小龙就是这么做的，其结果是转变增长方式之后继续保持了较高速度的经济增长，最后进入了高收入国家行列。这种做法的逻辑是利用低速的经济增长来优化经济结构，淘汰掉一些落后的产业和企业，释放出足够的经济资源来扩张先进的经济部门，利用市场竞争把一些拖后腿的经济部门淘汰掉，使经济自发地实现结构升级。这个做法往往包含着偏紧的货币政策和财政政策，因为该阶段的主题是挤掉过去经济高速增长时期形成的泡沫和降低经济的杠杆率水平。比如我国就有很多国营企业几乎不盈利，靠银行贷款维持生存，如果能够通过破产重组或改制实现盈利，将会优化产业结构。中央提出了新常态的概念，很显然意味着中国试图选择走第二条路，因此可以预计未来经济的增速会下滑，不可能再维持原来近两位数的高速增长，政府也不可能为了维持高速增长而启动大规模的凯恩斯主义经济刺激计划。在此背景下中国需要适应经济增速下滑的冲击，并且利用这个时间来化解业已存在的经济风险，需要重点努力的方向是：

（1）在经济增速放缓时期化解以前积累的财政金融风险。

历史上无论是亚洲金融危机时的亚洲四小虎还是拉美的债务危机时的拉美国家，表面上看似乎是一次金融危机和债务危机把他们拉入了中等收入陷阱。但是事实上金融危机和债务危机的发生本身源自于这些经济体在高速增长阶段自身积累了很多系统性风险，以前的高速增长掩盖了这些系统性风险，一次经济冲击使得经济增速下滑，就把原有的风险暴露了出来，这就是俗称的"只有退潮之后才知道谁在裸泳"。因此化解可能出现的危机是新常态下的首要任务，中国的经济风险有四种：长期系统性的产能过剩，国有企业和地方融资平台积累的银行不良资产，土地财政和政府扩张性经济刺激积累的地方政府债务风险，主动和被动的货币滥发造成的流动性过剩和资产泡沫。要化解这四种风险需要至少从四方面入手改革。

其一是放弃凯恩斯主义的经济刺激计划，减少政府的生产性投资，减少政府直接参与的经济活动，这有利于缓解产能过剩的问题和地方政府债务问题。

其二是改革税制化，解土地财政风险，分税制的制度安排使得财权上移的同时出现了明显的事权下移，地方政府分得了较少的财政收入但要承担较大的政府事务开支，与庞大的事务性开支不相称的财政收入使得地方政府不得不通过土地财政和地方性融资平台来获取资金。未来必须纠正这种税制扭曲，使财权和事权相称，具体的思路有两种，要么让中央政府负担更多的国内政府事务开支，要么给予地方政府更多的财权，把很多中央财政的税种划给地方政府，并提高地方政府在共享税中的分享比例。

其三是把很多国有企业实施私有化，主要的原因是这些国有企业因为常年效益不好积累了很多根本就还不上的银行贷款，有的国有企业事实上已经资不抵债了，国有银行的这些债权形成的不良资产就是一个危险的定时炸弹，如果经济增速放缓造成这部分国有企业出现大面积的亏损，那么银行金融系统就有崩溃的风险。因此最好是政府把在这些企业里面的股权卖掉，让社会资本进入整合这些经营不善的企业，如果这些企业能够在改制之后实现大规模的盈利，无疑就会化解银行的金融风险。同时企业盈利能力的增强会增加政府的税基，使得政府的财政收入增加，进而进一步化解地方政府的债务风险。

其四是实施相对偏紧的货币政策来化解资产泡沫和地方政府、国有企业财务杠杆比例过高的问题。以前实施的以四万亿计划为代表的凯恩斯主义色彩极浓的刺激政策和长期性的货币超发使得流动性过剩几乎成为常态。在过去经济增速较快的背景下流动性过剩的问题可以被较高的经济增速所掩盖,但是一旦经济增速下滑,资产泡沫的问题就会比较突出,因此提前收紧流动性是化解泡沫问题的重要手段。拉美国家和亚洲四小虎甚至日本都出现了由流动性过剩造成的巨大经济泡沫,这种泡沫的破灭给予其经济以巨大打击,因此化解流动性过剩的问题是一个新常态下的重要工作。货币政策比较宽松的情况下,国有企业和地方政府积累了很多负债,使得其财务杠杆比例偏高,货币政策偏紧可以起到去杠杆化的作用。

(2) 进行彻底的政府改革。

第一,要破除垄断行业的垄断,把服务业和工业上游产业的市场彻底放开,在这些行业引入竞争机制有利于激发经济活力。比如服务业的垄断非常不利于服务业的发展,服务业和工业不同,工业可以利用标准化的生产线生产统一标准的产品,工业的优点是标准化的生产可以通过规模优势降低成本。但是服务业是"个性产业",服务业生产的是个性化的服务而非标准化的工业产品,每个服务业的服务对象的需求千差万别,每个人的口味不同,如果用垄断的方式生产服务必定会出现众口难调的情况。因此服务业必须由非垄断的经经营主体来经营,才能提供更加贴近客户需求的服务,如果说工业的主题是统一化和标准化,那么服务业的主题就是个性化和差异化。比如医疗行业的服务对象因为经济水平和年龄结构等不同,每一个病人需要的治疗方案并不一样,有的病人需要比较省钱的治疗方案,有的病人则需要比较快速的治疗方案。再如教育行业,有的人希望以后从事很深的理论研究,需要立足于继续深造的教育服务,有的人只想学到一个职业技能以找到一个工作,这就需要实践性很强的教育服务。因此垄断这种制度安排很明显不利于服务业的发展。工业上游产业的垄断把民营资本封锁在了下游产业,让民营资本找不到合适的投资渠道。此时民营企业在下游产业积累的资本只有两个去:奢侈性消费和投机。奢侈性消费造成经济资源浪费的同时激化了阶层之间的矛盾,投机更是使得经济运行的正常秩序受到严重干扰。同时盘踞在上游产业的垄断企业因为缺乏竞争压力,所以没有技术改进动力,垄断利润使得这些企业不思进取,成为技术进步的阻碍。

第二,改革土地制度和户籍制度推动城乡一体化,推动进城农民融入城市,实现土地的流转和规模化经营,进一步解放农村劳动力。

第三,改革现有的的科研系统,盘活科技创新的存量资源。现行的科研机构管理基本上还是沿用计划经济时代的行政化管理方式,这种权力配置科研资源的方式已经完全不适应现代化的经济社会运行方式了,去行政化并引入市场机制是未来科研机构改革的两大主题,只有真正本着尊重人才、尊重创新、尊重科学规律的原则才能盘活科研机构的存量资源。

第四,实施收入分配改革,打造"橄榄型"的社会结构,最低限度是避免社会变成"哑铃型"。无论是拉美国家还是亚洲四小虎,在其经济高速增长的同时都出现了收入分配差距不断扩大的趋势,最终造成了社会对立。因此中国社会的稳定来自于培育中产阶级的成功,因为高收入阶层随时可以把资产变现后移民海外,低收入阶层是不怕社会动乱的彻底无产者,只有中产阶级才是真正竭力维护社会稳定的中坚力量。长期以来我国宗教信仰缺失,形成了道德沦丧和唯利是图的社会风气,在这种社会风气下如果社会结构变成两头大中间小的"哑铃型",就很有可能因为一些微小的导火索造成社会动荡的产生。此时高收入阶层会迅速移民海外,低收入阶层又抱着一种光脚不怕穿鞋的和唯恐天下不乱的仇富心态来闹事,没有中产阶级来维稳,后果不堪设想。

第五,要实施金融改革,用更加市场化的方式来引导金融资源的投向。长期以来我国的金融资源投放都受到了严重的政府意志的影响,并没有完全按照市场的规律进行金融资源分配。很多金融资源都投入给了基础设施、大型企业、房地产企业和地方政府融资平台等政府影响力较强的领域,这些领域的经济主体虽然创造税收和增加 GDP 的能力很强,但是吸收就业能力很弱。而真正吸收就业能力较强的是劳动力密集型的中小企业和服务业企业,这些中小企业虽然吸收就业的能力较强,但是创造税收和创造 GDP 的能力较弱，因此也很难得到政府的青睐，进而很难得到银行的信贷资金。事实上企业的社会功能分为两种，一种是以创造 GDP 和创造税收为主的，主要是资本密集型的大企业；另一种是以吸收就业为主的，主要是劳动力密集型企业和服务业企业。传统的政府主导的金融资源配置方式把太多的金融资源给了那些创造 GDP 和税收强但吸收就业能力很弱的经济主体，这个现象必须更改，把更多的金融资源配置给那些吸收就业较多的劳动力密集型企业和服务业企业。这样才能创造出更多的就业机会，抵销经济增速放缓对就业的负面影响，同时因为劳动力密集型企业和服务业企业劳动力成本较高，劳动力收入在这些行业中占比较高，此举也有利于提高劳动者的实际收入，进而启动内需。因为传统体制下那些创造 GDP 和税收较多的经济主体多是资本密集型产业，这些产业创造的收入更多的比例被资本拿走了，被劳动者作为工资拿走的劳动力收入占比很少，这不利于劳动者收入的提高和内需的提高，值得注意的是拉美在实施进口替代政策时主要发展的就是这种产业，结果因为恶化了收入分配格局最终以社会动荡收场。

第六，要改变政府定位，把政府从一个生产建设型政府变成民生服务型政府，不仅要增加政府民生领域的开支，压缩政府的生产建设型开支，还要把原本注重 GDP 的政府考核标准改为更加偏重民生服务的考核标准，这样才能从制度上调动各级政府进行民生服务的积极性。

参考文献

[1] 阿瑟·刘易斯. 二元经济论. 北京：北京经济学院出版社，1989
[2] 蔡昉. 破解农村剩余劳动力之谜. 中国人口科学，2007（2）

中国经济新常态需要完善市场与有信政府

中国劳动力市场刘易斯拐点的临近和产业升级造成的经济阵痛会使得中国经济在一定时期内面临着比较强的下行压力，此时会出现很多工厂破产和工人失业的现象。为了让中国渡过老的支柱产业衰退为普通产业、新的支柱产业发展尚未完全成型这种青黄不接的时期，我们需要建立完善市场和有信政府，利用外部环境的改变苦练内功，完成以前改革中尚未完成的工作，化经济下行的压力为深化改革的动力，把中国经济建成可以持续增长的健康经济体。而完善市场和有信政府的建立需要实现国家的超越原则，即国家必须代表所有社会阶层和所有利益集团的利益，而国家超越原则实现的基础是现代社会制度的建立。建立法治社会、公民社会和民主社会是建立现代社会的三大步骤，其中的基础是建立法治社会。

2014年中国GDP首次超过10万亿美元大关，和美国一起成为全球仅有的两个经济总量过10万亿美元的大型经济体。但是最近的经济形势越发复杂，美元走势变强，美国经济复苏加快，欧洲和日本则继续在低增长中挣扎，不得不提出超级宽松的货币政策，试图用量化宽松政策提振经济复苏速度。金砖四国等新兴经济体增速明显下滑，俄罗斯甚至出现负增长危险，中国经济不得不进入新常态的调整期。全球经济走势依旧不明朗，克里米亚事件和中东乱局给全球经济复苏蒙上了一层阴影，增加了复苏的不确定性。受全球经济不景气的影响，以石油为代表

---

* 本文由我的博士生杨林执笔，我们共同讨论完成。

大宗商品价格持续下跌，作为大宗商品的主要进口国，中国不可避免地从国外输入了通货紧缩。中国国内的经济增长出现动力不足的问题，主要是传统制造业和房地产业这两个老的支柱产业正逐步出现调整性衰退，从支柱产业降为普通产业，对经济的拉动作用持续下降。而服务业、战略性新兴产业和现代制造业这三个新的支柱产业又没有出现非常有力的增长，其作为新的支柱产业的地位尚未完全确立。因此在旧有的支柱产业增长乏力，新的支柱产业尚未完全确立的情况下，中国处在新旧支柱产业青黄不接的时间节点上。因此政府提出了新常态的概念，主动把经济增长的预期下调至7%左右，既是被动适应新旧支柱产业交替的无奈之举，也是主动推动这种产业结构调整的明智之策。在2014年经济出现下行压力时，政府没有像以往一样采取类似"4万亿"的刺激政策，而是明确表明不会进行大规模的经济刺激，这也就扭转了一些企业以往把企业的发展寄希望于政府刺激上的懒惰思维，使得企业不得不静下心来放弃过去浮躁的习惯，安心专注原有产品的创新和升级，以期实现产品的精益求精。很多企业因为产业结构调整而出现亏损甚至倒闭，一些地方出现比较突出的失业问题。以往的经济增长主要以投资驱动，但是老的支柱产业投资机会变少，传统制造业已经产能过剩问题突出，不宜再继续追加投资，而房地产业也受困于交易量低迷而面临投资风险。

中国经济的形式依旧严峻，李克强总理表示"投资增长乏力，新的消费热点不多，国际市场没有大的起色，稳增长难度加大，一些领域仍存在风险隐患"。这委婉道出了中国经济面临的实际困难。政府在新常态下的主要任务有两个，一个是深化改革，另一个是结构调整，以简政放权为核心的深化改革受到了社会各界的广泛欢迎，因为深化改革减少了以往各种审批中存在的严重腐败问题和灰色收入空间，客观上减少了企业的运行成本。但是结构调整可能就往往意味着一些企业的破产和一些工人的失业，在国家宏观层面上会影响到经济的增长和就业，在微观层面上会影响到居民的生活，因此势必出现一些对结构调整不理解甚至质疑的声音。对此我们必须清醒认识到如果不进行结构调整，中国经济就会被锁定在老的经济增长模式之中，不仅无法实现产业升级还有可能被拖入中等收入陷阱。但是如果在结构调整中一方面淘汰掉了旧的落后的产业，另一方面又没有能够成功建立起新的支柱产业，那么势必会面临严重的失业问题，使得社会出现不稳的危险，同样可能被拖入中等收入陷阱之中。那么怎样才能使得结构调整成功完成，是中国经济经过凤凰涅槃成为新常态下的赢家呢？我们认为这需要建立"完善市场和有信政府"。

一、完善市场的意义与含义

过去我们的市场存在很多不完善的地方，使得市场经济通过竞争机制促进经济增长的内在机理无法得到完全的发挥，在不完善的市场中充满了权钱交易的腐败和假冒伪劣的恶性竞争。不完善的市场使得一些企业家不是通过自己的努力去创造财富，而是挖空心思去结交权贵，利用权力对市场的支配作用，靠腐败攫取财富。不完善的市场使得一些企业家不是想着怎样去提供更加优质的产品而是想着怎样通过违法的手段，生产质次价高的商品来创造利润，造成了消费者对国货的普遍不信任，甚至连马桶这样的低端产品都要跑到日本去购买，奶粉等产品更是一味迷信国外产品。不完善的市场严重损害了中国经济的竞争力，因为经济的竞争本质是产品和服务质量的竞争，如果不能建立起完善的市场，那么中国经济的环境就势必是权力的竞争——通过寻租获得权力就能在竞争中获得优势，这样企业家就没有动力去精益求精地生产产品。如果不能建立起完善的市场，那么中国经济的环境就是恶性的竞争——通过各种打擦边球甚至违法的办法来生产质次价高的产品谋求利润，最后毁掉中国产品在国际和国内的声誉。

"完善市场"指的是依靠市场作为决定性力量的经济环境，过去我国的市场环境中权力占的比重比较大，属于典型的"不完善市场"，具体表现在两方面：一方面很多产业存在比较严重的垄断，另一方面在很多经济领域政府通过行政干预等手段影响市场运行。垄断的维持主要依靠两个要素：第一是行政性的行业准入门槛，通过制定产业政策禁止非公有资本进入某些行业，或者名义上开放某些行业实际上在审批过程中不让民营资本进入，即俗称的"玻璃门"；第二是金融管制，即政府通过控制金融机构的资金投放，不给进入某些行业的民营企业提供资金，使得进入这些垄断领域的民营资本自己自觉退出，即俗称的"旋转门"。这都是市场不完善的体现。在一个完善的市场环境中，用行政性进入门槛维持的垄断并不应该存在，因为这种垄断与市场经济的自由竞争精神相悖。垄断一定程度上造成了中国上下游产业的割裂，金融、能源、石化、有色金属等上游产业被垄断性企业占据，其他企业被挤压和封锁在下游产业。垄断阻碍了技术进步，很多上游产业都是国有资本集中的垄断性行业，这些垄断企业凭借垄断地位坐享垄断利润，缺乏竞争压力也没有进行技术创新的动力。十六大提出了新型工业化道路的观点，认为要走"科技含量高、经济效益好、资源消耗低、环境污染少、人力资源优势得到充分的发挥的新型工业化道路"。但是斗转星移十多年后的今天，并没有看到十六大报告中所描述的新型工业化道路，相反，中国经济在高污染、高能耗、低效率的粗放式发展之路上越走越远，越来越多的环境污染问题出现。出现这一现象的原因是身处产业链上游的国有企业利用垄断攫取了巨额利润，但是垄断使得企业的日子太好过了，企业不存在竞争的压力，因此根本没有进行技术改进的动力，造成了在上游产业的技术停滞。而民营资本受到产业政策和金融管制的双重压制，无法从下游产业进入到上游产业进行投资，使得上游产业用于设备更新和技术进步的新增投资严重不足。民营企业无法进入上游产业，也无法通过竞争的压力推动这些产业的技术改进，缺乏竞争压力使得原有的垄断企业没有积极性去新增投资进行技术改造。民营企业作为技术改进动力最强的企业，被金融管制和产业管制封锁在下游产业无法进入产业链上游，无法发挥技术改进的作用。在 2002 年到 2012 年这十年，可以发现每一次宏观调控得益的都是国有企业，受损的多是民营企业，始于 2004 年铁本事件的国进民退运动，在投资过热造成经济过热的条件下，民营企业成为主要受到调控的对象。而在经济过冷需要刺激投资时，获得国家资源实施刺激政策的主体多是国有企业，"四万亿"计划中国有企业获得了超过九成的信贷，民营企业几乎成为旁观者。这种割裂上下游产业，在上游产业实施垄断的经济制度安排已经日益成为中国产业结构调整的重要障碍。

除了垄断和政府对经济的过度干预外，另一个市场不完善的体现就是市场缺乏法治精神。法治精神指的是经济活动的主体的经营行为要符合法律的规定，不能为了赚钱而肆意违法，不能坑蒙拐骗，即不能靠违法的手段来赚钱。比如三聚氰胺事件中的众多乳品企业，明知添加三聚氰胺会涉嫌违法，为了赚钱仍然一意孤行地进行了添加。再如毒胶囊事件毒馒头事件和众多有毒食品事件中的企业，明知自己的生产工艺会产生对人体有毒的物质，会违反法律，但是仍然抱着侥幸心理，机会主义地认为只有天知地知别人不会知道，结果最后东窗事发几乎毁掉了一个产业。法治精神的另一个含义是经济经营主体要诚实守信，不能故意失信，要坚持正义不能仗势欺人，在以经济增长为纲的老常态下"重效率、轻公平"，只要能赚钱，交易一方利用自己的强势地位故意侵害处于弱势地位的交易另一方的情况比较普遍，在存在信息不对称的经济行为中拥有信息优势的一方利用这种信息不对称故意侵害信息劣势一方的行为时常发生。企业侵害消费者利益，而消费者却没有法律救助途径；一些企业利用霸王条款实施店大欺客的行为；公司大股东或企业高管利用对企业经营活动的实际控制优势通过关联方交易的手段掏空企业资产，侵害中小股东利益；经济主体签订合同而故意不履行或故意推迟履行；企业虚假宣传故意误导消费者；借款人欠银行的贷款恶意拖欠故意不还，生产活动中收到货款后故意不发货等一系列现象频频发生。一些经济行为主体打法律的擦边球，奉行"违法但不构成犯罪"

的原则，游走在法律和道德之间的灰色地带攫取不当利益，还把自己的行为标榜为创新，这都会大幅增加交易成本，对经济产生恶性甚至毁灭性的扭曲，属于典型的"不完善市场"。不完善的市场会扭曲经济主体的经济行为，使得经济资源配置无法达到最佳状态。如果不能建立一个比较完善的市场，仍然让不完善的市场去配置经济资源，那么旨在培育新支柱产业的产业结构调整可能无法达到预期效果。在不完善的市场环境中，企业会把主要精力用于钻市场的空子，用于去寻租搞腐败获得不当利益，用于从事违法活动获得非法利益，而不会把主要精力用于产业升级和技术创新，可以认为如果没有"完善市场"，产业升级和经济结构调整就是一句空话。

二、有信政府的意义与含义

"事无信不立"，"有信政府"的"信"指"政府说的话不是说着玩的"，包括两方面的含义，一方面的"信"要求政府对于自己制定的法律要严格执行，做到言出必行，执法必严违法必究；另一方面的"信"主要指"恒"，要求政府的经济政策要具有长期一致性，不能频繁变动，要让社会公众形成一个比较稳定的长期预期。建立"有信政府"主要是解决产业结构调整中的激励问题，让相关经济经营主体有这个动力去实施产业升级，主动去进行经济结构调整。过去产业结构调整效果不佳的一个原因就是政府有法不依执法不严，比如对于一些严重违反环境保护法的高污染企业不给予相应的处罚，执法不严使得这些企业对于自己的高污染高能耗行为不负担任何成本，也没有任何动力去进行技术升级。一些企业在生产过程中使用几十年前的技术，生产工艺的污染物排放水平明明不达标，结果相关的政府部门也不对其进行处罚，形成了企业在产业升级过程中的惰性——觉得反正也没人管，没有必要自己花成本去实施技术改造。有的企业明明安装了更加先进的设备，但是仍然不使用新设备而继续使用老设备进行生产,因为老设备虽然污染更严重但生产成本较低,政府对这些使用老设备的企业惩罚力度不够,让他们心存侥幸,没有足够动机去使用新设备,很多法律法规在执行过程中成为一句空话。

政府的"信"还表现在承诺经济政策的长期一致上面,必须承认过去产业升级和经济结构调整效果不佳的主要原因是各种经营主体缺乏对经济长期一致的稳定预期,一旦缺乏长期稳定的预期,企业经营者的行为必定是非常短期化和短视化的。因为产业升级是一个耗时比较长的过程,企业行为短期化会使得经营者没有产业升级的动力。

国有企业的高管由国资委或中组部任命,这些高管自己并不确定自己能够在这个企业任职多久,比较普遍的情况是一些国企高管在一个企业任职一段时间之后就被调到另一个企业去任职了,因此国企高管不能建立起能够在这个企业长期任职的预期。他们很容易想到自己在这个企业费了很多力气进行产业升级,但是这种产业升级完成后,收获期到来时自己就被调到另一个企业任职了,自己在原来那个企业的努力只会是为接替自己的其他高管做贡献,自己得不到任何好处。这些国企高管会认为自己对企业技术升级的贡献会有很大风险成为仅仅为他人作嫁衣的无收益成本,无论自己为该企业的技术升级作出多大努力,这些努力都会随着自己调到另一个企业或者退休而归零,自己一旦从这个企业的高管职位上离开走上新的工作岗位,自己的贡献会和自己在新工作岗位上的待遇没有任何关系,只是白白便宜了自己的继任者。在这种担心和顾虑之下,国有企业的高管肯定没有足够的动力去推动企业的技术升级和结构调整。因此必须在国有企业经营者身上建立起比较长期的预期,这样会使得国有企业高管有激励在该企业实施产业升级。可以考虑延长国企高管的任期,即便该高管调离该企业也要保证该高管的待遇和该企业的后续经营状况相挂钩。因为产业升级的效果需要比较长时间才能在经营业绩上反映出来,如果该高管调离该企业后的收入待遇仍然受着该企业经营状况的影响,那么该国企高管就有比较强的动机去通过产业升级来提高该企业的经营业绩，国有企业的产业升级也就能够比较容易实现了。

对于民营企业而言，政府政策一致性主要是指对于民营企业的态度要保持长期一致，才能让民营企业建立一个比较长期的预期，在一个比较长的预期之下制定自己的经营计划。事实上我国政府政策对于民营企业的态度一直在变化，在2002年前主要以国退民进为主，积极鼓励民营企业和民营资本进入很多行业，在这些行业建立了很多民营企业。但是2002年到2012年这十年间，政策的风向发生了一百八十度的改变，变成了国进民退，很多原本允许民营企业进入的行业变成了不允许民营企业进入，并且通过金融管制和宏观调控手段有计划地把民营资本从一些行业驱逐出去。这十年间很多名义上开放的行业，一旦民营资本进入就受到各种政策打压，最后只能被迫退出，这种退出有时甚至是以一些民营企业破产这种极端形式来实现的。这种政策转向并没有提前通知民营企业，而是以实际行动让民营企业自己去发现这种政策方向的转变，一些对政策方向不敏感的民营企业付出了很大代价。

纵观我党历史上对于民族资产阶级的态度也是经历了积极团结民族资产阶级、改造民族资产阶级、消灭作为剥削阶级的民族资产阶级三个阶段，这种态度转变往往不是渐变而是突变，使得民族资产阶级有时难以适应。最近新一届政府开放了很多行业允许民营资本进入并允许了一些新的商业模式，比如放开影子银行，现在吴英和曾成杰的行为都变得合法了，但在过去这是非法集资罪，吴英和曾成杰都因此而被惩处。因此现在的影子银行经营者就会很自然地顾虑认为现在合法的东西在未来是否还会是合法的？如果他们判断未来具有很大不确定性，政府可能在未来不允许这种经营活动，那么他们的经营一定会很短期化——先急功近利不负责任地疯狂赚钱，至于未来的经营前景则不予考虑。以造纸厂为例说明问题，如果民营企业的高管认为现在国家允许民营资本从事造纸行业并不意味着未来国家会继续允许民营企业从事造纸行业，那么此时该企业的目标就是追求短期利润最大化而不是长期利润最大化。短期利润最大化要求尽可能降低环保设施的成本并使用落后的技术，因为更环保更先进的技术的采用需要大量资金投入，如果该民营企业投入了大量资金引进环保技术和更先进的生产设备，那么一旦国家政策改变，不允许民营企业从事造纸行业，那么该民营企业所投入的产业升级的成本就无法收回了。既然未来存在着国家不允许民营企业从事该行业的风险，那么在现在该民营企业最理性的决定就是用最原始落后的技术和污染最严重的技术进行生产，因为这种技术短期内成本最低，而不会考虑使用在长期内会给企业带来更多利润的新技术，因为新技术的引进会面临比较大的政策风险———一旦政府未来不再允许民营企业从事该行业，那么该企业此时的产业升级投入就彻底变成沉没成本了。然而从长期的利润最大化角度考虑，肯定是使用更环保更先进的技术设备能给企业带来更高的利润，因为新技术能提高产品质量，并在长期带来更多的利润。但是是否进行产业升级投资？是否引进新设备？不仅要考虑经济因素还要考虑政策风险。如果政策风险足够小，即可以预期未来政府鼓励民营经济的政策会长期持续，那么该民营企业就会长期存在，不会因为某个时期的政策变动而死亡，那么该企业就一定会选择更新设备积极实施产业升级来保证长期的利润最大化，相反，如果未来有一定可能政府会把自己驱逐出这个行业，那么不更新设备不采用更先进的技术将会是最理性的选择。因此政府应减少政策的变动，主动维持政策的稳定性是建立"有信政府"的核心，如果政府的政策具备很强的不确定性，那么企业的最佳选择只能是通过不计社会成本的短期行为来在短期获得最多的利润，本着"当一天和尚撞一天钟"的态度进行短期化的经营计划安排，能赚一天钱就多赚一天钱，等到哪一天政府不让民营企业从事这个行业了，自己就关门走人。在这种预期之下，民营企业肯定不会去选择对产业升级和环境保护更有利的技术，而是会选择短期经济成本最低的技术，这种技术往往造成高能耗和高污染，生产的效率极低，并且意味着极高的社会成本。甚至厂商用这种落后技术赚一块钱，社会需要付出十块钱来消化这个经济行为的社会成本。

三、建立完善市场和有信政府的重要内容是破除垄断和实施配套改革

具体到中国的情况而言，我们会发现中国产业升级最大的障碍就是垄断，因为中国的很多上游产业如石化、钢铁、能源等都有很高的进入门槛和行政性准入限制，民营企业在下游产业积累的资本受限于产业政策和金融管控不能进入到这些上游产业进行投资，同时这些上游产业中原有的垄断性国有企业因为坐享垄断利润而没有竞争压力和技术进步的动力。这样人为地割裂上下游产业，使得公有资本盘踞在上游垄断性行业，民营资本被封锁在下游行业无法上移，严重损害到了经济结构的转型。能否打破这种上游产业的垄断，真正让非公有制资本进入到上游产业中去，整合上下游产业，成为决定经济转型成败的关键。如果能够破除上游产业的垄断，那么产业升级就会很快实现，经济转型会因为技术的提升而成功。相反，如果继续愚昧地坚持要把非公有资本封锁在下游产业的传统做法，那么产业升级肯定无法实现，经济转型也就必然失败，此时中国掉入中等收入陷阱实现一种低水平均衡就会必然发生。同时如果把非公资本封锁在下游产业，那么这些资本在下游产业积累的资金就会没有投资渠道，没有去处的资金只有两条出路，一条是奢侈性消费，一条是进行投机活动：奢侈性消费伴随的炫富行为会刺激低收入者的神经，造成仇富情绪，加剧社会的不稳，投机造成的财富转移恶化了社会风气，使得社会浮躁，投机之风盛行，一些原本可以安心下来做企业的人也将加入投机队伍，最后投机造成的泡沫将由全社会埋单。

现在很多民间资本都集中在房地产领域进行投机，这里的症结在于垄断使得民间资本除了房地产市场外几乎没有太多的去处，地方政府又顺水推舟大搞土地财政，结果造成房价猛涨，不少人沦为房奴。如果哪一天房价暴跌，则国家的银行体系可能会遭遇重大损失，因为无论是政

府的土地财政还是民间资本的房地产投机都是借用了很多银行资金，如果房地产泡沫破灭则会冲击到银行系统，而银行既是国家的又是借由国家信誉进行隐性担保，所以最后冲击到的还是国家。因此国家应该破除垄断，让民间资本从房地产市场上抽身而出，进入到上游产业进行投资，此举不仅可以挤压房地产市场泡沫又可以缓解银行的金融风险。另外一个制约经济转型的问题就是民营企业融资难的问题，国有银行不太愿意给民营企业提供资金支持，更偏好给国有企业提供资金，这主要是体制上的原因——银行大多也是国有的，因此国有银行就负担了支持国有企业的任务。为了解决这个问题可以让这些国有银行变成民间资本占比更多的民营银行，国家可以减持在这些银行的股份，让民间资本去主导这些银行的资金投放，这样就可以使得民营企业获得更多的融资，从而在经济转型中发挥更大作用。

  回顾过去的发展历程，可以发现国有资本占比较多的行业，垄断性就比较严重，主要是为了保证这些行业中国资本的保值增值，政府设置了各种各样的准入门槛，不仅有各种行政性门槛，还有很多"玻璃门""旋转门"等名曰开放实则不开放的行业。为什么国家虽然反复强调破除垄断引导非公资本进入垄断性行业，但是最后这些强调都流于形式呢？每一次政府关于破除垄断的承诺都无法兑现，对垄断门行业准入槛破除都是雷声大雨点小呢？主要的原因还是政府自己在这些垄断性行业有特殊利益，政府持有很多垄断性企业的股份，这些国有资产的保值增值成了政府的一项工作任务，在此情况下政府肯定不会去破除这些行业的垄断。所以破除垄断首先要降低这些行业中国有资本的比例，因为不可能在不降低国有资本比例的情况下来谈破除垄断，只要这些行业存在较高的国有资本控股比例，就会涉及到政府的自身利益。虽然名义上政府的利益只有人民的利益，但是事实上一旦涉及到国有资本就会发现国有资本几乎也变成了一项政府的利益。政府为了维护这种利益会有很强的动机去筑起或明或暗的各种壁垒来维持垄断企业的垄断利润，因此降低垄断性行业国有资本比例是破除垄断的前提和基础，离开这个基础空谈破除垄断都是不现实的幼稚之言。从经济的长期发展来看，只要国家能够保障经济的长久稳定发展，充分做大蛋糕就有很大的税基来通过税收确保自己的收入，完全没有必要依靠国有企业上缴的利润来确保自己的收入。如果国有企业上缴一块钱的利润背后有十块钱的社会福利损失，则对于政府而言几乎是得不偿失，因为垄断制度会侵蚀掉经济长期增长的基础，垄断会使得经济增长乏力最终使经济萎缩，必然会缩小税基，降低政府收入。因此在大部分行业国有资本可以全部撤出，即便是在关系到国家战略安全的战略性行业，国家也没有必要保持很高的控股比例。政府可以通过完善监管来保障这些行业的战略安全，发达国家包括军事工业在内的很多战略性行业也都是民营企业在经营，这些民营企业在完善的监管之下也保障了国家的战略安全，并没有因为这些战略性行业国有资本较少就出现国家安全受到威胁的情况。总之经济调整的方向是"以放为主"，着力打造一个更加市场化的经济环境。

新常态下需要在提高总需求的同时提高总供给能力，保证不出现严重的供求失衡，需要从三方面努力：(1) 激发不同经济成分的活力，主要是需要重点激活民营企业和外资企业的活力，让他们在中国放心大胆地进行企业经营，消除他们对商业经营中存在的政治风险的种种顾虑。(2) 激发各种生产要素的活力，生产要素主要指人力资源、资本和土地，在激发人力资源活力的方面主要是要去激发沉睡在国有单位的工作人员的活力，一方面改革现有的薪酬机制，鼓励能者多劳，多劳多得，激发这些人力资本的活力，另一方面可以鼓励他们积极搞发明创造或下海创业，把一些在国家单位无事可干或个人能力没有得到充分发挥的人引导到创新创业的大潮中来。在资本方面要努力提高资金的使用效率，利用市场手段把资本引导到能够获得最大收益的项目中去，唤醒沉睡在银行系统和财政系统的巨额资金，为新常态下的经济结构调整提供资本支持。在土地供给方面要加快推进土地流转，把土地集中起来搞规模化农业经营，在规模化经营提高农业产量的基础上增加城市建设用地的供给，为城市的经济建设提供足够的土地供给。(3) 处理结构性过剩，实现经济供需平衡，事实上中国现在的产能过剩只是结构性的产能过剩，具体表现是一些低技术含量的产品生产得太多了，结果产能过剩，同时一些高技术含量的产品又生产不出来，结果是产能不足。解决结构性过剩的办法有两个：一个是发展国际贸易，把国内过剩的产品出口到国外去，同时大量进口国内短缺的产品；另一个办法是发展国内相关产业，争取把国内原来不能生产的产品变成国内能生产的产品。

四、建立完善市场和有信政府的本质是实现国家超越原则

国家超越原则有两层含义。

第一，国家超越原则指的是在现代社会体制下，国家应该超越任何一个利益群体，不单独代表某一特定群体的利益，而应该代表所有群体的利益。江泽民同志曾提出"八十年来我们党所进行的一切奋斗，归根到底是为了最广大人民的利益"，而"人民群众的利益总是由各个方面的具体利益构成的。我们所有的政策措施和工作，都应该正确反映并有利于妥善处理各种利益关系，都应该认真考虑和兼顾不同阶层、不同方面群众的利益，这始终关系党执政的全局"。这就表明了党执政的原则是要代表不同群体而不是某一群体的利益。那么假如党和政府只代表某一群体的利益而不代表其他群体的利益会出现什么样的情况呢？唯一的结果就是使得其他群体在国家的经济社会生活中被边缘化，比如"文革"中国家只代表工人阶级和农民阶级的利益，使得其他阶级被打倒，很多其他阶级的成员受到打击被边缘化，在社会中受到压制，其他阶级缺乏建设国家建设社会的热情，严重打击了其他阶级投身到经济建设中来的积极性，使得国家经济增长缺乏动力，经济几乎崩溃。"文革"的本质就是违背了国家超越的原则，使得国家过多地介入到了社会经济生活中来，而由于国家的力量过于强大，事实上就使得国家成为了干扰完

善市场和有信政府建立的主要力量。是国家使得市场变得不完善，而由于国家政策缺乏连贯性又使得政府无法成为一个有信政府。

国家超越原则的第二层含义是国家要保持政府的独立性，即政府不应该和某些特定利益集团尤其是强势利益集团结盟。因为一旦政府之中的官员尤其是高级官员和利益集团结盟就会使得这个政府不是一个代表全国大多数人民利益的政府，而成为仅仅代表少数该联盟内成员利益的政府，沦为为少数人服务的政府。一旦政府成为代表少数人利益的政府，那么政府的政策制定也肯定是为这少数人服务的，而不是为大多数人服务的，也就会偏离该国发展的最优路径，甚至会走向最劣路径——靠牺牲国家前途和大多数社会成员利益的办法来实现少数人利益的最大化。事实上中等收入陷阱就是由此产生的，墨西哥、阿根廷、巴西、泰国、印尼等跌入中等收入陷阱的国家之所以长期采取不利于经济发展的国家政策而得不到纠正，并不是因为这些国家的经济学家和政府政策制定者很笨，不知道什么道路是正确的什么经济政策是正确的，而是因为这些国家的政府高官是通过和强势集团结盟，从强势集团获得资金而上去的。这种政府官员基本上只听从于那些出钱把他们推入高位的人的命令，罔顾国家利益和其他社会成员利益，使得他们制定的政策在实现联盟内成员经济利益最大化的同时，使国家丧失了在国际竞争力。事实上从这次反腐的结果看，很多大老虎背后都有这样一个利益联盟，比如周永康和其子周滨组织的政商联盟不仅把石油系统、政法系统、四川政府等多个行政主体囊括其中，还使得汉龙公司董事长刘汉获得了"四川省第二组织部部长"的外号，通过干预政府人事安排来实现联盟利益的最大化。令计划组织的"西山会"不仅把刘志军、刘铁男等政府高官纳入其中，还把丁书苗等商人吸收了进来，由联盟内商人出钱帮助联盟内官员升迁，然后再由联盟内官员制定有利于联盟内商人的经济政策来让联盟内的商人收回成本并获得高额回报。形成了比较稳定的权钱交易平台，西山会不仅有自己的章程和严格详细的内部管理制度，还通过至少每三个月开一次全体会议的办法来维护该联盟的内部稳定性，确保联盟不发生解体的危险。可以想象，这些官员和利益集团结成的联盟会直接影响到政府的独立性，使得政府在制定政策的时候偏袒联盟内的成员而危害联盟之外其他社会成员的利益，长此以往，政府有变成代表少数人利益的政府的危险。

政府超越原则要求政府能够公平对待不同的社会利益群体，在不同社会利益群体之间保持客观公正，不仅在不同的社会阶层之间实现超越，也要在同一阶层不同利益集团之间实现超越，保证不和某一特定利益集团结盟。一个明显的例子就是俄罗斯共产党，1992年俄共复出时一度成为俄罗斯杜马的第一大党，但是现在在杜马中的席位不到10%，从极盛一时到走向衰落的主要原因是俄共僵化地坚持只代表弱势群体利益的原则，不能代表其他社会阶层的利益，因而不能被其他利益阶层所接受，最终被俄罗斯社会抛弃。因为1992年之后随着俄罗斯经济的发展，中产阶级和高收入阶层人数逐步增多，而贫困的低收入阶层在总人口中的比例越来越少。而俄共坚持只代表低收入阶层利益的立党原则，拒绝代表中等收入阶层的利益，结果使得占总人口比例越来越大的中等收入阶层对其非常反感，社会影响力走向衰微。相反，普京领导的统一俄罗斯党就超越来某个特定收入阶层的利益，成为代表俄罗斯这个国家各个利益阶层利益的政党，普京打出了国家牌，通过国家和民族这个包容性很强的概念来获得了各个阶层的支持。进而普京还强调他的政党代表斯拉夫民族和斯拉夫文明的利益，这一下子就使得该党几乎超越了俄罗斯国家范畴，在整个东欧获得了广泛支持，让该党获得了影响广泛的软实力和区域影响力，因为包括乌克兰等很多东欧国家都是斯拉夫民族。因此可以明确一个政党和政府所代表的利益阶层和利益集团越广泛，就能获得越多的支持，在国内和国外形成强大魅力和软实力。相反一个政府或政党如果仅仅代表某个阶层或某个利益集团的利益，就会使得该政府和其他阶层或其他利益集团离心离德，执政基础被削弱，同时政策制定的空间变得很小——为了实现某个阶层或某个利益集团的利益最大化，只能有非常少的某几个政策选项可供选择，这样当然不利于政策制定的最优化。因为一个最优的政策必须是对非常多的政策选项进行筛选组合，集中各种政策选项的优点，摒弃一些政策选项的缺点，在妥协和政治协商的基础上制定出来的，这种政策才能最大限度代表全体社会成员的利益，才是最符合该国长期利益和长远发展的政策。

具体到中国的实际，如果政府不能实现超越性原则，就不能代表非公有制经济的利益，也就不能建立起完善的市场，就会出现垄断和过度使用权力干预经济运行的问题，最后使得腐败盛行。如果政府不能实现超越性原则，就会使得政府在市场规则制定的过程中暗含打压非公经济的成分，使得非公经济在市场竞争中受到歧视并处于竞争的不利地位，最后被迫走"歪门邪道"，一批假冒伪劣产品由此而生，一批腐败分子和权钱交易由此而生。同时如果政府不能实现超越性原则，就会使得政府的政策变得非常多变，让大家认为政府某个阶段的某一些鼓励经济发展的政策（如向非公资本开放某些行业）仅仅是一种权宜之计，一段时间之后这些政策会被废除，经济会回到以前僵化运行的轨道上去，因此企业的经营行为不可避免地变得短期化，产业结构升级也就沦为一句空谈了。

曾有一些同志研究认为腐败可以促进经济的发展，这种研究结论看似荒谬，却蕴含着一个更深刻的逻辑——政府政策的多变和对经济不合理的干预比腐败更可怕。腐败可以让企业尤其是民营企业和政府官员结成利益共同体，从而减少政府政策的多变性，维持政府政策的稳定性，减少政府政策变动对经济的震荡性破坏，因而可以促进经济的发展。这样一个荒唐的结论内部竟然蕴含着一个非常合理和非常深刻的内在逻辑，因此政府维持一个稳定的政策制定预期非常重要，有时甚至还超过政府的廉洁本身，按照这些同志的研究结论，一个腐败而有信的政府甚至可能比一个廉洁而无信的政府更能促进经济的发展。有信政府还要求政府在执法过程中对不同经济成分的企业一视同仁，但是现实中执法往往对于不同经济性质的经济主体采取不同的标准。如果有管理人员贪污国有企业的钱就会被以贪污罪抓起来进行刑事处罚，公安局马上可以抓人，但是如果是民营企业中的管理人员贪污老板的钱就只能算是民事纠纷，公安局不能先抓人，而是法院首先介入，由这个老板进行自诉，检察院不会为这个老板起诉，即便自诉成功，后者也仅是侵犯他人财产罪，前者是贪污罪，侵犯他人财产罪的量刑比贪污罪轻很多，前者有死刑，后者最高判五年。再比如在一些经济纠纷中，当非公经济的企业和国有企业发生经济纠纷时，一些执法结果往往是明显偏向国有企业的。这些表面上虽然都是市场不完善的体现，但是本质上却是没有做到国家超越原则，因此要想真正建立完善市场和有信政府必须实现国家的超越性原则。

国家超越原则的实现有赖于建立现代社会，因为如果不能建立起现代化的社会制度就无法形成国家超越原则实现的社会基础。过去中国社会的特点是人治社会、臣民社会和专制社会，走向现代社会就是要转变为法治社会、公民社会和民主社会。即要先后经历从人治社会走向法治社会，从臣民社会走向公民社会，从专制社会走向法治社会三个阶段。"法制"和"法治"不同，法制指的是一套完整的法律制度，与之相对应的是经济制度、社会制度、政治制度等其他领域的制度安排，只要有国家存在就一定会有与之相对应的法律制度，无论奴隶社会还是封建社会或其他社会形态都一样，即只要有社会有国家就一定有法制。而与"法治"相对应的是"人治"，法治是指法律制度是为了维护法律本身，而不是为了维护某个特定的社会机构（如政府）或某个社会个人（如政府最高领导人），法治的含义有：（1）法律必须有约束所有社会主体的权威性，这里当然包括约束政府和政府中的任何一个领导人。(2) 任何机构和个人都必须服从法律的裁决和法院的裁定，法律面前人人平等，法律面前不同机构之间也是平等的，法律面前政府最高领导人和一个普通百姓之间是平等的，任何一个企业或其他社会机构和政府之间也是平等的，民告官或企业告政府之类的诉讼必须做到在法律面前的严格公平。(3) 政府的权力也必须建立在法律之上，而不是法律和法院的权力建立在政府之上，政府靠宪法等法律来获得行政的正当性，而不是法律法院靠政府来获得其行使权力的正当性。法制和"法治"结合就能建立起法治社会，相反当法制和"人治"相结合时，建立的就是人治社会，法制就是为人治服务的，人治社会的法律制度体现的是某一个人或某一群人的意志，而不是法律的意志。即法律制度是为了维护政府或政府中的某个（或某些）领导人的意志得到贯彻，在过去法律制度是为了维护皇帝的意志得到贯彻，因而在此基础上形成的是臣民社会，即所有其他社会成员都是该皇帝的臣民，继而形成专制社会。

现代社会法律制度要回归法律本身，法制要为"法治"服务，而不能成为维护某个特定主体意志的工具，这里的特定主体不仅包括政府还包括特定的一些社会个人（如某些或某个政府领导人）。只有使法律制度超越于某个特定社会主体之外，成为独立客观的判断标准和行为准则时，才能衍生出公民社会和民主社会，但是现在我国在很大程度上还保留着传统社会的"人治"特征，在我国的很多地方政府命令比法院裁决更有效，某个政府领导人的个人意志比法律意志更有效，一有事就找市长市委书记，不去找法院，因为书记市长比法院更有用，这属于政府或某个政府领导人超越于法律之上的现象，不利于法治社会的建设。由法治社会衍生出的是公民社会，即全社会成员都把自己当作社会的主人，把社会视为自己的社会而非把社会视为皇帝或某个政府领导人的社会，即让每个社会成员都成为社会的主人，而非仅把某个社会成员（如皇帝）当成社会的主人，让其他人都成为这个人的仆人。公民社会指的是社会是全体社会成员的社会，而非某些社会阶层或某些利益集团的社会，不能有任何一个社会阶层或任何一个社会集团被排除在社会的主人行列之外。过去我们把"地富反坏右"这黑五类人以及"臭老九"这六种社会阶层排除在社会的主人行列之外，仅承认工人阶级和农民阶级是社会的主人，试图打倒其他阶级，结果使得政府的超越性原则完全丧失，造成社会阶层对立，社会离心离德，其他社会阶层参加社会建设的积极性几乎完全丧失，经济增长失去动力。这种教训的本质是使工人阶级和农民阶级凌驾到了法律制度之上，来自工人阶级和农民阶级的红卫兵可以随意侵害其他社会阶层人士的利益,属于典型的人治,即靠工人阶级和农民阶级而非法律来管理国家,结果造成一片混乱。

在法治社会和公民社会建立起来之后就可以建立起民主社会了,民主社会的好处是可以实现公民对政府的监督,防止政府成为代表某个特定社会阶层或某个特定利益集团的政府,保障政府能够代表所有社会成员的利益,使得政府的政策制定永远是为着全社会所有成员的利益最大化,而非为了某个特殊阶层或特殊利益集团的利益最大化。民主的监督机制可以一定程度上纠正政府的一些违反超越原则的行为,确保政府能在各个社会主体之间保持客观公正。但是必须清醒地认识到民主社会的前提是要先建立起法治社会和公民社会,如果还是在人治的社会上实施民主就会使得这种民主成为多数人对少数人的暴政。因为在法律本身没有受到广泛尊重,社会成员公民意识薄弱的情况下,可能发生多数人投票把少数富人的财富没收分掉的事情,甚至多数人投票把少数人杀掉的事情,因为法律尊重财产所有权和公民生存权的规定没有得到贯彻,民主制度导致的是人治的结果,而非法治的结果,甚至可能发生类似于"文革"的事情。因此必须明确在法治社会、公民社会、民主社会三者之间有严格的递进关系,必须先建成法治社会才能建成公民社会,必须先建成公民社会才能建设民主社会,没有前一步的基础就无法进行后一步的工作,跳跃式的发展只会产生空中楼阁,使现代社会建设成无源之水无本之木。因此法治社会的建设是现代社会建设的基础和前提,也是重中之重,离开法治社会根本无法去谈现代社会。

因此要保持社会的稳定,要建立完善市场和有信政府,必须让政府实现超越原则,而超越原则的基础就是法治社会的建立。改革开放前的社会是人治社会而非法治社会,是由某些人的个人意志而非客观的法律标准去管理社会,当然因为这些个人仅代表他自己所处的社会阶层和利益集团的利益,也就无法代表全社会所有阶层的利益了。法治的好处是让法律成为超越于不同社会阶层和不同社会利益集团之间客观公正的第三方,让法律去代替政府或某个政府领导人行使社会裁决权力,这样就能规避政府被某个社会阶层或某个特定社会利益集团操纵的危险，最大限度地保持政府在社会事务管理和政策制定过程中实现超越原则。只要能够实现政府的超越性原则，就能够成功建立起完善市场和有信政府，把新常态下的被动局面化为实现深层次改革突破的主动契机，化被动为主动，把危险化为机遇，实现经济结构的成功调整和升级，实现中华民族的伟大复兴。

中国经济新常态的产业结构调整

中共十八大后,党中央积极推动改革,在自贸区建设、金融领域和混合所有制领域均进行了很有意义的改革。中央提出的新常态概念,把中国经济的目标增长调整到7%左右,这是一个具有跨时代意义的事件,标志着中国经济从重数量逐步向重质量转变,新常态下经济发展的主要任务有两个,一个是深化改革,一个是产业结构调整。产业结构调整可能会造成很多企业的经营困难甚至破产,本文分析了产业结构调整的原因和主要调整方向,并且认为结构调整的调整成本应该由政府来承担主要部分,主要原因是政府的"虚拟性"决定了政府比老百姓更适合去承担转型成本。产业结构转型的重要内容是建立"完善市场和有信政府",需要政府实现职能转变和规范市场秩序。同时更加适合新形势的配套改革措施也应该予以实施以求为产业结构的转变带来更加便利的条件。

2014年年底中央提出了新常态的概念,核心是把中国经济的目标增长率调低7%左右,结束了以前长时期的近10%的高速增长。经济增速的下降需要以平常心对待,避免以前老常态下一出现经济增速下降就上马刺激政策情况出现,而是利用市场的供求关系来进行调整,消除经济中存在的严重失衡。市场供求关系对经济的调整一方面会使得一些企业起来走向更大更强,另一方面也会导致一些企业的衰落走向破产重组。因此市场起决定性作用并不意味着对所有企业都是好事,对于那些以前靠一些政府政策支撑的企业可能意味着亏损甚至破产,因此需要明

---

* 本文由我与杨林共同讨论完成,杨林执笔。

确经济增速放缓是一种长期的趋势而不是短期的波动现象。事实上每次技术革命之后，随着此次技术创新能量的释放完毕，都会伴随着经济增速的放缓和产业结构的调整，第一次技术革命后期1857年爆发了一次经济危机，第二次技术革命后期1929年也爆发了一次经济危机，2008年的全球性经济危机表面上看是房地产次级债泡沫破灭造成的，但实际上是上世纪90年代信息技术革命对经济增长推动力量逐渐枯竭，资金从实体经济转向房地产和金融资产后引发的经济危机。因此和以往每一次技术革命后期一样，现在进入了一个调整期，中国在这个调整期内的问题是模仿型技术进步速度明显放慢，调整的方向有两个：（1）处理高速增长时期产生的过剩产能和资产价格泡沫，要求经济活动主体压缩产能和降低财务杠杆比例，此时一些原有的支柱产业将调整为一般产业。（2）积极推动技术创新，发展新兴产业并把这些新兴产业培育成新的支柱产业，在推动实体经济产业升级的过程中形成新的经济增长动力。

一、新常态意味着一些产业面临着调整的压力

预期经济增速回归到一个相对低的水平意味着中国经济进入了一个和以前的老常态非常不同的时期，如果说以前老常态的高速增长主要是做大中国经济的数量，那么新常态的主要任务就是做好中国经济的质量，不再盲目追求数量的大，更加追求质量的优，新常态下经济发展的主要任务有两个，一个是深化改革，一个是产业结构调整。深化改革比较受到企业等经济经营主体的欢迎，因为减少审批和由此产生的寻租空间会降低企业的寻租成本，改善企业的经营环境。但是对于产业结构调整企业等经营主体可能需要有一个较为清醒的认识，对于相当多的企业而言，产业结构调整可能更多的意味着压力而非机遇。新常态下的政策初衷是通过市场手段去调整产能过剩和化解经济泡沫化的风险，2008年后的四万亿计划使得很多产业出现了比较严重的产能过剩，要挤掉这

些过剩的产能使经济回归正常就需要一些企业关门破产，近来PPI负增长就表明了这种调整确实在压缩一些产能过剩行业的企业，同时CPI呈现正增长说明并不是货币政策过紧使得市场产品呈现普遍价格下降，而是专门针对产能过剩企业的有计划的压缩。化解经济泡沫化的风险主要针对房地产泡沫和地方债形成的泡沫，这些泡沫来自于过去过度的货币扩张和政府对微观经济行为的过度参与，形成了比较庞大的经济泡沫。化解这些泡沫势必会在局部采取偏紧的货币政策，用压缩一些企业的办法来挤掉泡沫，降低杠杆率的政策必然会使得一些房地产企业和依靠地方政府债务进行扩张的行业面临巨大压力。过去经济增长主要依靠两个支柱：传统制造业和房地产业，在新常态下这两个产业会面临比较大的下行压力，最后变成普通产业。2000年前经济增长主要依靠传统制造业出口产品拉动，2000年后又激活了房地产产业，2000年后依靠传统制造业和房地产业两大支柱产业共同拉动经济增长。

　　传统制造业在新常态下持续下行的三个原因是出口增速的下降、劳动力成本和各项生产要素成本的上升。过去十年中国一直享受着加入WTO带来的"全球化红利"，利用本国的劳动力成本优势和欧美的巨大市场迅速地推动了出口的快速增长，使得出口成为了拉动经济增长的一个重要力量。但是长期的出口使得国际间出现了比较大的收支不平衡，在全球经济由失衡走向在平衡的过程中中国的出口增速必然会出现放缓的趋势。劳动力已经不再像以前那样供给充裕，低端劳动力甚至出现了不足，继而工资会出现长期的上涨趋势，劳动力成本提高已成定局。过去的人口红利来源于1949年后的鼓励生育政策和大量的农村剩余劳动力向城市的转移，但是这两个支撑劳动力供给增加的原因现在已经几乎不存在了。要素价格扭曲正在逐步纠正，在过去很多要素的价格是被政府人为压低了的，这些要素主要有：资金的价格即利率和汇率、工业用地的价格、农产品的价格、劳动力的价格、能源的价格、自然资源的价格、环境的价格等。这些要素价格被人为压低事实上起到了补贴生产者的效果，这种补贴在短期内确实推动了传统制造业的发展，但是长期而言这种扭曲不可持续。这些扭曲具有非常严重的破坏经济的效果，长期持续只能导致经济崩溃，政府在经济崩溃和纠正价格扭曲之间一定会选择后者。所以可以预见，在未来长期而言利率会上升，人民币汇率会上调，农产品价格会上升进而劳动力成本会上升，自然资源的价格会上调，随着环保执法力度的加强环保成本会上升。这些价格的上调严格意义上不是价格的上涨而是原来被严重低估的价格回归到正常水平，这些生产要素的价格上升必然会打击传统制造业企业的盈利能力。因此传统制造业在未来会变成一个普通产业，不会是经济增长的支柱产业。

房地产业在新常态下也会持续下行，在未来城市化增速会出现放缓趋势，因为随着刘易斯拐点的逐步逼近，人口结构老龄化趋势日趋明显，农村剩余劳动力向城市转移的速度也会减慢。为了形成集聚效应，经济各个组成部门会出现集聚趋势，即更多的经济总量会集中到比较小的区域，占国土面积更小的地区会产出更多的GDP，也就意味着接下来的阶段是城市化优化存量的阶段，不太可能出现大量的城市化增量，主要是在城市内部实现产业的聚集和人口的集中，经济资源会从中小城市向大城市和特大城市聚集。城市化的速度放缓会减少对房地产的需求增长速度，现在房地产市场告别了过去的猛涨时代进入调整期。过去房地产市场一直被视为中国经济增长的一个重要引擎，但是在过去十多年房地产黄金时代很多人都已经购买了房子，居民部门对房子的需求量将不会像刚刚实施房改时那样强烈，房地产市场的增速放缓是必然。同时在高房价的刺激下，很多房地产商像雨后春笋一样出现，使得房地产的供给迅速增加，形成了很多库存，消化这些库存尚需时日，也就更谈不上把房地产行业作为一个像过去那样重要的支柱产业了，房地产产业会变成普通产业。这里需要强调，房地产的价格并不是由该房产的成本决定的，而是由供求关系决定的，一旦供求关系发生变化即便该房产的成本较高，也会出现比较大的价格调整，尤其是在人口净流出的城市这种调整甚至会非常地剧烈。

二、新常态下需要实现产业升级

在新常态下政府的主要政策会集中于以下三方面：(1) 利用市场手段压缩传统制造业和房地产产业存在的过剩产能，化解产能过剩风险。(2) 利用市场手段配合行政手段降低地方政府和金融机构的杠杆率，让地方政府和金融机构的资产负债表重归稳健，化解经济泡沫化风险。(3) 扶持新的经济增长点，培育新的支柱产业，使得经济在房地产产业和传统制造业这两个老支柱产业变为普通产业后，利用新的支柱产业实现经济增长。前两个方面的政策无疑会使得经济面临比较大的下行压力，而新支柱产业的培育又需要一定的时间不是一蹴而就的事情。因此为了让大家在这种调整之下保持平常心和一种平和的心态，政府主动调低了对经济增长的预期，让大家有一个心理准备，不至于在经济增速放缓时出现不必要的慌乱。房地产和传统制造业的收缩会通过上下游需求的传导很大程度上拉低经济增长的速度，因此培育新的支柱产业就显得非常重要，新常态下新的支柱产业主要有三个：服务业、战略性新兴产业和现代制造业。

1. 服务业的升级

服务业主要有消费服务、商务服务、生产服务、精神服务四种。消费服务是为居民生活提供的服务，主要有餐饮、医疗、养老、商贸等，现在中国模仿型消费和排浪式消费的阶段已经过去，消费需求日益呈现个性化多样化的趋势，不同的消费群体对消费的需求表现出越来越明显的差异化趋势。商务服务是为商务活动提供的服务，如银行、律师事务所、会计师事务所、投资咨询公司、管理咨询公司等，随着以市场化为导向的改革的深入，各类经济主体对商务服务的需求会快速增长。生产服务是指为工农业生产提供的服务，如工业设计、建筑设计、产品包装设计和物流方案设计等，在过去粗放式的发展历程中生产服务业没有得到充分发展，但是随着集约化精细化生产时代的到来，经济对生产服务的需求会快速增加。精神服务与物质性消费服务相对应，主要指用于满足人们精神享受的服务，如影视、出版、音乐、旅游等，在国外精神服务业非常发达，日本动漫、好莱坞电影和韩剧等都创造了巨大的经济产值，未来随着人们收入的提高，对精神服务的需求一定会快速增加。

但是中国服务业却存在比较严重的垄断问题，垄断带来的供给不足甚至使得中国服务业占GDP的比重远低于世界平均水平和发达国家水平，甚至还低于印度等发达程度不如中国的国家。住房、能源、教育、医疗、养老、金融、通讯等服务业行业长期处于垄断状态，非常不利于服务业的发展。因为服务业和工业不同，工业可以利用标准化的生产线生产统一标准的产品，工业的优点是标准化的生产可以通过规模优势降低成本。但是服务业是"个性产、差异化"产业，服务业生产的是个性化的服务而非标准化的工业产品，每个服务业的服务对象的需求千差万别，每个人的口味不同，每个企业对服务的需求也不一样。这个特点注定了服务业不可能像工业一样生产标准化的产品，因为消费对象对服务的需求千差万别，如果用垄断的方式生产服务必定会出现众口难调甚至牛头不对马嘴的情况。因此服务业必须由非垄断的经营主体来经营，每个不同的经营主体专注对某个具体细分市场的客户提供个性化服务。才能使服务更加贴近客户的需求，如果说工业的主题是统一化和标准化，那么服务业的主题就是个性化和差异化。比如医疗行业的服务对象因为经济水平和年龄结构等不同，每一个病人需要的治疗方案并不一样，有的病人需要比较省钱的治疗方案，有的病人则需要比较快速的治疗方案。再如教育行业，有的人希望以后从事很深的理论研究需要立足于继续深造的教育服务，有的人只想学到一个职业技能以便找到一个工作，需要实践性很强的教育服务。再如管理咨询服务，小企业和大企业的需求就完全不同，小企业规模小处于初创期，需要针对性强解决某个具体问题的服务，大企业管理规范，需要更加整体化的培训服务和发展战略咨询服务。再如投资公司提供的服务，高收入客户和低收入客户的需求就截然不同，高收入客户需要预期收益率较高（当然风险也较高）的服务，而低收入客户抗风险能力弱，需要比较稳妥（当然预期收益率偏低）的服务。因此破除垄断是服务业得到充分发展的前提，如果垄断继续比较严重地存在，服务业肯定无法得到比较充分的发展。同时政府对一些服务业产业的过多管制也是制约服务业发展的一个重要原因，比如影视出版行业，政府对一些具体微观的影视作品的创作干预太多，以至于很多影视作品假大空没有真情实感，竞争不过韩剧美剧等国外作品。

服务业吸收劳动力的能力强于工业和农业，因此对于在经济增速放缓时解决就业，保持社会稳定具有特殊意义。同时服务业是典型的劳动者劳动报酬占比较高的行业，这一点完全不同于资本报酬占比很高而劳动报酬占比较低的工业，如果服务业能够得到充分发展，比如占GDP的比重再上升10到15个百分点，对于提高居民收入和保持社会稳定也具有特殊意义。因此积极发展服务业势在必行，尤其是在经济增速放缓的新常态下，不仅可以起到保持社会稳定的作用，还是实现结构调整的关键。

2. 战略新兴产业的升级

战略性新兴产业主要聚焦在八个产业，这八个产业是未来国家积极鼓励的战略性新兴产业，会代表着国家在国际上的战略竞争力。八个产业分别是：①新能源，未来太阳能、核电、风电等新能源会成为朝阳产业，随着石油天然气等传统能源资源日益枯竭和全球气候变暖造成的减少碳排放压力，替代传统化石燃料的新能源会成为解决人类能源问题的关键。②新材料，未来复合材料、新结构材料、新功能材料等新材料会凭借在基础工业的广泛应用体现出巨大的发展前景，无论是医用的仿生材料还是工业生产用的新功能材料，新材料都在给予人类改善生产生活方方面面以新的可能性。③生命科学与生物工程，新生物技术尤其是基因技术会成为从根本上改变很多传统生产方式的技术手段，在医学上提供新的疾病诊断手段和治疗方法，在农业上研发出生存能力更强产量更高的农业品种并通过提供新的生物肥料生物除草剂等手段解决全球的粮食问题，在老龄化到来之际新的康复技术和生物手段在提高老年人生存质量的同时也会创造出一个产值巨大的产业，在生物化学生产中新的生物技术会彻底改变传统的生产模式，用更低成本生产出质量更好的化学产品。④信息技术，互联网时代已经来临，虽然信息技术革命已经发生了多年，但是新的信息技术在人类日常生活的应用还并不十分深入，还远没有达到技术层面可以达到的程度，新的商务模式和生活模式会出现，未来新信息技术在云计算、大数据和物联网等领域有很多创新和发展的空间。⑤节能环保，因为过去粗放式的发展遗留了很多环保问题和资源浪费问题，研发和推广新的节能环保技术，节能环保产业化会把很多实验室技术变成成熟的商业产品，节能环保产业也将迎来春天，未来节能环保装备制造和节能环保基础设施投资会给节能环保产业注入巨大发展动力。⑥新能源汽车，现在传统汽车在给人们带来出行便利的同时带来了污染和雾霾，随着环境污染的加剧，淘汰传统汽车发展替代汽车的压力会越来越大，因此未来混合动力汽车和纯电动汽车会逐步替代传统的燃油汽车，并创造出一个巨大需求。⑦广义机器人，随着我国人口红利的消失和刘易斯拐点的临近，劳动力成本上涨会成为一种长期趋势，此时在工业生产过程中甚至餐饮服务业中发展广义机器人用来替代人工，降低劳动力成本会成为一个趋势。⑧高端装备制造，在航天、航空、航海和海洋开发工程等领域高端装备制造还有很大的发展空间，随着产业链的延长和内化，中国对高端装备的需求会越来越旺盛，这种需求给高端装备制造提供很大的发展空间。

3. 现代制造业的升级

现代制造业主要集中在五大产业：①飞机制造，我国人口众多幅员辽阔，使得对民用航空的需求会逐步变大，进一步刺激了对飞机的需求，同时作为和军事工业联系紧密的产业，飞机制造产业将出现巨大机遇。②高铁装备制造，我国高铁技术发展成熟，在新建高铁和运营高铁的过程中积累了丰富的经验，随着李克强总理力推的高铁走出去战略逐步实施，我国高铁装备制造将会快速发展。③现代船舶制造，我国国际贸易量长期位居世界前列并保持增长，进出口大多使用海运，随着我国从航运大国走向航运强国，现代船舶制造的发展前景十分乐观。④核电装备制造，传统化石能源的逐步枯竭和环保减排压力催动了新能源需求，经过多年的努力我国第四代核电技术实现突破，不仅政府力推核电走出去，国内对清洁能源的需求也会日益旺盛，资源的有限性会倒逼核电产业的发展，为了核电装备制造前途无量。⑤特变高压输电装备制造，随着新能源技术电动车技术的发展以及经济的持续增长，对电力运输的需求会出现大幅增长，在此趋势下特变高压输电装备制造会得到很大发展。

三、政府要主动负担产业结构调整的成本

新常态下的产业结构调整主要会产生三个转型成本：（1）银行坏账的成本。因为过去伴随着房地产市场繁荣形成的土地财政和过度的房地产投机，使得房地产市场一旦出现问题就会有很多难以销售出的库存。这种库存在销售不景气的情况下就可能让房价面临比较大的下行压力，此时银行贷款就会有出现坏账的风险。传统制造业在压缩调整的压力下会出现破产倒闭的情况，这些企业的银行贷款会出现很多坏账。（2）失业的社会成本。在房地产业和传统制造业的压缩调整期，会有很多企业缩小规模甚至破产倒闭，最直接的后果就是造成工人失业，安置失业工人并帮助其重新就业会有很高成本。（3）居民财富缩水造成的经济社会成本。房地产价格缩水会造成居民的财富缩水，居民在自己财富缩水的情况下会觉得自己变穷了，会减少消费和投资，通过财富效应减少经济的总需求。过去的很多内需和满足这些内需的投资都是靠居民消费和居

民的投资行为支撑的,这种模式背后的支撑力量是居民对自身财富的预期。过去因为房地产价格较高,很多拥有房产的居民都预期自己有很多财富,认为自己很有钱,因此增加了自己的消费并把很多财富用于投资,但是一旦房地产价格下跌,这些居民会预期自己的财富缩水了,认为自己一下子变穷了,因此会减少消费和投资,这种预期的变化会对经济造成不小的冲击。同时居民的财富缩水可能会使一些居民对社会有很多怨言,增加社会不稳定的风险。

1. 转型成本承担的原则

谁来承担这些成本?是由居民和银行自己来承担还是由政府来兜底?这是一个很关键的问题。我们认为应该由政府来为这些成本兜底,政府应该主动去承担这三种成本,不能让居民和银行成为主要承担这三种成本的主体,即应本着"宁可国家穷,不可老百姓穷"的原则,原因如下。

(1) 中国经济中需要调整的部分产生的原因和西方成熟市场经济国家不同。西方国家经济中主要是市场因素导致出现资产价格泡沫和产能过剩问题,政府并没有什么直接责任,最多是有监管不力的间接责任,政府并没有主动直接去推动经济的产能过剩和资产泡沫,因此政府没有道义责任去主动承担经济调整的成本——既然是市场造成了经济失衡,那么只能是市场主体去承担转型成本。但是中国的情况不同,中国经济中的产能过剩和房地产泡沫背后有很多政府因素的影子,在一定程度上政府的土地财政是造成房价上涨过快的重要原因。同时在政府考核注重GDP的情况下,各个地方政府为了开展政绩竞争,纷纷推动本地企业扩大产能,并通过出口退税和财政补贴等政策加剧了产能过剩问题。因此中国政府在事实上对于经济结构的失衡负有责任,有时甚至是主要责任,因此政府在道义上应该主动去负担经济结构调整的成本,这样才显得比较公平,如果让老百姓成为转型成本的主要承担者就显得不公平。

(2) 政府有更多的资源、更强的能力去承担这种成本,同时政府的存在期长于个人的寿命,能够等到调整结束后收获期的来临,因此政府去承担转型成本具有时间优势。首先政府能获得的资源远远多于老百姓，因为政府是一个虚拟的概念，而居民和企业都是比较具体实在的概念，政府负担重一点并不会影响到经济的基本面。日本在上世纪七八十年代也遇到了和中国今天类似的问题，经济增速放缓使得经济经历了比较漫长的痛苦调整，此时日本政府的做法就是由政府去主动负担转型成本，日本政府发行了非常多的国债。但是几十年过去了，虽然日本政府还是很穷还有非常多的国债，但是日本经济和社会并没有在这场调整中出现太大问题。究其原因主要是政府欠债不要紧，政府可以用发钞票或发新债还旧债等方式来应付，只要日本这个国家还继续存在，政府的借债就是可以被偿还的。只要日本这个国家继续存在，债权人就不必担心日本政府还不了钱，政府欠的钱只是晚一点还或者早一点还的问题，经济情况好就早一点还，经济情况不好就晚一点还，不是还不还的问题。相反企业和个人就不一样了，企业欠的钱会因为企业的破产而不还了，个人欠的钱会因为个人的死亡而不还了，因此企业和个人比较容易借不到钱，而政府比较容易能借到钱。所以政府能获得的资源会多于民间的企业和老百姓，由政府出面承担转型成本不会出问题，而老百姓（即居民和企业）没有足够的资源，如果让老百姓来承担转型成本，就会出问题——因为老百姓资源不足没有这种承担能力。把一个老百姓无力承担的负担强压在老百姓身上，就容易把老百姓压垮，一旦老百姓经济出现问题就会导致社会动荡，继而发生政权更迭，此时政府完全是得不偿失，因此即便是站在政府的角度来看也应该由政府去主动承担转型成本。

政府承担转型成本的能力强于老百姓，政府遇到问题可以通过削减军费、裁减公务员数量、压缩政府公共事务开支和出售国有资产等形式来减少支出，同时也能够通过发行国债筹集到足够多的钱来维持正常运转，如果实在不行还可以多印钞票还债。只要不出现经济崩溃和社会动乱，借的钱可以延期再还，如果借的钱实在还不上了，最多是出现国债违约，反正政府肯定不会倒闭，社会也不会混乱，政府承担经济风险的能力远强于老百姓。但是老百姓一旦出问题就没有什么办法来减少开支了，因为老百姓的很多开支是维持生存的刚性开支，很难减少这种开支，不可能让一个每顿吃四两米饭的人减到每顿吃一两米饭，同时老百姓也很难借到足够多的钱来渡过难关。如果老百姓经济出问题只能去从事违法犯罪活动来维持自己的开支，或者去闹事把自己的痛苦化成反政府的动力，一旦这些老百姓被别有用心的人利用，就会造成社会动乱和经济的崩溃。

经济调整需要的时间比较长，一般可能会持续几十年，这么长的时间跨度甚至会超过一些人剩下的寿命长度。因此如果让老百姓去承担转型成本就比较不现实，因为对于很多老百姓而言，如果他承担了调整的成本，当调整成功迎来调整成果的收获期时，他已经不在人世了。因此老百姓出于理性考虑不可能有足够的动机去承担转型成本，但是政府就不一样了，如果能够保持经济不出大问题，就能维持社会稳定并保证不出现政权更迭，那么几十年之后政府还会存在，那个时候政府就能享受到结构调整的成果——经济繁荣税收增加，国家实力增强，各个产业步入世界一流。由于政府的预期寿命远长于老百姓的预期寿命，在承担了转型成本之后能存活到享受调整成果的收获期，因此政府完全可以在现在借债然后几十年后偿还，用跨期安排资源的办法来做到成本和收益的匹配。因此政府会有足够强的动机去承担转型成本，老百姓寿命有限因而积极承担转型成本的动力不够。

因此必须明确一个原则就是"宁可政府穷，不可老百姓穷"，因为政府存在的时间长于老百姓的寿命，政府有跨期配置资源的空间，同时政府能获得的资源多于老百姓能获得的资源，政府承担风险的能力也远大于老百姓。必须明确一个什么是"本"什么是"末"的问题，要认识到政府是"末"，老百姓是"本"。因为如果老百姓经济出严重问题引发社会动乱，政府就可能无法继续存在了，但是政府财政出现严重问题，只要老百姓的经济不出严重问题就不会出现社会混乱，政府还可以继续存在，整个国家就能继续等下去，直到等到调整期结束，等到调整成果集中出现的收获期。相反如果在调整期内让老百姓来承担转型成本，就可能出现老百姓无力承担的情况，到时一旦出现社会动乱则必然出现经济崩溃，整个国家就会乱起来，经济调整也就终止了，政权更迭会引发一系列乱局，整个国家也就无法等到调整成果集中出现的收获期了。历史上陷入中等收入陷阱的国家就是这样出现的，泰国、印尼、菲律宾、巴西、阿根廷、墨西哥、苏联，他们都是因为在经济调整期政府不愿意主动承担转型成本，把巨大的转型成本推给老百姓来承担，老百姓又无力承担，结果使得老百姓经济出问题引发社会动荡，继而发生频繁的政权更迭，最后使整个国家陷入持久的动荡之中，至今无法恢复稳定。在不稳定的社会环境下，外资不会进入，本国的资本也会纷纷逃离，该国的优秀人才也会选择移民海外，这种资本和人才的损失是永久性的不是暂时性的，使得该国几乎被永远锁定在了中等收入陷阱之中。

　　反观日本、韩国、新加坡、香港和台湾等成功经济体，无一例外都在经济调整过程中选择了政府主动承担转型成本。日本从上世纪七八十年代开始出现经济增速放缓的问题，出口导向型的经济增长方式在出口增速放缓时遇到了很大问题，政府积极发行国债用于承担社会调整的阵痛。直到2013年末日本国债规模达到1025万亿日元约10.14万亿美元，和2013年GDP的比例为245%，即国债余额约为当年GDP的2.5倍。新加坡的情况也很类似，自从亚洲金融危机之后新加坡进入了经济调整期，在此期间新加坡政府积极发行国债主动承担经济转型成本，长期使用国债使得2013年国债规模占该年GDP的123%。进入经济调整期稍晚的韩国和台湾地区其国债规模在2013年也占到了该年GDP的约40%，积累到了一个较高水平，未来还会继续增加。2008年全球经济危机的策源地美国，在危机之后的经济调整期也积极使用国债承担转型成本，2008年美国国债余额和该年GDP的比例为69.6%，到2013年，美国国债余额和该年GDP的比例达到了106.9%，短短五年内几乎增加了接近一倍，但是由于美国政府主动承担了很多转型成本，钱还是不够用，最后在2013年还出现了美国政府关门的政府财政危机。政府承担转型成本的策略使得政府变穷了，在削减政府行政开支后仍然出现了大幅的财政赤字，为了弥补赤字政府被动发行国债以求实现财政平衡。表面上看这些国家的国债达到了惊人水平，日本、美国和新加坡都超过了该年的GDP总额，但是这些国家并没有在调整期出现严重的经济社会问题，而且经过长期的调整还取得了一些成绩，最近三年美国GDP增长率维持在了3%左右水平，在未来几年内还有望达到更高，2013年和2008年相比世界五百强中的美国企业不减反增，2013年世界五百强中的美国企业比2008年约多出两成。新加坡实现了制造业的技术升级和产业整合，一度人均GDP达到亚洲第一；日本虽然面临通缩压力，但是还是涌现出了很多优秀的企业，并保持了内需的稳定，没有出现调整期内需大幅下降的情况，保证了国民经济的稳定，不仅没有出现持续衰退还在一些年份实现了正增长。最近几年虽然这些国家国债猛增，但是国际评级结构还是给予这些国家的国债以很高的评级，被评为推荐投资级，说明一国的国家信用基础是该国的经济社会的稳定发展，而不是一个比较低的国债余额水平。我国2013年国债余额8.67万亿元，和该年GDP的比例为15.24%，和美国、日本、新加坡等国比起来还处于比较低的水平，未来还有很多发债的空间，因此我国政府去承担转型成本的空间是非常充裕的。

2. 政府承担转型成本的优势

为什么政府去主动承担转型成本，一国经济可以调整成功至少保证不出问题，而让老百姓承担转型成本的国家就陷入了中等收入陷阱呢？政府承担转型成本和让老百姓承担转型成本有何不同？政府承担转型成本的主要手段是削减军费等政府行政开支，并通过发债和出售国有资产来筹集资金，救助经济出现问题的老百姓，力求减少经济调整对老百姓生活的影响。减少军费开支不会对国家经济社会产生非常大的影响，只会使国家的军事战略出现收缩性的回调，美国从伊拉克和阿富汗撤军就属于这种回调，这种军事战略的收缩一般对国内的经济社会状况影响很小，只是比较容易影响到该国的海外军事盟友，因此削减军费实际上相当于让一些海外军事盟友承担了该国的转型成本。而购买政府国债的债权人多是国际国内的有钱人、外国政府或者资金比较充裕的大企业和大金融机构，这些投资主体多时存在资金盈余的经济实体，短期内并不缺钱，购买国债只是作为一种长期资产保值手段，比如中国的外汇投资公司就购买了很多美国国债，实际上相当于该公司借钱给美国进行经济调整。因此政府通过国债筹资去承担国内经济转型成本的行为就相当于把国内的转型成本暂时转嫁到了这些购买国债的债权人身上，让这些并不缺钱的债权人来承担国内经济调整的风险和成本，当然未来偿还国债的行为也就相当于把国内经济调整的成果与这些国债投资人共享。这种思路实际上就相当于把国内调整的成本、风险和收益通过国债卖给了那些购买国债的投资主体，这些投资主体暂时也不缺钱，自己也比较有钱，有很强的实力去承担经济调整的成本和风险，也有充裕的时间去等待经济调整收获期的来临，属于是把一个很重的担子压给了承受能力很强的人。相反如果把转型成本推给老百姓就完全不同了，因为老百姓本身钱不多，承受压力的能力很弱，一旦缺钱就面临着"无钱买米下锅吃饭"的问题。一旦这种问题出现老百姓就会铤而走险，作出违法犯罪或者破坏社会稳定的事情来，继而会发生社会动荡，接着外资和国内资本都会纷纷撤出该国，同时该国国内精英阶层也会移民海外，一旦资本和人才的外流达到一定程度，该国经济就会出现崩溃，由于资本和人才的外流具有不可逆性，外流的人才和资本可能永远都不会回来，该国也就失去了经济长期增长的物质基础，最后该国经济只会在零增长和负增长之中挣扎，于是就掉入到中等收入陷阱之中。

因此，"宁可国家穷，不可老百姓穷"这个原则背后的逻辑是：政府去主动承担转型成本，事实上就是让国际国内的强势群体来承担转型成本并把一部分转型成本输出到了海外；让老百姓去承担转型成本，事实上就是让国内的弱势群体去承担转型成本。因为财富的边际效用递减，对于资金充裕的强势群体，一万块钱对他们来说边际效用就很小，让他们先拿出一万块钱出来暂时承担转型成本，对他们而言的效用损失很小。但是对于社会中占大多数的中低收入群体而言，一万块钱对他们的边际效用就会很大，因为他们要用这一万块钱去吃饭，让他们先拿出一万块钱来暂时承担转型成本，对他们而言的效用损失就会很大。

3. 政府承担转型成本方式

因此，正确的逻辑应该是让政府去承担转型成本或者说是让国际国内的强势群体去承担转型成本，并尽量把转型成本向海外输出，而不能让作为弱势群体的国内老百姓来承担转型成本。政府承担三种转型成本的具体方式是：

（1）对于银行可能产生的几万亿坏账，政府可以出钱予以冲销，这样的好处是保护老百姓在银行里面的存款安全。如果银行因为坏账而出现倒闭风险，政府至少应该出钱保障中低收入阶层在银行里面的存款本金和利息收入不受损失。还可以采取政府给银行巨额注资的方式来保证银行不倒闭，以避免出现金融系统对实体经济的冲击。

（2）对于失业问题主要要靠发展服务业和系统性减税来解决，政府为了扶持服务业的发展可以进行税制改革，减少服务业的税收负担，或者可以考虑对一些吸收就业能力较强的服务业行业进行财政补贴。除了积极发展服务业之外，政府还可以考虑实施普遍性的系统性减税，以刺激企业的活力，以期吸收更多的就业人员。

（3）对于房地产价格缩水造成的老百姓财富缩水，政府可以考虑使用财政资金来补贴老百姓的财富缩水，尽量减少财富缩水对老百姓经济行为的影响，保持内需的稳定。老百姓财富缩水会使得老百姓的预期财富大幅减少，接着会减少他们的消费和投资，并通过乘数效应形成通货紧缩和经济衰退的压力。解决这个问题的关键就是改变老百姓对自己财富的预期，让老百姓在房地产资产缩水之后不会比较大地改变对自己财富的预期，保持自己消费行为和投资行为的稳定，至少不能使其出现大幅下降。达到这个目的有以下两个思路。

第一是设法增加老百姓的其他财富并补贴其财富缩水，比如政府可以出钱提高居民存款的利率，增加居民的存款利息收入，还可以立法强制让上市公司对股民进行现金分红，增加居民的股票收益，还可以考虑把房地产价格下降的差价补贴一部分给居民，以确保其对自身财富水平的预期不发生很大的改变。

　　第二是降低老百姓的生存成本，可以政府出钱补贴降低食品、服装、药品、医疗服务和教育服务的实际价格，或者发放消费券，凭券到指定地点购买消费品时可抵扣一定数额的现金等。这样即使老百姓出现财富缩水，因为生活成本也随之减少了，老百姓不会大幅降低对自己财富水平的预期，因而也不会大幅减少自己的消费和投资，不会出现内需迅速下降的情况。美国政府的医改计划和日本的国民年金计划就是旨在降低老百姓生存成本的计划，新加坡政府建设公共住宅低价卖给老百姓的计划也是暗含此意。中国政府的生产建设性投资支出占政府总支出的比例太大了，这一比例常年维持在40%～50%之间，不仅是全世界最高，而且远高于排名世界第二的新加坡政府25%的生产建设性支出占比，前者生产建设性投资占政府总支出比例约为后者的两倍。未来可以考虑降低生产建设性支出在政府支出中的占比，提高民生性支出在政府财政支出中的占比，可以把生产建设性支出占政府支出的比例降低到和新加坡相似的水平即25%左右，把政府从一个生产建设型政府转变为一个民生服务型政府，把生产建设性支出减少省下来的钱用于支付转型成本，确保转型期的社会稳定和经济稳定。

四、经济转型需要改革的配套

1. 推动技术进步方式转变

　　经济转型的基础是技术进步，推动技术进步主要有两种模式：苏联模式和美日欧模式。苏联模式推动技术进步的主体主要是政府，其目的是抢占世界技术前沿，保持国家对尖端技术的掌握能力，确保该国在各个尖端技术领域不会严重落后于该领域的国际先进水平。因此苏联模式主要是一个技术概念，是为了搞技术而搞技术，政府考核技术进步的标准是有多少技术填补了国际国内空白，有多少技术处于国际一流水平。虽然苏联凭借着这种模式取得了不少成就并产生了数位诺贝尔奖得主，但是这种模式的缺点是只有投入没有产出，政府主导的科技研发投入由于无法形成商业化的成功产品而无法收回投资，政府也无力实现技术产业化的对接，结果技术创新成为无源之水无根之木，最后面临枯竭。美日欧模式推动技术进步的主体是企业，其目的是赚钱，保持企业生产出的产品有较高的技术含量，确保企业在国际竞争中不会因为某项关键技术的落后而失败。因此美日欧模式是一个经济概念，是为了赚钱等商业目的而搞技术，企业考核技术进步的标准是在多大程度上提升了产品的市场竞争力，该技术能赚多少钱。虽然这种模式下政府对技术进步的干预能力下降，但是这种模式的优点是能够快速收回科研成本，并通过卖产品或服务的收入迅速回笼资金投入到下一轮的技术研发之中，保障持续的高额技术研发投入，实现长期的持续技术进步，能够实现资金积累和持续技术进步的循环，最典型的就是美国的硅谷模式，靠硅谷的商业企业推动了信息化革命。

过去我国主要是采取苏联模式推动技术进步，以863计划、973计划、火炬计划等政府主导的研究计划和211、985高校、中科院等政府主导的研究机构来推动技术进步，在政府投入大量资金后不仅效果不佳而且围绕科研资金的分配产生了很多腐败，研究出的高科技技术很多都因为没有商业市场而无法推广成为"屠龙之术"。在新常态下有必要转型到美日欧模式，依靠企业作为技术创新的主体来推动技术进步。要在人才和资金两个方面来扶持企业进行技术创新。

在人才方面可采用如下方法。

（1）积极鼓励高校和各个科研院所的市场化对接，让企业和这些研究机构合作，利用这些研究机构的人才和软硬件设施进行技术创新，并鼓励这些研究机构的工作人员去创业或到企业工作，盘活这部分科研存量资源。

（2）鼓励企业自建研究机构，像国际上的高通、微软等大企业都有自己的研究中心，我国可以通过给企业减税或补贴的方式来诱导企业的研究行为。

（3）发展职业教育和在职培训，提高企业现有员工的知识水平，引导他们积极投身到技术创新中来。

（4）全球范围内引进人才，用高待遇和广阔的发展前景吸引全球人才。因为人才的培养速度较慢，如果仅靠自己培养人才，恐怕来不及了，可以效仿美国等移民国家，积极吸引全球的人才到中国来工作，或者鼓励中国企业在海外建立实验室和研究中心利用海外人才。

（5）政府直接把钱通过研究项目的形式拨给企业，让企业自己拿着这笔钱来搞技术创新，以前我国863计划搞的汽车发动机技术搞了很长时间都没有搞出来，结果吉利汽车自己搞出来了。为什么国家863计划立项的项目搞不出来，企业可以搞出来？主要的原因是企业的激励机制优于国有的研究机构，国有研究机构基本上是由封顶的工资和奖金，即使发明了很好的东西收入也不会有很大增加，属于"干多干少一个样，干好干坏都一样"的格局，因此缺乏对实现重大技术进步的激励，相反，企业的激励机制比较灵活，敢于重奖重大技术发明，因此未来国家可以更多地和企业尤其是民营企业合作进行技术研发，把更多科研资金拨给企业尤其是民营企业。

2. 实现融资方式的转变

在资金方面要改变间接融资为主的金融体系，变成直接融资为主的金融体系，间接融资是人们把钱给银行让银行去进行资金投放，银行因为暗含有给储户还本付息的义务（至少要保证本金的安全），所以投资行为会非常谨慎，不敢给那些高风险的高技术创新企业提供资金。直接融资指的是投资人直接投资给企业，直接购买企业股权的融资方式，投资人可以通过证券公司、风险投资公司、股权投资基金等机构或者自己直接和企业联系直接投资给企业获得企业一定股权，直接融资因为投资公司并不负有给出资人还本付息的义务，因而其投资行为的风险偏好会比较大，敢于投资给那些高风险的高科技企业，如京东、阿里巴巴等高科技企业就接受过风险投资。直接融资的风险偏好程度之高甚至可以高到难以置信的程度，比如购买彩票这种投资行为，我国是拿十块钱买彩票，彩票发行机构拿五块钱给彩民开奖，因此投资彩票的收益率是负的百分之五十，一个为负的收益率居然有很多人要去投资，可见直接投资有很高的风险偏好，愿意为了一定的收益去承担高风险。技术创新能力很强的国家都有很强的直接融资的金融制度安排，美国拥有全球最大的创业板股票市场纳斯达克和最完善的直接融资平台——股市，日本有亚洲最大的风险投资公司——亚洲软银，欧洲有着几百年的直接融资传统。因此我国要在这方面做好以下几点。

（1）积极鼓励风投、PE等直接融资渠道，用优惠政策扶持产业投资基金，引导民间资本进行直接投资。

（2）扩大股市容量并鼓励创业企业上市，过去我国股市主要是为国有企业脱困服务，主要帮助国有企业尤其是有困难的国有企业筹集资金，导致很多创新型的民营企业难以上市，这个局面未来要彻底扭转过来，恢复股市作为主要直接融资平台的真正作用。要帮助并完善OTC市场，拓宽风险投资的退出渠道，增加直接融资市场的流动性。

（3）鼓励企业发行债券募集技术研发资金。

（4）改革现行外汇管理体制，放宽企业用汇管制，鼓励企业利用我国的外汇储备到海外购买成熟的专利技术和高科技生产线。

3. 以需求升级实现产业升级

产业升级还需要实现需求升级，以往产业升级效果不佳的原因之一就是居民收入偏低，因此对质次价低的低端产品还有很大的需求，因此一些落后产业仍然可以凭借这个市场维持生存。一些政府一厢情愿地

"腾笼换鸟",多是一些落后产业的旧鸟被腾出去了,结果先进产业的新鸟又不进来,笼子变成空笼。这个现象的背后是贫富差距扩大和政府民生服务不到位造成的居民收入偏低,要实现产业升级先要实现需求升级,减少对落后产业的需求,增加对先进产业的需求,要实现需求升级就必须增加居民收入。关键是转变政府职能,让政府从一个生产建设型政府转变为一个民生服务型政府,增加政府的民生服务开支并减少针对居民的税收,通过藏富于民来实现需求升级。

4. 积极推动服务贸易

在出口方面要积极推动服务贸易,在出口增速放缓的大背景下,服务贸易出口有很大的发展潜力,一国工业化基本结束后进入后工业化时代,对服务业产品的需求会大幅增加,2014年中国取代美国成为全球最大的电影市场,在电影票房总额上超过了原来世界第一的美国。中国不仅国内会出现服务业的大市场,而且具备成为服务业出口大国的很多条件:经过多年的基础设施建设国内基础设施发达,拥有很多受过大学教育的劳动人口,英语教育较好,吸收服务业外商投资较早经验充分。高技术、低能耗、低污染的服务业出口将来有望成为我国出口的新增长点和支柱型出口产业,在软件、金融、通信、咨询、保险和工业设计等服务业产业上大有可为。

根据微笑曲线理论,认为产业链的附加价值最高的在两端:前端的创意、研发、设计和末端的品牌、物流、营销,而附加价值最低的是中间的制造阶段,两端附加价值高的部分都是服务业部分。过去我国作为世界工厂在全球产业链中的分工为附加价值最低的制造环节,未来要向产业链的两端延伸,从制造业部分转移到服务业部分。服务业发展最大的障碍就是垄断,很多服务业行业不许非公资本进入,因此服务业的当务之急是要放开市场准入,并建立公平竞争的市场环境。以前因为企业所有制不一样,所以在市场上的竞争环境不一样,国有企业能够获得更多的经济资源和行政资源,这种情况有违公平竞争的原则,未来必须得到纠正。未来如果要让中国的服务贸易产品具备国际竞争力，必须要放开这些服务业的垄断，允许非公资本进入，通过竞争和优胜劣汰打造出一个具备国际竞争力的服务贸易出口产业。

5. 改变政府收支结构

在税收方面，有必要改革现有的财税体制，降低企业尤其是中小企业的税收负担，因为在经济调整过程中企业会遇到很多经营困难，每一个成本甚至是看似很小的成本都有可能成为"压死骆驼的最后一根稻草"。同时还需要降低电价等企业生产成本，对于企业普遍反映的社保费用负担过高的问题，也可以考虑灵活的处理方案，可以考虑财政补贴一部分，或者降低缴纳比例或者允许企业延期分批缴纳。总之配套措施的原则就是降低企业实际负担，以期增强企业的竞争力，帮助企业渡过难关。为了挤出资金去承担转型成本，在政府收支结构方面能做的有：

（1）大幅减少基础设施投资支出并适当减少一些产业的出口退税支出，因为过去长达几十年的基础设施投资已经使得我国建立了比较成熟的基础设施，再继续追加大量投资会因为边际收益递减的存在无法取得经济收益最后沦为重复投资和低效投资。随着我国资源禀赋结构的改变，劳动力成本持续上升，一部分产业尤其是一些低端劳动力密集型产业已经丧失了国际竞争力，比如打火机生产等产业非常有必要转移到劳动力成本更低的国外去，死抱着不转移就不符合比较优势原则，如果国家用出口退税死撑着这些企业反而不利于我国产业升级，国家的支出也会成为无效支出，因此建议取消或减少这部分产业的出口退税，倒逼这些产业向海外转移。

（2）通过出售政府持有的国有股和增加国有企业利润上缴比例的方式增加政府收入，过去的十多年国有企业利用垄断地位获取了很多超额利润，要求这些企业上缴更多的利润非常有必要。国家继续持有很多国有股，不仅会因为信息不对称产生的道德风险和逆向选择造成国有企业的低效率，还会为了要实现国有资产保值增值而暗中支持这些国有企业，破坏公平竞争的市场环境，因此未来很有必要减持国有股来增加政府收入。

（3）开征资源税增加政府收入，我国很多资源的使用有的没有征收资源税，有的资源税比例较低，结果造成这部分行业的企业收入太高，煤老板几乎成为土豪的象征，因此增加政府收入可以从这个方面挖掘潜力。同时资源价格过低就相当于变相鼓励大家浪费资源，支持了很多低端的高资源消耗的粗放式发展模式，因此增加资源税非常有利于淘汰部分高资源消耗企业或倒逼他们实现资源利用率更高的技术升级。

（4）大量发行国债增加政府收入，在经济调整期必须明确要由政府来兜底转型成本，而政府的财力会因为减税等降低企业负担政策而被削弱，此时发行国债就是一个很好的选择，相比于美国、新加坡、日本等国债余额和该年 GDP 之比超过 100% 的国家而言，我国还有很大的发行国债的空间。只要能够很好地利用这些国债资金维持经济的成功转型和社会的稳定，在未来转型成果集中释放的收获期一定能把这些国债都偿还掉。

6. 进一步放开政府管制

政府的管制还可以进一步放松，比如自贸区能否推广到更多的城市，把一种更宽松的政府管制变成普惠制的国家政策，自贸区的负面清单可以由地方政府出具，这样更能够结合地方实际尽量使负面清单变短，改变负面清单只能由中央政府出具的局面。还可以更加细分自贸区的功能，可以分为以现代制造业为主的自贸区、以服务业为主的自贸区、以旅游为主的自贸区、以医疗服务为主的自贸区和以教育产业为主的自贸区等，对不同定位的自贸区可以使用不同的管理办法。一些在自贸区试点实施的政策，在积累一定政府管理经验之后可以直接推广到全国，成为一种更加开放更加市场化的政策。土地制度改革和户籍制度改革的步伐需要加快，这样可以促进城市化进程和增加内需减缓经济转型的阵痛。未来经济增长的新增长点可能不会集中在某一个或某几个行业，而是分散出现起到积少成多聚沙成塔的效果，要使得新增长点遍地开花就需要系统性的放开政府管制并鼓励创新创业。

　　随着低端劳动力成本的上升，产业结构升级成为中国经济保持竞争力的唯一选择。日本和韩国在刘易斯拐点到来后，也面临着劳动力成本上升的问题，他们利用此后的二十年时间通过提高劳动生产率的方式实现了产业升级。原来的日本、韩国企业也是从生产鞋帽、塑料、纺织品等劳动密集型产品起步，在进入刘易斯拐点后这些产业的发展出现瓶颈，劳动力成本的上升使得这些产业失去价格优势。此时两国企业利用在下游产业积累的资本逐步向产业链上端挺进，即把在劳动密集型产业中积累的资本投资到资本密集型行业中来，积极发展精密仪器、交通设备、化工产品、电子设备、金属制造、能源生产、家用电器等上游产业和高技术含量产业实现了产业升级。

中国经济新常态与实施供给侧改革

在提出中国经济新常态之后,中央又提出要进行供给侧改革的改革规划,开启了我国进行供给侧改革的大幕。本文从供给管理的历史渊源、为什么中国强调供给管理和供给管理的重点三个方面对供给侧改革进行了分析。认为因为过往长期的需求管理使得中国经济存在着比较严重的供需不协调的问题,即无效供给和供给缺口并存。解决这个问题唯一的办法就是实施供给侧改革,从优化供给结构入手来对中国经济进行结构性调整。整个供给侧改革的原则就是减轻企业负担激发企业活力。

一、供给管理的历史渊源

供给管理的理论渊源可追溯至亚当·斯密和萨伊,亚当·斯密认为自由市场经济可以创造财富,供给的增加就意味着财富的增加,同时他还反对政府对经济的干预和高税收,认为政府缺乏必要的信息作出正确的干预决策,而市场是信息流通速度最快的经济运行场所,高税收会鼓励懒人,打击人们的劳动积极性。"萨伊定律"认为供给可以自动创造需求,只要有足够的供给那么市场上就会有足够的需求,因此供给才是经济的源头和核心。这种思想受到了凯恩斯的挑战,凯恩斯认为是需求创造了供给,而非供给创造了需求,凯恩斯主张需求管理,并认为政府

---

* 本文由我与杨林共同讨论完成,杨林执笔。

对经济的干预有助于经济的稳定。凯恩斯的思想在罗斯福新政后被广泛采纳，但是二战后根据凯恩斯理论实施需求管理的国家都在上世纪70年代出现了"滞胀"局面，因此主张供给管理的供给学派重新回归到经济舞台的中心，里根总统和撒切尔夫人实施了以供给管理为主的经济政策，不仅摆脱了"滞胀"而且实现了信息技术革命和经济的再次腾飞。

回顾需求管理和供给管理的历史可以发现：凯恩斯主义的需求管理明显带有"大政府"的倾向，主张强化政府干预，供给管理带有"小政府"的倾向，主张减少政府干预。由于我国是从一个计划经济国家转型而来，传统上存在着"大政府"的倾向，因此比较容易接受凯恩斯主义的需求管理，而对具有"小政府"倾向的供给管理存在着一定程度的抵触，因此供给管理在我国学术界和政策界提得比较少，其知名度远不如需求管理。但是回顾西方国家的发展历史，还是可以肯定以供给管理为主的政策对于生产力的发展起到了很大的推动作用，事实上历史上的三次工业革命都发生在以供给管理为主的政策时期，需求管理只在上世纪30年代到70年代这四十年左右的时间，作为克服经济危机的短期手段而被主要使用，在经济危机消除之后，随之退出历史舞台，在西方发达国家的大部分经济发展历程中仍然是以供给管理为主。需求管理主要注重短期的总需求调节，供给管理则相反，更加注重经济的中长期发展。

供给管理理论是在美国上世纪70年代面临"滞胀"时形成并付诸实践的，其核心就是减税和减少国家对经济的干预。供给管理的核心原则是认为只有增加并且优化劳动、资本和企业家精神这三种要素的投入，才能增加和优化总供给，进而使得全社会的社会财富增加，只有在社会财富增加的前提下才能使国家的税收增加，一味运用需求管理的手段增加税收只会使政府的税收收入减少，因此在一定时期减税不仅不会减少政府税收收入反而会增加政府税收收入。这里的减税和需求管理旨在熨平经济波动相机抉择的减税不同，供给管理的减税是指永久性的减税和降低边际税率。供给管理减税理念的一个重要理论基础就是拉弗曲线，拉弗认为征税具有收入效应和替代效应两种效果，收入效应会增加政府的税收收入，替代效应会减少政府的税收收入，因此随着的税率的增加，政府的税收收入呈现先增加后减少的趋势，极端的例子是当税率为零和百分之百时，政府的税收收入都是零。根据拉弗曲线，当税收过高时，适当减税不仅不会减少政府税收收入还会增加政府税收收入。根据美国的政策实践，在里根总统和克林顿总统时期实施的减税确实通过激活美国经济实现了政府税收收入的增加，并没有出现传统理论担心的政府收入锐减情况。对于这个现象的解释，供给管理理论认为高税收挫伤了人们劳动和储蓄的积极性，同时减少了企业投资的积极性，阻碍资本形成，降低社会生产财富的能力，使得供给侧的经济微观主体受到抑制。减税可以刺激他们的积极性，增加供给，继而通过"萨伊定律"实现由供给自动创造需求，使经济走出谷底，经济的增长扩大了政府的税基，从而增加政府的税收收入。

在减税的同时，供给管理还强调减少政府开支和削减政府规模，他们认为政府开支的低效率和腐败不仅不利于增加供给，还会损害到企业家精神和自由竞争的原则，过大的政府规模不仅无助于经济增长而且会成为经济发展的包袱。降低税率尤其是降低边际税率可以起到激励劳动的作用，让人们多劳动少休息，劳动收入的增加可以增加储蓄，储蓄的增加可以增加投资和资本形成，新的投资需要雇佣更多的劳动力，经济进入良性发展循环。减少国家对经济的干预可以压缩寻租空间，促进企业的公平竞争，使企业能够放开手脚激活企业生命力。供给管理要求降低企业税负水平和加速企业折旧并使用"重置成本"法进行折旧费用的抵扣，从而起到促进企业新增投资加快技术改造的作用。

国外的政策实践证明以减税为主的供给管理起到了四方面的作用：增加经济增长率、降低通货膨胀、降低失业率和催化新技术革命的产生，里根时代前后经济增长从停滞状态变为1985年的6.4%，失业率从1981年的11.5%降低到1985年的7.2%，通货膨胀率从1981年的13.4%降到1985年的4.3%，除此之外在宏观经济基本面得到供给侧优化之后，美国在上世纪80年代到90年代发生了对人类社会影响深远的信息技术革命。信息技术革命的发生证明了供给管理客观上可以起到促进技术创新的作用，主要的原因是技术本身和资本、劳动以及企业家精神一样都是供给侧的投入品，改善供给侧经济变量的搭配势必会增加技术作为一种投入品的投入，从而产生一个明显的"副作用"——促进创新和技术进步，这对经济的长期发展是最重要的。

二、为什么中国强调供给管理

过去形成了大量的无效供给，主要有两种：（1）质量太差形成的无效供给，主要就是很多国内的产品偏向于低端，无法满足国内消费者的需求，一方面很多国内消费者不远万里去国外购买马桶、奶粉、电饭锅等产品，各种海外代购如火如荼，另一方面大量的国内廉价商品没有销路。（2）产能过剩形成的无效需求，由于过去的需求刺激政策，在很多行业形成了过剩产能，如钢铁、水泥、煤炭、石化等行业由于重复建设和地方政府的唯GDP政绩观，大量的生产投资形成了无法被需求消化的产能，最终成为了无效供给。

在存在这两种无效供给的同时，很多需求又无法被满足，形成了巨大的"供给缺口"。因为随着经济的发展，消费者的需求也在逐步升级，事实证明以前的价低质低的产品已经无法再继续满足消费者对品质追求日益提高的背景下的需求了，此时这些需求只会形成大量对海外物品的购买需求，以出境游和海外代购为名义的海外购买行为成了满足这部分需求的主要手段。同时，计划经济时代的很多供给抑制也使得中国经济满足各种需求的能力被削弱，使得中国这个经济体无法形成健康的能够反映出需求变化的有效供给，使得需求作为调节供给的信号和激励的作用丧失，供给自身无法根据需求的变化实现自我调节，供给抑制可以分为直接供给抑制和间接供给抑制两种。

直接供给抑制指的是行政法规形成的行政垄断和过度的行政管制，由于我国经济是从计划经济逐步过渡出来的，在很多地方还保持着非常明显的计划经济色彩，过分强调国家对关系到国计民生的行业的控制权，改革的顺序遵循着"放开下游，垄断上游"的原则，很多上游行业处于垄断状态，而垄断带来的腐败和低效率使得中国经济的供给从产业链的上游开始就被这种供给抑制所束缚。过度的行政管制主要体现在各级行政部门为了各种各样的原因施加的五花八门的行政管制，人为地提高了很多供给的进入门槛，把相当多的合格供给挡在了门外，这里不仅包括各种难以开到的证明和各种难以办成的手续，还包括为了获得腐败收入和维护某个特定群体利益而故意设置的进入门槛，比如在北京开出租车必须要北京户口，把很多想开出租车的外地户口的人挡在了外面，一方面使得北京"打车难"的问题比较突出，另一方面客观助长了黑车的盛行，类似的各种难以理解的政府管制严重束缚了中国经济的供给能力。

间接的供给抑制主要指高融资成本、高税费成本、高人力成本、高原材料成本和高行政成本等，比如银行在信贷资金投放的时候不愿意给民营企业资金，更愿意把钱贷给国有企业，使得很多民营企业被迫转向高利贷等民间借贷进行资金融通，结果负担了比正常情况高很多的资金成本，甚至很多创新型的中小企业根本无法从银行获取资金，这种金融制度的扭曲抑制了供给侧的活力，使得供给侧无法根据需求侧的变化来进行自我调节。高行政成本指的就是企业在各种行政过程中需要负担的各种成本，腐败成本只是其中的一种，其他的行政成本包括时间的拖延，很长时间无法完成的行政审批，找不到管理这个事务的行政部门，以及面临的"吃拿卡要"等。由于我国尚未建立起一套成熟有效的权利监督机制，使得各种权力部门在行政过程中有意无意地增加了供给侧的行政成本，客观上形成了对供给侧的抑制作用。高税费成本指的是在各个供给侧环节存在着的各种收费，有的是以税收的形式表现出来的，有的是以各种名目繁多的费表现出来的，由于我国税费征收机关的自由裁量权较大，因此在实际操作中有明显的多收税费的倾向。高人力成本指的是随着我国进入刘易斯拐点区域，农村剩余劳动力减少，人力资源成本不可避免地出现了大幅提升。很多行业的原材料都被上游的垄断性国有企业控制，由于竞争的缺乏，这些原材料定价太高，使得供给侧成本增加。

除了供给抑制之外还存在着供给激励不足的问题，比如技术创新领域就存在着明显的供给激励不足，我国的很多技术创新人才集中在政府的各级科研院所和高校，在这些地方的科研人员很难从自己作出的科研成果中获得足够多的收益，体制的限制使得类似于"大锅饭"的薪酬制度不足以形成足够的激励去让科研人员获得足够多的创新动力，导致创新不足。再比如很多国有企业也存在着类似于"干好干坏一个样，干多干少都一样"的薪酬制度，很多国有企业高管没有这个企业的产权，自己的收入和这个企业的经营状况关系不大，没有足够多的动力去推动企业的升级和创新，这些现象都从客观上导致了供给侧激励不足的产生。

在改革开放的过程中形成了很多既得利益集团，这些既得利益集团运用手中的社会资源对供给侧进行干扰，严重扭曲了供给侧的资源分配和供给结构。而供给侧的扭曲是完全不能通过需求侧的调节得到纠正的，一味坚持需求侧调节肯定会把事情越搞越糟。教育和医疗的问题也是供给侧的问题，而非需求侧的问题，上学难和看病难的本质是教育和医疗服务的供给太少。

从财政税收角度看，现行的以流转税为主的税收制度导致劳务税无法在增值税中抵扣，削弱了服务业和知识密集型产业的竞争力。同时以流转税为主的税收制度使得企业的税务负担地和政府的税收征收地相分离，企业所在地获得税收收入而货物流通地区负担税收成本，这样就形成了各个地方政府不考虑实际情况地上大项目在本地大搞生产建设的税收激励，其结果是各地产业趋同情况严重和产能过剩问题突出，形成了很多无效供给。作为需求管理的主要手段，过去我国上马了很多铁路公路和基础设施建设项目，现在中国高速公路里程已经世界第二，铁路里程世界第一，很多基础设施实际上已经饱和，再继续进行基础设施建设，投资收益会很低，而且会由于重复建设导致大量的资源浪费。过去需求管理时代，因为政府对经济的过度干预，政府直接参与到生产建设中来，不仅造成了很多腐败空间，而且使得地方政府在此过程中积累了很多财政风险，未来再继续实施需求管理的空间会越来越小。因此从需求管理回归供给管理成为必然的政策选项。传统的需求管理事实上起到了抑制需求的作用，其抑制机理体现在三个方面：

（1）信贷配给制度下的资金投放使得中国经济中最具活力的中小企业和民营企业因为无法获得资金而被抑制。

（2）政府主导的大规模投资需要财政资金，在不增税的情况下增加财政资金收入只能实施更加严格的税收征管，堵住税收征管的漏洞，但是由于税收征管手段的进步使得实际税收增加速度大大高于 GDP 的增长速度，政府征税能力的增强客观上和增税效果无异，这种类似于增税的政策使得很多微观经济主体的积极性被抑制。

（3）政府干预经济为了片面维稳，使得很多应该被淘汰的企业没有被淘汰，而是变成了半死不活的"僵尸企业"继续存在，市场经济公平竞争的原则被政府的干预所打破，"僵尸企业"占据了很多经济资源，使得新企业无法获得足够的经济资源来发展，客观上形成了对新供给的抑制。

三、供给管理的重点

1. 推动资源的有效流动

供给侧改革的基本方向是让资源重新分配，让要素流动变得合理起来，即从低效率的部门向高效率的部门流动，从无效供给的部门向有需求的部门流动。传统的经济发展模式脱胎于计划经济时代，对于要素的流动施加了很多限制，这种限制的初衷原本是增加经济的稳定性，但是时至今日这些制度安排已经成为经济发展的桎梏。就宏观经济政策而言，传统的需求管理政策已经不是最优的政策选项了，比如传统需求管理中的重要手段——货币政策，在中国现在供给侧存在扭曲的情况下，货币供给的增加可能无法实现货币政策初衷，大量的货币投放只会使货币政策掉入"流动性陷阱"——大量的货币投放无法刺激出有效需求。一旦进入"流动性陷阱"，那么传统的需求管理政策就很难再刺激出新需求了，继续实施需求管理只能造成"滞胀"。因此现阶段的主要思路就是用供给来创造需求，现在只有供给创造出的需求才是健康的，需求管理创造出的需求是不健康的。比如马化腾的微信，以前就没有微信这个供给，现在有了，创造出很多需求。利用供给创造需求，关键是发展新的支柱产业，通过新支柱产业的蓬勃发展来创造供给，进而通过供给来创造需求。有三个产业在未来能承担起"利用供给来创造需求"的重任，这三个产业是战略性新兴产业、服务业和现代制造业，对这三个产业要加大投资力度，增加这三个产业的供给，用新的供给创造出新的需求。

战略性新兴产业有两个特点：一个是市场需求巨大，因为需求不大就没有战略性；另外一个是短期内技术能够突破，因为技术不突破就不会是新兴的。所以要能成为战略新兴产业的产业，需要满足两个条件，一个市场需求巨大，一个技术短期内有可能突破。把能满足这两个条件的产业统称为战略性新兴产业，能成为国家战略性新兴产业的一共有八个：新能源、新材料、生命生物工程、信息技术以及新一代信息技术、节能环保、新能源汽车、智能机器人、高端装备制造。

服务业可分为四大类：消费服务、商务服务、生产服务、精神服务，我国当前突出的"看病难""上学难""养老难"等问题等是属于服务业范畴，有很大需求，现在主要是供给跟不上，未来要积极发展服务业尤其是高端服务业，满足人们的需求。

现代制造业将能够成为供给创造需求的重点，制造业分两种，一个叫传统制造业，一个叫现代制造业。传统制造业是生产私人产品的，吃穿住用都来自于它，现在传统制造业严重过剩了。现代制造业是生产公共产品的，公共产品短缺。正因为生产私人产品的传统制造业严重过剩了，但是现在公共产品仍然短缺。所以生产公共产品的现代制造业将代替传统制造业，上升成为支柱性产业，要大力发展现代制造。现代制造业大致上有五个要点：航空器制造与航天器制造、高铁装备制造、核电装备制造、特高压输变电装备制造、现代船舶制造。在供给管理的过程中，国家也要帮助企业转型，例如国家要推动和国际的产能合作。中国要和国际上搞产能合作，尤其是一带一路，就是要让更多的过剩的产能转移出中国。沿着一带一路的国家，我国在传统制造还有一些优势，要让一部分产能在国际合作中间走出国门，从而缓解企业的压力。强调和国际的产能合作，强调一带一路，必然会让一些产能在国际市场上释放，缓解国内产能过剩的压力。

2. 加快经济体制改革

就体制而言供给管理的重点是改善制度供给，重点是实施金融改革和政府体制改革。

金融改革的重点是建成让市场发挥决定性作用的金融体制，内容包括：（1）利率市场化和汇率市场化。（2）人民币在资本项目下的可自由兑换。（3）银行自由化和放开非银行金融机构，允许各种经济主体自发地办银行和银行破产。（4）资本市场改革，把上市从审核制变为注册制。

政府体制改革主要是三个方面放权，即向社会放权、向市场放权、向企业放权。向社会放权指放开一批民间组织，尤其是科学研究类的民间组织，释放民间组织的创新能量。向市场放权指凡是市场能解决的问题，政府一定不管了，以前政府的各种认证各种审批正在逐步取消，改成让市场通过竞争来进行优胜劣汰，从政府的认证走向市场的认证。向企业放权主要指放开企业的体制选择权和投资经营权，放开体制选择权指创办一个什么样的企业政府不管了，这种改革已经到位的有四个：（1）改革了企业资本金制度，企业资本金从实缴制变成了认缴制。（2）由年审制变成年报制。（3）放开了企业注册的办公条件和注册地之类有关规定。（4）三证合一，一证一码，所有企业都有一个类似于个人身份证的编码，简化了各种手续的办理。以后还会陆续有这样的放开企业体制选择权的改革出台，会大大激活企业的供给能力。放开投资经营权指企业投什么产业、多大规模，这是企业自己的事，政府不要管，只要不是纳税人的钱，企业的整个投资经营活动，政府一律都不能再管了。而现在政府却在管，因为我国实行的是审批制。企业的投资经营要经过政府审批才行。这个权利应该是企业自己的事而不是政府的事。投资人拿他们自己的钱投资，投资责任自负，投资什么产业、投资规模多少，这是企业自己的事，政府不用审批。所以，这个权利要交给企业，但若交由企业的话，就必须取消审批制度。但是若取消审批制，政府又要作为重要的社会管理主体存在，政府如何实现自己的职责呢？政府完成自己的职责的主要办法就是负面清单管理，因而在取消审批制后，准备新推出的管理制度就叫负面清单管理。政府只公布负面清单，告诉企业什么不能干，凡是和负面清单没有关系的经营活动，企业自己干就行，政府一律不审批，"十三五"期间负面清单这个制度要在2018年完成。

3. 加快产业结构调整

供给管理的核心是调结构，调结构指需要淘汰一批产品质量低劣和产能过剩情况突出的企业，这些企业很多是盈利能力很差甚至长期亏损的"僵尸企业"，对于这些企业要建立适当的退出机制，让它们从经济中退出来。需要解决好从这些企业分流出来的职工的再就业问题，给他们适当的培训，把原来这些低效企业占据的社会资源释放出来。

同时扶持一批能够满足市场需求，能够弥补供给缺口的高效企业，让这些高效率的企业替代掉原来的低效企业。随着人们收入的增加，人们对高质量的产品和服务会不断增加，传统生产低质量产品和服务的企业要跟上时代的脚步,实现产品和服务的升级换代。

为了实现调结构的目标必须进行相应的减税,同时还要减少企业的各种非税负成本,这些成本包括劳动力成本、土地成本、行政审批成本等。减税可以增强企业的活力,减少企业进行技术改造和产业升级换代的成本,历史实践证明减税可以明显促进技术进步并诱发技术革命的发生,美国的信息技术革命就是里根时代大规模减税的产物。对各类劳动收入的减税可以增加劳动者创新的积极性。劳动者本身对创新的推动作用不可小视,如果不能对他们形成比较强的创新激励,产业升级就会缺乏微观基础。相对于传统的需求管理刺激需求的政策,减税无疑可以惠及所有企业,传统的政府主导的投资和资金投放都是各种有资源的企业通过"跑部钱进"等方式获取了相应的经济资源,尤其是大型国有企业获得的经济资源最多,很多民营企业和中小企业在需求管理过程中被边缘化。但是减税对于各种企业一视同仁,不仅可以避免腐败,而且事实上可以扭转传统需求管理实施过程中的所有制歧视,更多的让非国有的企业得到好处。

事实上我国政府负债规模很小,有非常大的债务融资空间,由减税造成的财政赤字完全可以通过发行国债的方式进行弥补,同时政府也可以通过出售一些国有资产来获得收入作为减税后的收入补充,因此大规模减税是非常具有可行性的供给管理方式。与减税相对应的另一个供给管理措施就是削减政府开支,尤其是减少政府的生产建设性投资,可以发现很多无效供给的背后都有政府投资的影子,实践证明政府投资不能很好地反映出需求侧的真实需求,往往成为重复建设和无效投资,因此减少政府的这部分支出对于实现供需平衡非常重要。削减政府支出的另一个途径是缩小政府规模,里根时代美国政府进行了系统性的人事改革,白宫带头裁员20%,各级政府裁掉了部分冗员,缩小政府规模这一举动为大规模的减税提供了物质基础,使得永久性的减税变得可能。

4. 供给管理需要政策相互配套

具体政策上可以采取以下措施。

（1）对规模较小的营业收入较少的企业（如员工总数低于 50 人或营业收入低于 500 万）大规模减税，这样可以用这些企业吸收就业，为淘汰落后产能创造条件。

（2）帮助解决非公企业融资难的问题，拓宽非公企业的融资渠道，传统的资金投放机制存在比较明显的所有制歧视，很多非公企业无法获得资金融通，其供给能力受到抑制。而实践证明非公经济恰恰是中国经济中活力最强，最能对需求变化做出迅速反应的经济成分，解除对于这种经济成分的供给抑制是实现供给和需求相匹配的供给管理目标过程中最重要的环节。

（3）改革国有企业，通过和民营企业战略性重组、出售、破产等方式提升国有企业的活力，一方面引导国有企业退出一般性竞争领域，在这些领域给非公企业留出空间；另一方面对于需要国家控制的战略性行业的国有企业实施现代企业改造，降低国有股份持股比例，引入战略投资者，增强这些企业改善供给的能力。

（4）减少政府公权力直接参与财富分配情形，导致中国经济现在供给和需求失调现象的一个重要原因是各种政府权力直接参与财富分配，因为权利进行资源配置的效率远低于市场进行资源配置的效率，就直接或间接形成了大量的资源错配，解决这个问题的唯一办法就是减少政府公权力对经济资源配的干预，把市场配置资源的能力释放出来。

（5）推动政府转型，改变用 GDP 评价政府官员政绩的传统做法，只有消除地方政府官员盲目推动 GDP 增长的冲动，才能消除无效供给，推进供给转型。

（6）促进形成公平竞争的经济环境，首先要纠正长期存在的各种要素价格扭曲，让要素价格反映真实的要素成本，让价格机制发生优胜劣汰的作用；然后要完善知识产权保护和规范专利制度，让创新真正成为有利可图的事情,这样才能保护微观经济主体的创新积极性。

(7) 强化执法监管机制,坚决处罚严重污染环境和利用各种非法手段不正当竞争的企业,挤压这些劣质企业的生存空间,使之早日被淘汰出局。

(8) 消除行政垄断,把更多的行业向民营企业开放,进而创造出更多供给,弥补供给缺口。

(9) 建立更加灵活的汇率制度和利率制度,让汇价和利率真实反映供需的变化,调节资源在各个产业中的分配状况,鼓励企业通过进口引进新技术新工艺。

(10) 积极引进外资,因为外资带来的新技术和新商业模式往往成为国内企业的模仿对象,更开放的外资引进政策可以促进这种模仿的正效应,改善国内经济的供给能力。

(11) 增加政府的公共服务供给,弥补市场在公共服务供给提供上的不足,消除公共服务的供给缺口。

中国经济新常态下的大逻辑和新机遇

中国经济正处于经济增速换挡期、结构调整阵痛期、前期刺激政策消化期"三期叠加"的关键阶段，并进入速度变化、结构优化、动力转换的新常态。认识新常态、适应新常态、引领新常态，成为当前和今后一个时期中国经济发展的大逻辑。

一、新常态下经济增长从高高速增长转为中高速增长

就经济学而言，5%以上的经济增长速度属于高速增长。在我国，高速增长又细分为三个层次，其中，5%至6%为低高速增长，6%至8%为中高速增长，8%以上属于高高速增长。

改革开放以来，我国经济连续30多年保持高速增长，成就巨大，世人瞩目。随着人口结构变化、要素成本上升、资源环境压力加大，未来我国宏观经济持续保持高速增长缺乏有力支撑。

目前，我国经济总量基数已经很大，按照64万亿元计算，今后每增长一个百分点所代表的增量都不可小看。从拉动经济增长的出口、投资、消费"三驾马车"情况看，2015年我国经济增速预计在7%左右，并呈现出如下特点。

---

* 本文是我2015年9月8日在"清华MBA名师论道"上的讲话录音整理稿。

1. 出口放缓及发展方向

近年，全球经济发展放缓，国际市场需求增长乏力，加之国际贸易壁垒、区域政治关系变化，美国、欧盟、东盟等我国传统三大出口市场的增长均不容乐观。与此同时，我国培养竞争新优势，高水平引进来、大规模走出去正在同步发生。例如，中国高铁作为"引进、消化、吸收、超越"的代表，正在以强势的姿态走出国门、开辟市场。

为了稳定出口，我们需要做到如下几点：第一，加强与国际上的产能合作，不出口产品，但可以出口产能，这实际上是一种变相出口；第二，加大现代制造业产品出口，在现代制造业上我们仍然有性价比优势；第三，加快新的市场开发，例如可以开发中亚市场、南亚市场等新的市场；第四，推动"一带一路"，以此而拉动相关出口。

2. 投资稳定及投资重点

过去，投资是带动经济增长的"领头羊"，制造业、房地产、基础设施等三大领域的投资占了总投资的80%左右。从目前的经济情况看，传统制造业产能过剩、房地产增速放缓、基础设施投资保持稳定。中央不太可能出台新的强刺激政策。未来几年，我国的投资领域或将集中瞄准城市地下管网改造、城际高铁、"一带一路"建设等方面。

从我国目前的现实状况来看，我们可以加大这几个方面的投资：第一，战略性新兴产业投资；第二，服务业投资；第三，现代制造业投资；第四，基础设施投资。以上这些投资还有很大的空间。

3. 消费稳健及发展方向

受全球经济疲软影响，中国出口数据持续不振；国家基础设施的逐步完善和房地产市场进入调整期，令投资驱动的潜力下降。相比之下，消费正显现勃勃生机和稳健的态势。但是，家电、汽车、住房、青少年消费等传统主要消费领域也正在发生结构性变化，大规模增长不容乐观。

我国消费在这样几个方面还有空间：第一，信息消费；第二，教育消费；第三，医疗健康消费；第四，休闲度假消费；第五，文化娱乐消费。

二、新常态下经济结构的特点

1. 战略性新兴产业和服务业将成支柱产业

中国经济进入新常态，也进入了转型升级的关键时期，打造经济升级版，就要爬坡过坎。从粗放到集约，从低端到高端，结构调整的任务也更加艰巨。

过去，制造业和房地产是经济的支柱型产业。如今，两者分别面临产能过剩和投资放缓的问题，陷入发展困境。新常态下，传统制造业将逐步向高端制造业转型，房地产将通过市场调控转为一般产业。而以新能源、新材料等为代表的战略性新兴产业和服务业，将成为经济发展的支柱力量。

2. 房地产以市场调控逐步替代行政干预

未来三至五年，房地产的角色将完成从"支柱型"向"一般型"的转变。这个过程，市场手段调控将是下一步调控的主要手段。这也意味着，过去被行政性调控手段捆绑的房地产业，将重新走向以市场为主导的方向。

今后，政府涉及房地产的领域，主要是棚户区改造和保障房建设，其余均要交给市场调节。未来商业房地产的发展和房价也将主要由供求关系规律和房价收入比规律来决定。

从供求关系看，房地产交给市场管理后，凡供过于求的城市，房价一定进入下行通道；凡供不应求的城市，房价则会继续上升。通过供求关系作用，房地产发展将逐步调整到一个相对平衡的状态。而"房价收入比"是指住房价格与居民家庭年收入之比。在这种规律下，房价的高低并非由房子本身决定，而是由购房者的经济实力决定。通俗来讲，同样一座房子，对于低收入人群来说，价格难以承受，而相对富裕的群体并不认为房价过高。所以，部分核心区域房价会出现逆市上扬，有些地方则会连续下跌。

3. 传统制造业向现代制造业过渡

未来，传统制造业向现代制造业过渡，将瞄准飞机制造、高铁装备、现代船舶、核电装备、特高压输电装备等五大方向。

制造业转型升级蕴藏着重大发展机遇，地方要加快融入现代制造业分工和协作体系，争取在重大领域抢占更大份额的蛋糕，为实体经济发展注入新活力。

4. 战略性新兴产业是增长的重要引擎

当前，我国战略性新兴产业尚处于成长初期、发展潜力巨大，对经济社会全局和长远发展具有重大引领带动作用，是知识技术密集、物质资源消耗少、成长潜力大、综合效益好的产业。

战略性新兴产业具备两大特征：巨大的市场需求和重大技术的突破。今后一个时期，我国战略性新兴产业将着重瞄准新能源、新材料、生命科学与生物工程、信息技术、节能环保、新能源汽车、广义机器人、高端装备制造等八大领域。

战略性新兴产业的发展和勃兴离不开资本的支持。今后，民营银行、非银行金融机构准入门槛将逐步降低，地方政府要尽可能地利用基金、发债等渠道，吸引社会资本服务产业发展，支撑战略性新兴产业发展壮大。

三、新常态下经济体制遵从市场起决定性作用原则

新常态下，转方式、调结构的要求更为迫切，这就要求我们通过全面深化改革来补上政府职能转换不到位、市场体系不完善、企业改革不彻底等体制机制"短板"，通过简政放权、财税改革、国企改革等，释放改革红利，增强经济发展后劲。

市场在资源配置中起决定性作用，是新常态下的经济体制的主要特征。今后我国的改革将主要围绕三个领域进行。

1. 打破行业垄断，鼓励社会资本进入垄断领域

今后，我国将进一步放开垄断性行业的市场准入，在创新投资运营机制、推进投资主体多元化等方面出台更多创新措施。

2. 简政放权，充分发挥市场作用

政府要拿出"权力清单"，明确政府该做什么，做到"法无授权不可为"；给出"负面清单"，明确企业不该干什么，做到"法无禁止皆可为"；理出"责任清单"，明确政府怎么管市场，管不好怎么办，真正理清政府和市场的界限，简政放权，激发市场活力。

3. 深化金融改革，破解阻碍发展的融资难题

此项改革将涉及人民币贷款利率市场化、汇率市场化、人民币自由兑换、放宽民营银行准入、培育非银行金融机构、放宽海外资本市场融资渠道等领域。

四、新常态下增长方式以创新驱动战略为主

长期以来，我国的经济增长靠大量的要素投入来实现。2000年以前，劳动力要素起主导作用，大量农村劳动力涌入城市，靠低价劳动力驱动发展；2000年以后，土地要素成为驱动发展主要动力，土地变现支撑起经济的高速增长；2008年开始变为货币要素主导。

新常态下，低价劳动力时代已成为过去，土地要素驱动的房地产发展黄金时期也不复存在，政府投资缩紧导致货币要素驱动也不再现实。今后，唯有依靠创新驱动战略，才能保持现在的中高速增长。这种创新，主要表现在三个方面。

1. 产品与服务创新

在当前竞争大背景下，只有服务和产品创新才能赢得市场。比如，微博、微信等服务新产品，带动一批全新的巨大产业。再比如，华夏银行推出国外首笔取现免费的服务，迅速吸引了大量客户。

2. 商业模式创新

商业模式创新的关键是从供给导向型转向需求导向型。商业模式创新对企业而言尤为重要，马云的成功就很典型，他借助互联网这一媒介，把许多传统服务业进行整合，造就了淘宝的商业奇迹。香港曾经是"购物天堂"，但是有了互联网购物模式后，香港已经不再具有价格优势。在国内其他大城市轻点鼠标就能买到同样价格甚至更低价格的物品，这就是商业模式创新的力量。

3. 技术创新

新常态经济是创新驱动型的经济。美国之所以是世界"经济规则制

定者",核心就在于它的技术创新力量。在前不久举行的国家科学技术奖励大会上,多数的技术创新奖项来自企业。这说明企业正在成为创新的主体,企业也正从创新中寻求新的发展机遇。改革与创新相辅相成,缺一不可。未来,提升科技创新能力和应用转化能力,支持创新型企业发展,促进传统产业改造升级,将成为新常态下新的经济增长点和产业驱动力。

五、新常态需要人们调整自己的预期与战略

中国经济新常态所引发的中高速增长速度,必然引起三种经济现象:第一,投资回报率不会太高,7%到8%左右就不错了;第二,资金价格会回落,例如利率会降低;第三,资产价格会回落,例如股价与房价会回落。

上述这三种经济现象,要求人们理性调整自身的预期,不能再用高高速增长的思维来制定自身的战略,而是要以稳健作为目标,切不可盲目冒进,要有稳中求进的心态,以稳为主,在稳中求发展。

中国经济新常态下资本市场改革新思路：
关注资产定价的第三极

在关于"十三五"资本市场改革的讨论中，理论界对于注册制的构建、分红行为的规范、监管制度的完善倾注了最多的笔墨，其核心在于提升上市公司质量和规范上市公司及投资主体行为，其中，前者的逻辑立足点在于"股市是实体经济的晴雨表"这一传统假设，而后者的逻辑基础则是认为严格的行为约束和有效的监管体系方能稳定股票资产的贴现率和风险溢价。整体上看，上述两个方向的都有其理论和现实合理性，因为依据金融资产定价模型，实体回报率的提升，以股息率为基础的回报率比较、明确的风险溢价形成机制有利于理顺股票资产的定价机制，使其能够真正反映实体经济和利率环境的变化而不至于无规可循，完全由市场和行政力量的博弈所主导，甚至于最终沦落为简单的"圈钱"与"套现"工具。

但是，在资产定价的相关研究中，资本市场的改革还需要依赖于另外一种力量：即完善的市场结构和交易制度。法与金融学的相关研究提出：保护私人产权、契约和投资者权利可以促进资本市场发展，投资者保护会通过影响企业价值、融资成本、投资意愿等渠道来影响企业的投融资决策；而企业投融资行为本身会决定最终的资金配置和使用效率。微观的市场结构也会影响金融资产的定价过程及其结果。总体而言，微观的投资者保护机制、投资者结构的引导和规范、具体交易制度的配套

＊本文由王韧博士执笔完成。

与完善实际上构成了资产定价的第三极,也理应成为我们探讨未来中国资本市场改革之路的重要支点。

回顾历史,无论是A股市场根深蒂固的融资饥渴与股权融资偏好,抑或是普遍的破坏性融资行为(即与股东价值创造脱节的投融资行为),背后都可以看到投资者保护不足与投资者结构失衡的影子。而2015年的"股灾"则无疑是微观市场结构恶化和交易制度不完善潜在风险的总爆发。场外配资与杠杆工具的滥用、期现货市场结算的时间差、一刀切的止损与个股期权的缺失、行政化管制手段的泛滥乃至于趁机渔利行为的发生,都在呼唤投资者保护、市场结构与交易制度方面的更深层次变革。只有在提升上市公司质量、规范资本市场主体行为的同时,在资产定价的第三极,即投资者保护、市场结构和交易制度层面进行相应的配套性改革,才能够建立起真正强大的资本市场,进而完成"十三五"改革的目标。

一、完善投资者保护机制

投资者保护对于资本市场发展的重要性在20世纪90年代兴起的法与金融学研究中得到了前所未有的重视,其研究认为法律规则、法律执行等因素,以及法律制度的整体环境对于金融发展的路径和程度具有深刻影响,宏观层面,法律传统的差异会衍生出不同的金融发展程度;而在微观层面,保护私人产权、契约和投资者权利则可以促进金融市场发展。在具体的传导路径方面,该理论认为核心的支点在于投资者保护,因为在企业层面,它足以影响企业的投融资决策以及最终的资金配置和使用效率;而在投资者层面,它足以影响股权结构的设计、公司治理的安排、股权债权的分布乃至于资本市场的社会接受度。

在进一步的实证研究中,LLSV(1998)运用股东权利保护、债权人保护和执法效率这三类指标构成的体系测度了49个国家的投资者保护程度。Djankov（2003）则将其扩展到109个国家，发现中国的审判系统缺乏效率，也缺乏达到平均水平的律师资源。Allen等（2005）则直接将其测算的中国法律体系下的投资者保护水平与La Porta（1998）对49个国家的研究结果进行了比较分析，认为无论是在债权人权利保护还是股东权利保护方面，中国都乏善可陈，基本上位于国际横向比较中的"尾部"区域。中国资本市场的投资者保护不足在横向国别比较中并无疑议。

而从微观实践看，投资者保护不足也映射于A股市场制度构建和实际运行的方方面面。

第一，立法体系对于投资者保护的选择性忽视。

中国资本市场的发展源于国有企业的脱困需求，所以整个市场发展的架构设计体现出浓厚的企业本位色彩，即其功能目标主要定位于企业（尤其是国有企业）的投融资需求，而缺乏对投资者利益保护和财富增值的关切。由此造成的直接后果是：资本市场的实际运转往往更多依赖于《公司法》而非《证券法》，也由此带来种种乱象：比如在一级市场，投行的工作重点往往聚焦于适应监管要求的股权及业务调整或是上市审核的优先次序，而忽视了对不同类型股东的利益安排；而在二级市场，市场的关注焦点往往更多在于上市公司的资本运作以及由此带来的预期利润增长，而不是真正能够带来的股东价值增值。

这一制度性疏漏导致了中国上市公司独有的"破坏性成长"现象，即企业的融资行为与利润增长、利润增长与股东价值增值之间的明显背离。基于对A股上市公司2005~2010年的样本统计：利润增长同企业再融资比例的相关性仅为35.4%，也就是说上市公司再融资行为多数时候并不能带来利润增长；利润增长与股东权益增值的相关系数也仅为22.04%，也就是说即使上市公司的利润增速高未必带来股东回报的提升。这两个指标结合起来看就是国内上市公司的投融资行为普遍存在为融资而融资，为利润而利润的倾向，而这种破坏性成长现象（即不创造股东价值的成长）正是A股市场长期投资价值低下的基础，而其根源，正在于整个制度架构设计对于投资者保护的选择性忽视。

第二，执法体系对于投资者保护的天然性阻碍。

国内资本市场的投资者保护不足不仅体现于立法架构的设计层面，更体现于执法路径的安排上。国内证券司法体系的安排天然不利于中小投资者的利益保护。一方面，《最高人民法院关于审理证券市场因虚假陈述引发的民事赔偿案件的若干规定》中明确规定民事诉讼的管辖权归发行人或者上市公司所在地有管辖权的中级人民法院或被告所在地有管辖权的中级人民法院管辖，在司法体系并不独立的情况下，多数情况下这会提高中小投资者的诉讼成本。另一方面，因为长期计划经济的传统，中国的执法体系赋予了政府更大的权力和责任，而大陆法的架构使得法院的自由裁量权非常有限，由此不仅会拉长立法和释法的周期，也往往让证券案件的执法变成艰难的政治权衡。

在上述执法体系的约束下，中国资本市场对于中小投资者存在着天然性的保护不足，由此造成的后果是，中小股东因为自身权益受到侵害而获得法律保护的难度很高，对应的就是上市公司实际控制人因为侵犯中小投资者权益而受到处罚的违法成本很低，在这种情况下，实际控制人往往热衷于运用上市公司资源来满足自身利益，而较少忌讳到由此对中小股东造成的利益侵害，这实际上也是中国上市公司的财务舞弊和大股东侵占现象远高于欧美发达国家的重要根源。

总体而言，无论在立法还是执法层面，中国的投资者保护机制都存在着巨大的改善空间。立法层面，需要解决资本市场立法导向的错位问题，真正构建起股东导向型的法律体系；需要建立简单明确的、经济指向型的投资者保护规则与秩序，而不要因为掺杂社会治理或"维稳"目标而随时随地相机抉择。执法层面，需要强化资本市场执法的独立性，使其更加契合金融活动跨区域跨行业的特点，而不受地方利益保护的掣肘；可以引入"集体诉讼"和"辩方举证"等机制，有效降低中小投资者的诉讼成本，保证对企业或实际控制人行为的有效约束。建立有效、明确、规范的投资者保护机制，理应成为中国资本市场改革的重要方向。

二、改进上市与交易制度

交易制度的设计是资本市场正常运转的基础，也是资本市场运转效率的保证。但纵观目前的中国资本市场，无论决定市场准入的上市环节还是市场实际运行的交易环节，都存在着诸多问题，而这些问题，正是当前中国资本市场种种乱象的直接推手，并在2015年的股市剧烈波动中得到了淋漓尽致的表现。

第一，上市环节：准入门槛制造新的不平等竞争。

注册制和核准制的讨论由来已久，资本市场的注册制改革也获得了最多的关注。但从实践角度看，核准制转向注册制对资本市场发展和中国经济转型的特殊意义仍值得细细解读。

自中国股市创设以来，监管机构对于准入门槛和发行节奏的控制就基本成为惯例，但所谓"世易时移"，这种监管在不同阶段会产生不同的效用，而不能一以贯之简单评价。

在上世纪90年代和本世纪初，尽管存在着种种问题，但有效的上市环节监管和准入门槛仍有其现实意义。从微观角度看，资本市场处于发展的初期，严格的准入门槛和复杂的发审制度有助于保证上市公司的初期质量，进而打造资本市场扩张和发展的基石；而从宏观视角看，它有利于为当时的国有企业改革和脱困提供有效的支撑，服务于当时的改革开放。而从发展的眼光看，在资本市场建设的初期，相关法律制度和规则都很不健全，此时适当的行政引导和监管往往可以充当重要的替代机制。Glaeser, Johnson and Shleifer（2001）的研究就曾经发现，法律之外的行政监管可以在现实的金融市场中扮演重要的替代角色，比如在上世纪90年代，同样是发展资本市场，行政监管导向更强、更强调信息披露和金融机构约束的波兰获得了快速的股票市场发展；而基本上放任自流，简单依赖立法和执法的捷克则遭遇了股票市场的迅速萎缩。许成钢和Pistor（2003，2005）也认为，如果法律体系和投资者保护机制不完善，将执法权相机分配给监管者而非法庭才是最优选择，并在A股市场早期的配额制实践的研究中验证了这一观点。

但是，上述的理论和实践研究结论仅适用于资本市场构建的初期，更多只是"权宜之计"而非"长治久安"之策。过度依赖行政力量来推动资本市场的发展虽然有其阶段性的意义，但另一方面也容易引发行政权力的滥用和寻租问题，长期而言，行政色彩的审批制会更多导致的是资源配置的扭曲和浪费。甚至于导致资本市场整体价值观的错配。

这一方面的最典型例证来自于A股市场，相对于发达市场，A股最为典型的特征无疑是极强的博弈色彩及其对价值投资的忽视。而在其背后，行政审批的力量构成了重要推手。在严格的上市核准和审批流程之下，每个垃圾股都是实质上的隐含权证，因为只要经过了行政核准，则潜在的并购、重组和借壳潜力都会给其提供远超实际价值之上的价格，而且往往随风而动，由此垃圾股投资的吸引力往往会大幅高于所谓的蓝筹股投资，进而导致整个市场都会呈现出明显的"劣币驱逐良币"特征。这一点在统计数据上也可以得到证实：2010年至2015年，所有A股涨幅的中位数是69%，其中市盈率低于20倍的165只股票中位数涨幅仅为63%，而462只高于200倍PE及亏损股的中位数涨幅却达到99%。而在2015年，市盈率低于20倍的股票涨幅中位数仅为22%，市盈率200倍以上股票涨幅的中位数为56%，市盈率在50–75倍区间的股票涨幅中位数为65%。

从投资角度看，对于A股，期待乌鸡变凤凰远远比长期价值投资更为有效，这明显是行政审批制带来的后遗症。因为在欧美发达市场，宽松的注册制伴随着严格的退市制度，借壳并无空间；而在国内，严格的审批制伴随着闲置的退市制度，借壳才是捷径。

第二，交易环节：规则设计不配套形成技术漏洞。

回顾2015年给国内资本市场造成重大冲击和伤害的"股灾"，除却部分金融机构和个人的违法套利行为，也同时凸显出国内资本市场在交易规则设计上的制度性漏洞，比如期货和现货市场的交割期限错配、比如个股期权制度的缺失、比如对杠杆引导和规范的不足等。

总结 2015 年的"股灾"，高杠杆制造估值泡沫，进而在特定情况下触发市场暴跌的逻辑路径非常清晰。在场内"两融"规模不断创出历史新高，场外配资不断涌入的驱动下，市场估值非理性攀升，虽然平均市盈率看似处于合理水平，但这实际上具有很高的欺骗性，因为 A 股的市值分布很不均衡，银行等大盘权重股的低估值往往会大幅拉低市场平均的估值水平。而按中位数看，当时 A 股的市盈率已达到 99 倍，其中主板的市盈率中位数为 85 倍，中小板 96 倍，创业板 121 倍，扣除非经常性损益后主板市盈率中位数也达到 143 倍，这种高估值水平在经济转型的短期困境下肯定是无法长期持续的。

脆弱的基本面，畸高的估值水平，一有风吹草动，股市调整不可避免，需要重点关注的则是股市调整的方式和路径，股灾式的暴跌无疑体现出了当前交易制度和规则设计的漏洞。

首先是股指期货，这一点被诟病最多。但问题的关键症结不在于股指期货本身，因为从国际经验看股指期货是可以分散现货市场风险的，长期来看也确实具有一定的价值发现作用。国内市场的股指期货之所以演变成一种盈利模式，甚至于做空市场的工具，其根源还是来自于其相对于现货市场的交割期限错配，以此由此带来的先天优势。目前国内股票现货市场的交割采取的是"T+1"模式，而股指期货市场的交割则采取了"T+0"模式，叠加股指期货的杠杆，该种交易规则的设定意味着做空相对于做多会具有先天性的优势，因为股指期货的收益可以日内回转，如果在现货市场大量抛出股票现货打压股价，同时事先开设股指期货的空单，则可以当日了结部分股指期货的收益，并在跌停板买回前期抛出的股票现货，第二日继续在现货市场形成抛压，这种期货做空、现货抛空的盈利模式可以循环往复，一本万利，在高估值的市场中形成巨大的短期破坏力，这也正是调整以股灾形式呈现的重要根源。

其次是个股期权制度的缺失。无论是场内两融和场外配资，本质上都会放大股票市场的杠杆，杠杆力量必然会放大市场涨跌的速度和力度，在有效引导和规范杠杆力量之前，理论上需要有可对冲去杠杆压力的交易制度提前配套。个股期权制度是一种潜在选择。在大量的产品或杠杆资金存在止损线设定的条件下，如果缺乏远期交割制度的配合，市场的短期快速下跌很容易引发资金的被迫清盘止损，不计成本的抛售会放大市场的恐慌情绪，进而带来火烧连营式的流动性危机。"股灾"的实际演进正是这一问题的极好例证，杠杆资金的清盘止损导致现货市场的抛售压力，带动大量新发行产品的净值下跌和止损清盘，演变成全面的流动性危机，最终只能在政府的主动救市和提供流动性的努力下才得以缓解和消除。

再次是涨跌停板制度。涨跌停板制度的产生有其历史必要性，其本意在于减少市场波动，并抑制短期投机，但现实中也会产生一些负面问题，比如涨停或跌停带来的羊群心理，比如对不同属性股票的同质化限定带来的不公平竞争（同样的涨跌停幅度对于本身波动较小的蓝筹股不利，而对本身波动较大的垃圾股有利），在互联网和大数据技术不断进步，监管能力不断提升的情况下，这一制度有进行改善的现实必要性。

除此之外，上市公司停牌和场外资金入市的监管制度也值得进一步完善。

总体而言，国内资本市场的制度规则存在巨大的弥补和改进空间。上市环节，用更加市场化的注册制逐步取代行政化的审批制是当务之急，改革现有的发行即限价、又限量还控制节奏的"保姆式"思维，强化信息披露和事后处罚，逐步打破市场准入限制带来的不平等竞争，将是引导国内资本市场走向规范发展之路的重要根基。而在交易环节，则需要在期货和现货市场的交割配套、杠杆规范和远期交割的相互配套，上市公司的涨跌停板制度和停牌制度等方面进行更多的努力，提升交易制度和规则的内在契合度，以构建市场平稳运行的基础。

三、优化微观市场结构

微观的市场结构会影响金融资产的定价过程及其结果是现代金融学的重要结论（奥哈拉，2002）。而国内证券市场之所以呈现出和欧美发达国家乃至于香港地区股市不同的运行特征和规律，其中正是受到了微观市场结构差异的深刻影响。

与美国股市相比，根据统计，美国三大证券交易所个体散户日均成交量仅占总体成交量的11%，其中超过一万股的大单中90%是在机构与机构投资者之间进行，而国内超过80%的交易量由个人投资者贡献，机构投资者的交易量占比不到20%。总体看，美股基本是一个机构投资者主导的市场，而A股基本是一个个人投资者主导的市场。

与上市公司大同小异的香港地区股市相比较，香港机构投资者的交易量占比达到61%，其中41%为海外机构，大部分来自海外成熟市场。对应港股日均成交额明显低于A股，2014年年初以来，上证380，上证180，恒生大型，恒生中型日均成交规模分别为275.37亿、384.81亿、274.83亿、100.15亿。内地市场换手率远远高于香港市场，特别是中小板和创业板换手率明显偏高，而且波动率也明显偏大，这明显也是微观市场结构差异所带来。

本质上看，机构投资者和个人投资者主导的市场在运行特征和投资偏好上会存在显著差异。机构投资者一般具有严格的标准和内部风控，且进出的冲击成本较高，因此表现相对理性，更加偏好于那些低估值、高股息、稳定增长的价值类股票。而个人投资者则更易受个体习惯、信息局限和市场情绪等因素影响，因此表现较为感性，加之进出相对灵活，由此更加偏好于博取短期价差。由此我们就可以充分解释上述数据的逻辑根源：在美国和香港地区市场，因为机构投资者占主导，所以更加偏好价值投资，中小盘成长股的估值溢价较低，而市场的换手率也相对偏低；另外，由于机构投资者的市场议价能力更强，因此上市公司的分红水平相对较高，回购行为也较为普遍。而在 A 股市场，因为个人投资者占主导，所以市场的交易性色彩更加浓厚，多数参与者的焦点都在于博取短期差价，对分红和回购并不关注，而在投资者保护机制相对缺失的情况下，上市公司也乐于迎合这种需求，通过行政审批制下的并购重组等行为来制造噱头，创造股价的波动，并在这一过程中满足自身的融资需求。

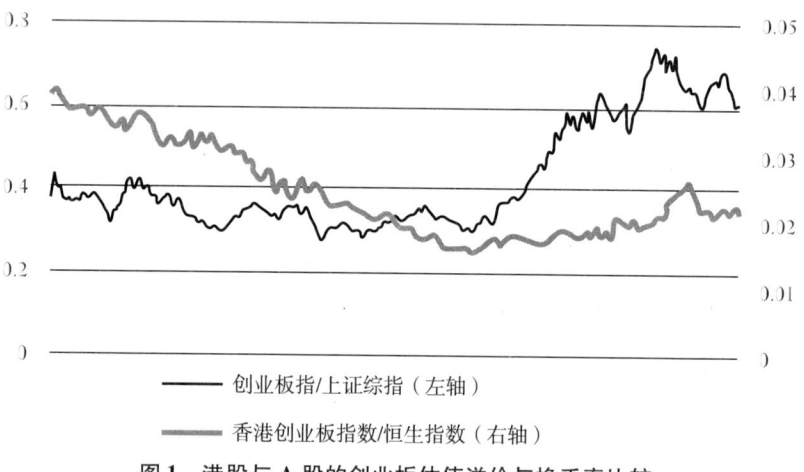

图 1　港股与 A 股的创业板估值溢价与换手率比较

总体而言，基于微观市场结构理论，机构投资者的发展壮大对于国内资本市场的规范发展具有非常重要的现实意义。在美国，单是共同基金的资产总量即已高达 7 万亿美元，大约有 50% 的家庭投资于基金，而基金资产占所有家庭资产的 40% 左右。而在中国，包括银行、券商、基金、保险、信托、第三方理财等在内的机构投资者在于资本市场的定位都并不清晰，相互之间的协同也相对较弱。另外，社会舆论对于规范化投资的引导、法律法规对于权利义务关系的明确、个人投资者对于机构投资者的信任都需要时间去建设和规范。根本上讲，只有将资本市场逐步从个人投资者主导改造为机构投资者主导，我们才能够真正迎来中国股市发展的长治久安之道。

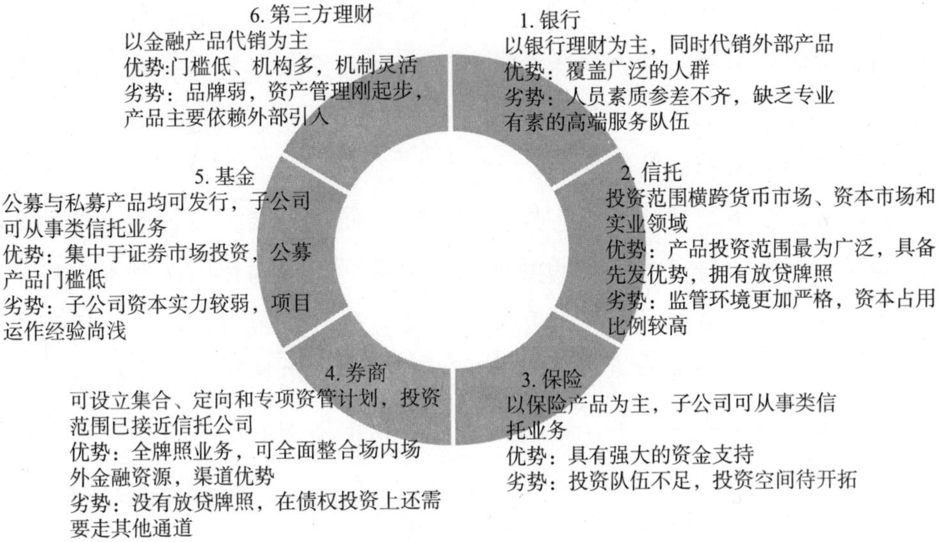

6. 第三方理财
以金融产品代销为主
优势: 门槛低、机构多, 机制灵活
劣势: 品牌弱, 资产管理刚起步, 产品主要依赖外部引人

1. 银行
以银行理财为主, 同时代销外部产品
优势: 覆盖广泛的人群
劣势: 人员素质参差不齐, 缺乏专业有素的高端服务队伍

5. 基金
公募与私募产品均可发行, 子公司可从事类信托业务
优势: 集中于证券市场投资, 公募产品门槛低
劣势: 子公司资本实力较弱, 项目运作经验尚浅

2. 信托
投资范围横跨货币市场、资本市场和实业领域
优势: 产品投资范围最为广泛, 具备先发优势, 拥有放贷牌照
劣势: 监管环境更加严格, 资本占用比例较高

4. 券商
可设立集合、定向和专项资管计划, 投资范围已接近信托公司
优势: 全牌照业务, 可全面整合场内场外金融资源, 渠道优势
劣势: 没有放贷牌照, 在债权投资上还需要走其他通道

3. 保险
以保险产品为主, 子公司可从事类信托业务
优势: 具有强大的资金支持
劣势: 投资队伍不足, 投资空间待开拓

图 2　资本市场机构投资者的构成谱系

四、结论与建议

本文针对"十三五"规划对于资本市场改革的讨论，在传统的提高上市公司质量、规范上市公司和投资主体行为之外，基于国内外最新的理论研究成果以及国内资本市场运行的实践经验，围绕着投资者保护机制的建立、上市和交易制度的完善、微观市场结构的优化等未被理论界足够重视，但在资产定价过程中举足轻重的"第三极"力量，进行了深入的理论分析，并提出了一系列具体的政策建议。包括：

第一，完善面向投资者保护的证券立法和执法体系，有效约束国内上市公司普遍存在的"破坏性成长"行为，进而奠定国内资本市场规范健康发展的制度基石。

第二，在上市环节打破资本市场的准入门槛，以市场化的注册制逐步替代行政化的审批制，防止市场层面的不平等竞争，实体层面的制度套利和寻租，以及投资层面的行为模式扭曲。

第三，在交易环节填补现有制度和规则的技术性漏洞，包括保证股票期货和现货市场的交割期限匹配，强化加杠杆制度和远期交割制度的契合，推进涨跌停板和停牌制度的规范等，构建保证市场平稳运行并防范潜在金融风险的制度防火墙。

第四，逐步发展壮大机构投资者队伍，强化不同类型金融机构的融合互补，优化中国资本市场的微观市场结构，逐步构建中国资本市场发展的长治久安之道。只有在提升上市公司质量、规范资本市场主体行为的同时，在资产定价的第三极，即投资者保护、市场结构和交易制度层面进行相应的配套性改革，才能够建立起真正强大的资本市场，进而完成"十三五"改革的目标。

参考文献

[1] La Porta R., Lopez – de – Silanes F., Shleifer A., Vishny R. Legal determinants of external finance. Journal of Finance, 1997

[2] 奥拉哈. 市场的微观结构理论. 北京：中国人民大学出版社，2007

[3] 张维迎. 从资本结构看国有企业重组，企业理论与中国企业改革，北京：北京大学出版社，1999

[4] 黄少安，张岗. 中国上市公司股权融资偏好分析. 经济研究，2001（11）

[5] 王韧. 投资者保护与破坏性成长：高货币和高利率并存的解释. 当代经济科学，2015（6）

[6] Djankov S., La Porta R., Lopez – de – Silanes F., Shleifer A. Courts. Quarte0ly Journal of Emnomics, 2003, (118), pp. 453 – 517

[7] Allen F., Qian J., Qian M. J. Law, finance, and economic growth in china. Journal of Financial Economics, 2005, (77), pp. 57 – 116

[8] 张建伟. 法律、投资者保护与金融发展——兼论中国证券法变革. 当代法学，2005（9）

[9] 王克敏，陈井勇. 股权结构、投资者保护与公司绩效. 管理世界，2004（7）

[10] Kaoto T., Long. CEO Turnover, Firm Performance and Corporate Governance in Chinese

Listed Firms. SSRN Working paper, 2005

[11] 肖作平, 廖理. 大股东、债权人保护和公司债务期限结构选择——来自中国上市公司的经验证据. 管理世界, 2007 (10)

[12] Modigliani F., Miller. The cost of capital, corporation finance, and the theory of investment. American Economic Review, 1958, (48), pp. 261 – 297

[13] Jensen M., Meckling. Theory of the film: Managerialbehavior, agencycost, and ownership structure. Journal of Financial Economics, 1976, (3), pp. 305 – 360

[14] Myers. Determinants of corporate borrowing. Journal of Financial Economics, 1977, (5), pp. 147 – 175

[15] Rajan R., Zingales. What do we know about optimal capital structure? some evidence from international data. Journal of Finance, 1995, (50), pp. 1421 – 1460

[16] Demirguc – Kunt A., Maksimovic V. Institutions, financial markets and firm debt maturity. Journal of Financial Economics, 1999, (54), pp. 295 – 336

[17] Fan P. H., Titman S., Twite J. An international comparison of capital structure and debt maturity choices. ISSN Working paper, 2003

[18] Inderst R., Muller H. M. Ownership concentration, monitoring and the agency cost of debt. University of MannheimWorking paper, 1999

[19] 江伟, 沈艺峰. 大股东控制、资产替代和债权人保护. 财经研究, 2005 (12)

[20] 童盼, 陆正飞. 负债融资、负债来源与企业投资行为——来自中国上市公司的经验证据. 经济研究, 2005 (5)

[21] 沈艺峰, 许年行, 杨熠. 我国中小投资者法律保护历史实践的实证检验. 经济研究, 2004 (9)

[22] 韩亮亮, 徐业坤. 投资者法律保护与公司价值——基于法律、所有权与投资者预期的实证分析. 管理评论, 2010 (7)

[23] 张宗新. 融资制度：一个国际比较的分析框架. 世界经济, 2001 (9)

[24] 肖珉. 法的建立、法的实施与权益资本成本. 中国工业经济, 2008 (3)

[25] 肖松. 中小投资者法律保护与公司价值——来自中国上市公司的经验研究. 经济科学, 2010 (2)

[26] Jensen M. C. Agency costs of free cashflow: corporate finance and takeovers. American Economic Review, 1986, (76), pp. 323 – 329

[27] Fazzari S. M., Hubbard R. G., Petersen B. C. Financing constraints on corporate invest-

ment. NBER Working paper, 1988

[28] 李斌, 江伟. 金融发展、融资约束与企业成长. 南开经济研究, 2006 (3)

[29] 黎来芳, 程雨, 张伟华. 投资者保护能否抑制企业过度投资? 基于融投资关系的研究. 中国软科学, 2012 (1)

[30] Jeffrey, Wurgler. Financial marketand the allocation of capital. Journal of Financial Economics, 2000, (58), pp. 305 – 360

[31] Shleifer A., Wolfenzon D. Investor protection andequity markets. Journal of Financial Economics, 2002, (66), pp. 3 – 27

[32] McleanR. D., Zhang T., Zhao M. Why does the law matter? investor protection and its effects on investment, Finance, and growth, Journal of Finance, 2012, (67), pp. 313 – 350

[33] Klapper L. F., Love I. Corporate governance, investor protection, performance in emerging market. Journal of Corporate Finance, 2004, 10 (5), pp. 703 – 728

[34] 于文超, 何勤英. 投资者保护、政治联系与资本配置效率. 金融研究, 2013 (5)

中国经济新常态下经济体制
改革的核心：市场决定论

我们在本书导论中提出，中国经济新常态的重要内容是经济体制改革。大家知道，经济体制改革是全面深化改革的主轴，其核心问题是处理好政府和市场的关系。当前中国已进入经济体制改革的第三阶段，主要特征是用市场在资源配置中起决定性作用这个总体原则改革整个经济体制。这要求按照"市场决定论"完善基本经济制度，改革政府体制、金融体制和财税体制，推进城乡一体化，改革对外开放体系。只有正确认识改革的新阶段，才能切实将思想统一到党的十八届三中全会精神上来。

一、经济体制改革已进入新阶段

中国的经济体制改革始终遵循着一条主线，就是通过不断变革政府体制，持续扩大市场在资源配置中的作用。但在不同的历史时期，改革又存在其自身特点，理论上对市场作用认识的深度、实践中市场发挥作用的范围与方式均有差异。因此，改革是分为不同阶段的。我们认为，中国经济体制改革可以划分为三个历史阶段，当前已进入改革的第三个阶段。正确认识这一点，才能切实将思想统一到党的十八届三中全会精

＊本文由施成杰执笔完成。

神上来。

1. 经济体制改革的第一阶段：1978～1989年

第一阶段改革的主要特征是，通过允许市场在计划经济的主体地位之下发挥补充性作用来推进改革。这一时期，我们从理论上回答了是否允许使用市场配置资源的问题，简单说就是要不要发展市场的问题，并最终承认了市场的必要性。在新中国成立到十一届三中全会之前，我们始终将市场当作洪水猛兽，始终想要彻底取消市场，实行纯粹的计划经济。十一届三中全会之后，我们认识到市场是不可或缺的，开始承认市场的作用。党的十二大提出"计划经济为主、市场调节为辅"。党的十三大提出"发展有计划的商品经济"，"国家调节市场，市场引导企业"。从不断削弱并最终取缔市场，到承认市场的必要性，并允许市场调节，这是一个根本性的转变。但当时我们对市场作用的承认仍然是有限度的，仍将计划经济作为资源配置的主要手段，只允许市场发挥补充作用和协助作用。

2. 经济体制改革的第二阶段：1992～2013年

第二阶段改革的主要特征是，通过发挥市场在资源配置中的基础性作用，逐步建立起社会主义市场经济体制。这一时期，我们从理论上回答了在多大范围内使用市场调节资源配置的问题，简单说就是怎么样发展市场的问题，并最终承认了市场的基础性地位。邓小平同志南巡讲话破除了"社资观"对市场的束缚后，我们开始承认市场经济，并不断深化对市场作用的认识。党的十四大提出"要使市场在社会主义国家宏观调控下对资源配置起基础性作用"。党的十五大提出"使市场在国家宏观调控下对资源配置起基础性作用"。党的十六大提出"在更大程度上发挥市场在资源配置中的基础性作用"。党的十七大提出"从制度上更好发挥市场在资源配置中的基础性作用"。党的十八大提出"更大程度更广范围发挥市场在资源配置中的基础性作用"。

经过多年的努力，我们确实普遍并深入地建立起市场经济体制，使市场取代计划成为配置资源的基础，但对市场作用的承认仍然不完全，而是有所保留的，其结果是形成了政府主导型经济体制。在这一体制条件下，政府控制了五大社会资源，市场的基础性作用只能在政府的主导之下发挥。具体而言，政府控制货币资源，央行及商业银行受到政府的影响非常大；各类自然资源的价格受到管制；控制能源、原材料等大量物质资源；控制民航、铁路等物流资源；控制电讯、邮政等信息资源。政府主导型经济体制必然产生两大弊端：一是生产低效率与产能过剩。由于资源不是在平等的自由竞争中分配到最有效率、最有需求的企业与部门，而政府又要求高速发展，其结果必然导致经济过于依赖公债与银行贷款，造成地方债务问题与银行大量呆坏账，从而埋下系统性风险隐患。二是贪腐问题严重。政府过度介入市场交易，尤其政府本身的市场化运作，必然导致寻租问题，引起公众不满，积累社会风险。总之，政府主导型经济体制是难以持续的。

3. 经济体制改革的第三阶段：由十八届三中全会开启

第三阶段改革的主要特征是，用市场在资源配置中起决定性作用这个总体原则，全面完善社会主义市场经济体制，或者说是按照"市场决定论"改革整个经济体制。改革的新时期，我们从理论上回答了政府与市场在资源配置中的地位问题，简单说就是发展什么样的市场的问题，并最终承认了市场的决定性作用。十八届三中全会通过的《中共中央关于全面深化改革若干重大问题的决定》（下文简称《决定》）指出，"市场决定资源配置是市场经济的一般规律，健全社会主义市场经济体制必须遵循这条规律。"习近平同志在对《决定》的说明中进一步指出，"理论和实践都证明，市场配置资源是最有效率的形式"，"市场经济本质上就是市场决定资源配置的经济。"要形成真正的市场经济体制，建立市场起决定性作用的经济发展方式，就必须将"市场决定论"作为改革的基本纲领，以此来全方位地统领经济体制改革的全过程。而要做到这一点，需要正确认识"市场决定论"的深刻内涵。

"市场决定论"的第一个维度是市场为体、政府为用。这意味着改革对象的变化。"体"指本体、本质，"用"为运用、工具。政府与市场的关系是每一阶段经济体制改革的核心。但在改革的新阶段，这一关系的调整不再只是职能边界的变化，而是"体""用"关系的根本转换。在十一届三中全会之前，我们是以政府为体、计划为用，政府完全通过计划资源配置。在改革的第一阶段，在"用"的层次上转变为以计划为主、市场为辅。在改革的第二阶段，进一步在"用"的层次上转变为以市场为基础。可以说，这两个时期始终是以政府为体、市场为用，政府承担着经济增长的最终责任，市场只是政府促进增长的一个工具，甚至政府本身发生市场化变异，异化为市场主体。而在新的阶段，我们将改革从"用"的层次进一步推进到"体"的本质。变市场为体，由其决定资源配置；变政府为用，成为市场自我完善、自我调节、自我补充，从而更好实现市场配置资源决定性作用的工具。

"市场决定论"的第二个维度是市场决定所有制的实现形式。这意味着改革条件的变化。一直以来，我们始终强调在既定的所有制结构下发挥市场的作用，因此，维系特定的所有制结构就必须向特定经济成分倾斜，干预、束缚甚至扭曲市场。这样一种认知与实践，出自将市场与公平相对立的观念，认为只有将资源主体配置给公有制经济才能实现共同富裕。但实际上，市场作用的实质是通过自由竞争将资源配置到最有效率的地方，无涉于产权归属。市场平等是社会主义市场经济统一公平与效率的前提。民营经济与共同富裕并不相悖，两者统一于包含权利、机会、规则公平的社会公平保障体系。市场起决定性作用就是要求市场超越不同经济成分，以有效配置资源，形成包含各种经济成分与投资主体的混合经济，从而由市场决定所有制的实现形式。在这一条件下，各种经济成分优势互补、共同发展、相互融合；各种生产要素的积极性得到激发，最大限度创造出社会财富；公众也能获得财产性收入，实现中产阶层的主体地位，保证社会的进步与和谐。

"市场决定论"的第三个维度是通过赋权个体、约束公权推动改革。这意味着改革方式的变化。地方政府长期是中国改革的重要推动力。财政分权与晋升竞争激励地方政府的制度创新，却也赋予其巨大的自由裁量权。同时，为降低改革风险，改革通常由地方政府先试先行，中央政府事后追认，不可避免地减弱中央权威对地方权力中心的约束；为缓解改革阻力，地方政府推动的改革通常是先绕过现存法律框架，再变革法律本身，不可避免地弱化法律对政府行为的制约；为提升改革效率，地方政府既是制度的制定者，又是制度的执行者，既掌握行政资源做裁判，又掌握经济资源进入市场做球员，不可避免地形成巨大的寻租空间。随着利益格局的固化，寻租收益超过改革收益，原有推动者的改革意愿就很可能减弱，甚至成为改革阻力。因此，进一步推动改革必须打破既得利益集团的阻滞，而加强政府效率、自上而下整肃只能治标。在改革的新阶段，关键是按照"市场决定论"转变改革方式，将私权交还个人，由公众约束公权。通过下放政府权力、透明政府行为、增强政府约束，将改革的推动者从政府转变为市场中的个体。这样既能使经济充满活力，又能使经济反映公平公正的原则，形成充满活力、公正有序的经济体制。

二、新阶段经济体制改革的主要对策

1. 按照"市场决定论"完善基本经济制度

根据"市场决定论"，必须以放活民营经济与社会资本为核心，推进与基本经济制度相关领域的变革。

第一，彻底平等公有制经济与非公有制经济的地位。两者的彻底平等性在于，公有制经济与非公有制经济都是社会主义市场经济的重要组成部分，公有制经济与非公有制经济都是中国经济发展的重要基础。这里的彻底平等包含五个方面，即政治、法律、资源配置、投资经营、竞争环境的平等。现在公有制经济与非公有制经济在这五个方面受到差别待遇，导致有的非公有制经济只有通过行贿，才能获取一些项目，结果犯了行贿罪；有的非公有制经济为了获取资金而不得不搞集资，结果稍有不慎就会犯非法集资罪，等等。当然，犯罪者有其自身的问题，但也确有体制不平等方面的原因。因此，需要通过两大举措，实现这五个方面的平等：一是思想观念的调整。如，不能笼统地认为私有制是"万恶之源"，不能将非公有制经济完全看成是剥削性质的，不能将为富不仁当作普遍规律。二是修改和完善法律体系，从《宪法》《民法》《刑法》等各个方面，彻底取消歧视甚至打击非公有制经济的所有条文，确保各种所有制经济享有平等的法律地位。

第二，同等保护公有制经济与非公有制经济的产权。公有制经济财产权不可侵犯，非公有制经济财产权同样不可侵犯。从我国实践看，虽然企业与企业之间、个人与个人之间、企业与个人之间，也存在相互侵犯产权的问题，但我国侵犯产权的主要问题来自于公共权力体系对企业及个人产权的侵犯。如，目前城市拆迁与农村征地相关问题突出，其中便有公共权力部门侵犯产权的问题。公共权力体系包括行政权力体系和司法权力体系。规范公共权力体系应从以下三点入手：一是没有司法权力的行政机构不得查封企业及个人财产。因为财产权属于司法权范畴，没有司法权的行政机构无此权力。二是司法机构也不能随便查封企业与个人财产，而是应以立案为依据，从而有效抑制司法权越权，降低司法机构侵权的危害性。三是实行司法与行政权力的分离与独立，保证独立审判，以此阻止地方政府"越法"保护区域性产权。

第三，发展混合经济。在市场决定资源配置的条件下，市场遵循的是资源最佳配置原则，因而会打破不同国度、区域、行政、部门、经济成分的限制，形成以效率为导向、冲破各种障碍的混合经济。混合经济是各种经济成分的融合，应鼓励国有资本控股的混合经济，同样鼓励非公经济控股的混合经济。混合经济的优越性在于：各种经济成分有良好的互补性，并可通过相互竞争，实现共同发展、共同提高，创造和获取协同"红利"。混合经济的作用主要有两个方面：一是混合经济是现代企业制度的基础。没有混合经济，就不可能建立良好的现代企业制度。二是混合经济是人民共同富裕的平台。没有混合经济，公众很难获得应有的财产性收入。

第四，改革国有企业。在市场决定资源配置的条件下，国有企业只能作为市场调节资源的补充而存在，并且其本身必须被市场化，反映市场规律的要求。从这一点出发，国有企业改革有五个要点：一是国有企业主要以投资公司的形态存在，不再是具体的生产经营公司。二是国有资本的投资重点是公益性事业，应从一般竞争性行业退出。三是国有企业表现为混合经济形式，基本不再是独资公司。四是全体民众共同享有国有资本的红利，具体而言就是要逐步提高资本收益的上缴比例，并划拨部分国有股权到社会保障账户。五是经营国有资本的高管选择，应交由市场决定，并且国有企业体制在整体上也要走向市场化，不再采用行政性的权力等级制。

2. 按照"市场决定论"改革政府体制

在市场发挥资源配置决定性作用的条件下，政府不再主导经济，因而需要改变政府权力过大、过重的现状，而改革政府体制的主要路径就是简政放权，共包括三个方面：一是向社会放权。应成立慈善类、科技类、商企类、社区类等民间组织。向民间组织放权就是向社会放权。许多社会活动交由民间组织来完成，这比政府承担更具效率、更能节约资源、更显公平公正，政府应尽可能退出。二是向市场放权。向市场放权的原则是，凡是市场能自行解决的，都交给市场来调节。如资格认证、企业评选、名牌评定、企业上市等都应由市场决定，市场在这些方面比政府更有效率，也比政府更加公平，政府不宜介入。三是向企业放权。向企业放权包含五个要点。第一，政府不再是资源配置的主体。政府涉及的资源配置，要在方式上走向市场化，即采取拍卖、招标、采购的方式。这对反腐工作极具意义。第二，政府不再是推动经济建设的中心。推动经济建设的中心应是企业，而政府是社会公共管理的主体，其职责是稳定宏观经济、提供公共服务、保障民生、维护竞争的公平公正秩序。第三，政府不再实行审批制，而是走向备案制。政府只负责公布准入条件与负面清单，是否进入的选择权交给企业，政府则重在监督。第四，政府将企业体制选择权与投资经营权彻底交给企业。如，工商登记要从资本金实缴制转向认缴制、由年审制转向年报制等；投资经营权交还企业，防止政府过度干预反而出现问题。过去由于政府过多干预钢铁、水泥、光伏等产业，结果导致产能严重过剩，而其他干预较少的机电、纺织等产业，其产能过剩压力较小。第五，政府与企业成为建立在法律基础上的两大社会组织。企业依法经营，政府依法管理，政企之间没有上下级的领导关系，而是一种"博弈"关系。企业可以依法诉讼政府，政府可以依法诉讼企业。

3. 按照"市场决定论"改革金融体制

金融体制本就是市场配置资源的载体，但我们过去将它行政化、垄断化，使其载体作用没能很好地发挥。在市场发挥资源配置决定性作用的条件下，金融需回归商务服务，服务实体经济。金融体制改革主要包括六点。一是利率市场化。利率是资金的价格，本应由市场决定，所以应彻底取消对利率波动的限制。二是汇率市场化。汇率是外汇的价格，应由外汇的供求关系决定，而非由政府决定。三是资本项目下的人民币自由兑换。货币自由兑换是市场配置资源的应有之意。四是支持中小型民营银行的发起建立。这是金融体制回归市场的应有之意，也是金融体制反行政化、反垄断化的重要举措。五是发展多层次的资本市场，企业上市由审核制走向注册制。目前资本市场的各种弊端，均来自于审核制。只有在注册制条件下，资本市场才能真正实现投资者说了算，形成有效而且公平的资本市场。六是实现中央银行的独立。由于《决定》没有强调此点，所以当前更需讨论央行独立性的意义及方向。

4. 按照"市场决定论"改革财税体制

财税体制既反映国家治理的能力与方式，也影响公众成为中等阶层的难易与路径。在市场发挥资源配置决定性作用的条件下，财税体制也必须相应改革。

税收制度改革是财税体制改革的第一个方面。税制改革强调六个要点。一是提高直接税比例，降低间接税比例，将高污染、高消耗、部分高档消费品纳入消费税征收范围。直接税是收入性税收，即有收入才需缴税，包括企业所得税和个人所得税等。间接税是行为税，即行为发生则缴税，包括增值税和消费税等。提高直接税比例对企业及个人均为利好。二是实行综合所得税与专项所得税相结合的所得税制度。这种税制既有利于税源的稳定，又有利于调动人们储蓄与投资的积极性。三是稳定税赋。这对于调动企业及个人的生产积极性十分有利。四是税收与经济增长不能直接挂钩。税收应与事权挂钩，不能因为经济增长而多收税，这不利于调动企业与个人的生产积极性，而会导致"鞭打快牛"和不公平。五是重新确定个税起征点，扣除赡养费、抚养费与保障最基本生活条件的费用。这对经济发展与社会稳定均有意义。六是适时推进房地产税立法改革，并选择好改革方向与税率。其改革的原则是不能普遍增加公众的税收负担。

预算制度改革是财税体制改革的另一个方面。预算制度改革包含三个要点。一是建立全面、公开、透明的预算体制。这是解决预算外财政问题和消除腐败的关键。二是建立事权与财权相匹配的预算体制。这是消除地方政府"乱象"的基础。当前，一些地方政府盲目卖地、搞所谓的临时工体制、经常以罚代管，部分原因是事权与财权不对称，事权大而财权太小的缘故。三是预算平衡要强化对财政支出的约束。这是消除收"过头税"的体制基础。一些地方政府收"过头税"的原因就是因为预算不平衡。当出现赤字时，地方政府行为就会向收税倾斜，通过增加收入来实现预算平衡。为了解决这些问题，就必须加强对财政支出项目的治理和整顿，逐步减少乃至取消非公共性的支出项目，严格控制并逐步压缩行政经费支出规模。

5. 按照"市场决定论"推进城乡一体化

在市场发挥资源配置决定性作用的条件下，市场必然会冲破城乡分割，要求城乡一体化。城乡一体化是民生制度、土地制度、户籍制度一体化的三位一体。

首先，城乡一体化包含民生制度一体化。当前，城乡民生制度二元化所引发的问题非常严重，农民工、留守儿童、农民工子女入学难等现象均源于此，尤其是农民工和留守儿童问题已严重影响社会稳定与经济发展。当然，城乡民生制度一体化需要足够财力的支持。对此，可先建立常住人口的民生制度，解决2.6亿农民工的相关问题，然后逐步全面推进城乡民生制度一体化，消除城乡在民生体系方面的对立。

其次，城乡一体化包含土地制度一体化。土地制度一体化的核心是城市国有土地与农村集体所有制土地的同权同利，让农民拥有平等的财产权。城乡土地制度一体化又分三种不同情况。第一，农业用地的流转、抵押、交易与工商登记。这涉及农业经营体系的变革，可从小农生产与大市场的不协调，转向由大生产对应大市场。当前的主要问题是交易使用权期限如何确定。这一问题不解决，农民将不愿意进行长期的土地流转。第二，农村建设用地的流转、抵押、交易与工商登记。这里存在三个必须解决的问题：一是作为历史问题的"小产权"。二是新体制中政府不再作为交易的主体，土地财政消失，必须解决政府负债问题。三是过去水、电、燃气、道路等公共产品是由政府做一级开发来完成建设的，新体制中的相关问题需着手解决。第三，农村宅基地的流转、抵押、交易与工商登记。当前的主要问题是谁能买农民的宅基地？城镇居民是否可以买？如果城镇居民不能买农村宅基地，那么其价值便无法体现。如果城镇居民可以买农村宅基地，就必须要解决农民可能出现的流离失所问题。这似乎是个两难的选择，因而土地管理条例如何进行相应修订是一个大问题。建议地方政府进行试点，然后将成功的共性经验上升为法律。

最后，城乡一体化包含户籍制度一体化。户籍制度一体化主要涉及小城市、中等城市、大城市、特大城市之间的协调发展问题。当前，率先放开户籍制度的是小城市，只要有固定住处和固定职业就可落户。中、大、特大城市同样也需要逐步放开户籍制度，最终彻底消除城乡户籍制度障碍。

6. 按照"市场决定论"改革对外开放体系

在市场发挥资源配置决定性作用的条件下，市场为追求资源的最佳配置目标，其作用范围往往会超越国界，推动国际分工的形成。因此，市场配置资源与闭关锁国是相对立的，因而需要全方位对外开放。实际上，市场在资源配置中起决定性作用和实行全面开放体系是一个问题的两个方面。据此，对外开放体系改革有着三个要点。

第一，从单向对外开放走向双向对外开放。我国的对外开放是从单向对外开放起始，强调扩大出口和吸引外资。为此，我们在出口上长期实行出口低关税，实行退税范围广泛且退税率很高的出口退税政策，并在吸引外资上实行不惜给外资超国民待遇的外资优惠政策。这些政策与当时的国情是相适应的。首先，我们当时需要巨大的国际市场，以弥补国内购买力的不足，且这有利于利用成本优势扩大出口规模。其次，我国当时是资金短缺国与外汇短缺国，需要外资的进入，并以此获取新的思维、技术与经验。但是经过三十多年的改革开放，我国已经形成了规模巨大的国内市场，并且需要从国外进口资源、技术及民生相关产品等，进口相对来说更有"红利"。同时，我国已从资本短缺国和外汇短缺国转变成为资本与外汇的相对过剩国，我国当前更需要的是对外投资的"红利"。因此，需要实现双向对外开放，即贸易项目与资本项目的双向开放。不仅要扩大出口，而且更要注重进口，尤其是进口资源类、技术类、民生类产品，实现贸易平衡；不仅要吸引外资，更要注重对外投资，实现资本项目的平衡。国际收支平衡应成为对外开放的重要目标。

第二，加强企业与个人对外投资的主体性。在市场决定资源配置的条件下，对外投资的主体不再是政府，而是企业与个人。因此，应全面放开企业与个人的对外投资活动。这也是符合中国国情的选择。作为人口众多的大国，我国确实需要加大对外投资。而未来也将会有更多的中国人常年在海外投资与生活，以充分利用国际资源和市场。

第三，加大沿边开放。沿边开放是对外开放的重要组成部分，中国作为与众多国家接壤的大国，有必要开放沿边城市与港口，建立全方位的开放体系。沿边开放主要应做到两点。一是人流与物流实行特殊政策。在进出签证及海关等方面，应根据不同情况放开限制，并采取与内地不同的政策，形成法治化的特殊政策。二是基础设施实现互通与互惠。只有建立互通互惠的基础设施，才能形成新的"丝绸之路"、"海上丝绸之路"、中巴经济带、东南亚陆上经济带等新开放增长点。

参考文献

[1] 中共中央关于全面深化改革若干重大问题的决定. 新华网, 2013-11-15, http://news.xinhuanet.com/politics/2013-11/15/c_118164235.htm.

[2] 魏杰. 中国经济转型. 北京：中国发展出版社, 2011.

[3] 魏杰. 亲历改革：1978-2008 中国经济发展回顾. 北京：中国发展出版社, 2008

[4] 魏杰, 施成杰. 中国当前经济稳增长的重点应当放在哪里. 经济问题探索, 2012 (9)

[5] 魏杰, 施成杰. 厉行节约的关键是转变政府主导型增长方式. 税务研究, 2013 (8)

[6] 魏杰, 施成杰. 民营经济与共同富裕的逻辑统一. 工作论文, 2013 (10)

[7] 魏杰, 施成杰. 建立市场起决定性作用的经济增长方式. 经济学家, 2014 (2)

中国经济的结构红利与改革红利

中国经济新常态的一个重要特征，就是经济下行的压力一直很大，因而稳增长是重要的任务。如何稳增长？当然需要宏观经济政策方面的调整，例如实施更有效的积极财政政策，但是稳增长的根本性举措在于释放中国经济发展的"红利"，即：结构调整的红利和改革的红利。

一、关于结构红利

所谓结构红利，就是指我国目前的经济结构调整会对经济增长起到巨大的推动作用。大家知道，我国目前在经济结构调整中，首先涉及到支柱性产业的调整，所谓支柱性产业，就是对经济增长贡献较大的产业。我国原先有两个支柱性产业，一个是传统制造业，一个是房地产业。传统制造业不仅因为满足国内市场而推动增长，而且它拉动的出口对增长贡献更大。房地产产业背后是钢材、水泥、铝金等较长的产业链，其对增长贡献确实很大。但是，现在传统制造业与房地产业都已不可能作为支柱性产业存在了，因为传统制造业所面临的问题是去产能化，房地产产业面临的问题是去库存化，也就是它们的投资均已无法增加，因而它们已不可能作为支柱性产业存在了，而要转为常态型产业了，在阵痛中努力实现自我突围是它们的主要出路。但是，一个国家在

* 本文是我 2015 年 10 月 31 日在华夏基石论坛上的讲话录音整理稿。

一定时期一定要有支柱性产业的存在，那么我国未来的支柱性产业是什么？我们认为，有三大产业未来将有望迅速上升为新的支柱性产业。

第一，战略性新兴产业。所谓战略性新兴产业，就是指市场需求巨大，且技术能在短期内突破的产业。因此，选择战略性新兴产业有两个指标，一是市场需求指标，一个是技术发展指标。按照这两个指标，我国的战略新兴产业涉及新能源（水能、风能、光伏、核能等）、新材料（超薄材料、耐高压和耐高温材料、纳米材料、超强材料等）、生物生命工程、信息技术与新一代信息技术（芯片、无线传输、大数据、终端使用等）、节能环保、新能源汽车、智能机器人（工业4.0、物联网等）、高端装备制造这八个要点。以这八个要点为特征的战略性新兴产业的发展，必然带动中国经济的较快增长。

第二，服务业。服务业包括四大类。一是消费服务，例如餐饮与商贸、医疗与健康、养老消费服务、儿童消费服务、家政消费服务、信息消费服务等。二是商务服务，例如商业银行、投资银行、证券、基金、保险、会计师事务所、审计事务所、各类投资咨询公司、园区管理公司等。三是生产服务，例如技术服务、设计等。四是精神服务，例如娱乐、影视、旅游、文化、休闲等。消费服务、商务服务、生产服务和精神服务的发展，必将成为推动中国经济增长的重要动力。

第三，现代制造业。制造业包括传统制造业与现代制造业，传统制造业是生产私人产品的，而现代制造业是生产公共产品的。我国现在私人产品过剩，但公共产品短缺，所以要大力发展现代制造业。我国目前现代制造业发展的重点，是飞机制造业、高铁装备制造、核电装备制造、特高压输电装备制造、现代船舶制造这五个领域。现代制造业必将取代传统制造业而成我国的支柱性产业。

伴随新支柱性产业获得崛起的契机，巨大的结构红利得以迅速释放，中国有望在未来五年左右显示出可观的增长效应。尤其是要看到，这次结构调整完成后，必将使中国经济结构上升到一个新的水平，因而结构红利不仅表现为增长的动力，而且表现为经济增长的质量提高。

二、关于改革红利

所谓改革红利,就是指改革在经济体制改革中将释放增长的活力,有力推动中国经济增长。从目前来看,我国改革红利主要体现在三方面:政府体制改革、金融改革和国有企业改革。

政府体制改革主要指简政放权,其中包括向三个方面放权,一是向社会放权,也就是要逐渐放开一些社会组织,让它们在社会管理上发挥更大作用,政府可以购买公共服务;二是向市场放权,凡是市场能解决的问题,政府一律退出,例如职业资格认证、品牌评选等,政府一律不再参与;三是向企业放权,包括企业体制选择权、企业投资经营权、企业独立法人权等都交给企业。在简政放权的过程中,政府要逐渐从经济建设中心转向社会公共管理中心,例如从审批制转向负面清单管理,政府管理的重点不再是审批,而是事后监管与服务,形成法治政府与服务性政府,从而调动经济建设的各种要素的活力,推动经济增长。

金融改革主要是让金融从垄断走向市场化,其中主要涉及六大举措,一是利率市场化,即商业银行利率完全由市场决定;二是汇率市场化,即人民币汇价由外汇供求关系决定;三是人民币在资本项目下的可自由兑换,当然自由兑换包括要有监管;四是银行市场化,例民营企业可以发起设立银行,当然银行也可以破产;五是放开非银行金融,包括保险、基金、证券、众筹、PTO等;六是推进资本市场改革,例如上市由审批制变为注册制等。

国企改革是非常难的改革。从目前来看,国有企业改革包含三个重点,一是国有资产管理将实行分类管理,将国资分为公益类与商业类,国家重点将转向对公益型企业的投资,而商业型企业则放开,吸纳大量社会资本进入;二是由管人管事管资产转为只管资本,建立国资委、国有控股基金性投资公司、国有企业这个层次的新的管理体制;三是推动混合经济，形成企业中具有各种经济成分与各种投资主体存在的多元化产权结构的公司，而且在混合经济中不再实行绝对控股的制度，混合经济将更多采取控股方相对控股的方式，从而形成现代企业制度。

目前中国经济存在下行的较大压力，属于结构调整中的正常现象，属于改革中的正常现象，是结构调整还未到位，改革尚未完成的"动力空档期"，也是说，是两个红利尚未充分释放的反映。而一旦红利完全释放出来，中国经济将进入一个阶段。因此，应该对中国经济的未来抱有充分信心。

中国经济新常态下经济体制改革的重要内容：宏观调控方式改革

自中央提出中国经济新常态后，中国经济整体保持在7%左右，从增长态势上看，似乎保持着稳定状态，但值得警惕的是，中国经济的系统性风险正不断累积。一是金融体系风险加大。货币供应量占实际财富比重畸高。2014年6月，广义货币供应量突破120万亿，而2013全年GDP尚不到57万亿，两者之比已超过200%。二是实体经济风险加大。当前利息支出占新增贷款比例较高。这说明大量的新增贷款是借旧债还新债，一旦资金链断裂，大批企业的正常运转将难以维系。三是政府债务风险加大。虽然不同机构衡量结果不同，但政府债务占国民收入的比重严重偏高是肯定的。未来要在三种风险相互交织的情况下确保中国经济持续健康发展，避免出现颠覆性危机，就必须要建立新的宏观调控方式，在应对和化解上述风险的过程中促进经济稳中求进。

一、建立发挥市场起决定性作用的宏观调控新方式

建立新的宏观调控方式实质是重塑政府和企业的关系。改革开放以来，随着资源配置方式转变，政府与企业关系不断调整，宏观调控方式也出现阶段性演变。

* 本文由施成杰执笔完成。

1. 改革开放以前：排斥市场作用的宏观调控方式

第一个阶段是改革开放之前，我们实行的是排斥市场作用的行政性宏观调控方式。政府不仅控制资源在各生产部门的配置，控制同一部门中资源在不同企业的配置，还控制企业内部分工的资源调配。这种宏观调控方式在生产上实行强制的指令性计划，分配上实行严格的工资控制，消费上实行全方位的票证制度，在流通中实行全面的价格管制，严重窒息了经济活力并违背经济规律，难以为继。

2. 1978 至 1992 年：发挥市场局部性作用的宏观调控方式

第二个阶段是 1978 至 1992 年，我们建立了发挥市场局部性作用的宏观调控方式。政府逐步放松对企业内部分工的直接控制，通过建立家庭联产承包责任制、允许城市工商业发展、尝试国有企业激励机制来推动政企分离，让市场发挥配置资源的局部性作用，逐步解决生产者的内部激励问题。但在这一阶段，企业虽然具备一定自主权，但社会分工层面的宏观经济信号仍被政府直接控制，定价权仍集中在政府手中。政府直接控制价格信号调控资源配置，无法发挥市场自由竞争的作用，不能解决生产者外部激励。政府自身也不具备发现均衡价格的能力，导致宏观经济后劲不足，平衡发展亦难维持。因此，这种调控方式只是过渡性的。

3. 1992 至 2013 年：发挥市场基础性作用的宏观调控方式

第三个阶段是 1992 年至 2013 年，我们建立了基于市场基础性作用的宏观调控方式。政府不再直接控制宏观经济信号，而是通过宏观经济政策调节宏观经济流量，再通过宏观经济流量的变化影响宏观经济信号的决定，进而作用于企业的微观经营。具体而言，政府通过财政政策调节财政支出与收入、通过货币政策调节货币发行、通过国际收支政策调节商品进出口与国际资本进出，从而改变宏观经济的财政流量、货币流量、国际流量。而这些宏观经济流量的改变又将影响到税率、利率、汇率、价格和工资等市场价格信号的水平。企业将市场价格信号作为决策的指挥棒，在不同生产部门间进入、退出，在同一生产部门内竞争、兼并、融合，从而改变资源在各生产部门与部门各企业间分布，并变革企业内部分工。

在这一阶段，宏观调控体制中的政府与市场是一种纵向关系：市场居下，政府居上。虽然市场广泛发挥作用，企业也基本独立于政府，但政府仍然主导着资源配置，市场只是实现政府目标的工具。由于政府与国有企业控制了大量的资源，政府可以通过宏观经济政策与国有企业吞吐左右市场信号，让市场成为实现政府目标的中介机制。在这种条件下，政府调控常常对经济波动反应过度，因不相信市场的自我调节而导致过度干预，加剧市场的不平衡；政府调控常常过度使用行政力量，为实现经济调控意图而通过法律处罚违背政策却不违法的经济活动；政府调控常常具有主观随意性，财政政策、货币政策、国际收支政策容易突破边界，埋下经济隐患；政府调控常常过细，甚至调节到企业的组织内部；政府调控常常逆势而行，市场被政府的目标所扭曲，不仅不能保证经济稳定增长还增加不确定。

当前，在金融体系、实体经济、政府债务风险不断加大的情况下，进一步通过增发货币、国有企业逆势扩张、政府举债基建的方式刺激经济增长已难以为继。在防风险中促进中国经济的稳中求进，就必须要建立并坚持新的宏观调控方式。

4. 十八届三中全会开启：发挥市场起决定性作用的宏观调控方式

第四个阶段是自十八届三中全会开启，我们开始建立起基于市场决定性作用的宏观调控方式。宏观调控方式中，市场的作用从基础性上升为决定性，绝不仅仅是政府与市场职能边界的简单调整，绝不仅仅是市场职能多一些、政府职能少一些，而是政府与市场"体""用"关系的根本性转换。行政性宏观调控体制，政府是"体"、计划是"用"，政府直接通过行政命令干预企业的组织内部分工。基于市场局部性作用的宏观调控体制，"用"的层次是以计划为主、市场为辅，政府通过直接控制宏观经济信号，决定资源在社会各部门与部门中各企业的调配。即便是基于市场基础性作用的宏观体制，我们也只是在"用"的层次上以市场为基础，政府仍然通过控制宏观经济流量决定市场信号，通过市场这一影响企业的行为工具，达到政府配置资源的政策目标。而在新阶段的宏观调控体制中，我们将变市场为"体"、变政府为"用"，由市场居于上、政府居于下。政府不再承担经济增长的最终责任，而是由个体在自由竞争的市场中自主决定消费与积累比重、自主决定投资方向、自主承担创新职责，社会中所需要的投资数量、货币数量、进出口数量均由个体在市场的自由竞争中决定。政府将成为也仅成为实现市场自我发挥、自我调节、自我补充，从而更好发挥市场配置资源决定性作用的工具。

新阶段宏观调控体制的主要特征是：政府不再通过大规模政府投资、大规模注入货币、大规模支持出口、大规模招商引资推动经济增长，而是要通过市场化举措促进市场决定性作用的发挥，通过差异化举措寓政府调节于市场决定性作用之中，通过公共化举措将提供普遍且均等的公共品内化于市场的决定性作用。

一是市场化举措，就是打破市场配置资源的行政性束缚。其本质在于，政府不应再作为经济建设的"中心"，经济增长由依靠政府的主导转变为依靠民众在市场的协调下发力。政府需要下放权力，能够由企业自主决定的，政府都不再干涉；能够由市场有效调节的，政府都不再限制。具体而言，包括打破区域间行政垄断，打破城乡间二元分割，打破产业间国有企业垄断，打破进出口、引进外资与走出去的地区性优惠性措施与行政限制，打破对生产要素价格的束缚。实现资源在全社会各生产部门间的充分流转，让个体具备配置资源的空间与能力。

二是差异化举措，就是对不同的主体采取不同的举措，让有效率的企业能够胜出。市场配置资源的决定性作用是通过等价交换的规则公平，在自由竞争中实现资源的有效配置。但市场同样存在极化效应。先期成功的企业因具有规模效应相较于新近创办的企业更具有优势，因此需要差异化措施实现竞争机会的均等。但是，差异化举措必须要置于市场配置资源的决定性作用之中，应在市场竞争对企业效率筛选的基础上实施。具体而言，包括区域差异化政策、农村经济保护政策、小微企业帮扶政策、瓶颈性基础设施建设的支持政策、结构性减税政策等。

三是公共化举措，就是提供普遍而均等的公共品。一方面，市场决定资源配置本身就内涵要求公共资源的普遍与均等。因为，只有每个人都具有一定的消费、投资、人力资本，才能让市场真正的决定资源的配置。另一方面，只有在政府不再成为经济增长中心的条件下，政府才会普遍并均等地提供公共资源，两者常常是冲突的。具体而言，包括公共服务、民生支出、转移支付在区域与城乡均等化。

二、按照宏观调控新方式稳定增长速度

当前中国经济治理任务在"量"的层面是稳定增长速度。一方面，稳增长本身就是目标。只有将资本品积累速度稳定在较高水平，才能吸引农村劳动力向城镇转移、消化新增就业人口。只有将最终消费品生产速度稳定在较高速度，才能满足人民群众不断增长的物质文化需要。另一方面，稳增长也是调整经济结构的前提。调结构需要有一个较为良好的增长环境。如果增长速度下滑太快，调结构实际上很难以顺利进行，各项工作都会恶化。因此，是否应当稳定增长速度不应被质疑。问题的关键是怎么样稳定增长速度？在中国经济已经企稳而系统性风险不断加大的情况下，中国经济新常态应当采用新的宏观调控方式稳定经济增长速度。

1. 确立稳定增长速度的新目标

在新的宏观调控方式下，稳增长的目标与过去简单的保"8"有两大不同。一是，下调经济增速的年度预期。国内生产总值的增速目标设定在7%左右，是理性和符合实际的。在市场发挥配置资源决定性作用的条件下，增长目标的设定应当以"可能"而非"需要"为导向，应当选择市场自身能够实现的目标值，在"可能"的前提下尽量接近于"需要"，而不是为了满足政绩"需要"向经济体注射"兴奋剂"。在原有增长动力已遭遇严重瓶颈，产能过剩、地方债务膨胀等问题日益显现的条件下，经济增长速度保持在7%左右实属不易。应该说，7%左右的增长是一个既能保障就业与收入，又不会带来后遗症的合理增长速度。二是，扩大增长目标弹性并区间化。市场是在不断波动中发挥引导资源配置的作用的。在市场决定资源配置的条件下，我们不应设定刚性基准，而应扩大弹性范围，为发挥市场的作用留出空间。与保增长指标的刚性设定不同，稳增长的目标值均只规定了各变量的变化区间。例如国内生产总值增长目标是7%"左右"，通货膨胀控制目标是3%"左右"，城镇新增就业目标划定了下限，城镇登记失业率目标规定了上限。在区间内，将不再依靠政府救市而是依靠市场自发调节。

2. 实行稳定增长速度的新思路

用宏观调控新方式稳增长，思路与过去保增长不同。政府不再使用短期的刺激政策，而是要把稳增长与经济长期的持续发展，也就是由市场牵引的经济结构调整结合起来，用"质"变促进"量"变。政府不再过分依靠政府支出的乘数效应，而是强调去"杠杆化"与去"行政化"，更充分利用市场化改革的"红利"。政府将稳健的货币政策与积极地财政政策有效结合，更关注通过发挥市场作用盘活存量，一般不扩大赤字和松动货币投放，避免引发通货膨胀和政府过高负债。

一是货币政策必须转向盘活存量为主，不再通过增发货币向经济注水。应采取市场化举措，加速利率市场化改革、打破金融市场垄断，倒逼金融体系中的货币存量注入实体经济，发挥存量货币作用。应采取差异化举措，充分利用央行当前累积的大量存款准备金，以定向降准、央行专项贷款为渠道，支持小微企业、三农企业、高新技术企业等现行金融体制中借贷约束强的企业，以优化经济结构。

二是财政政策必须转向盘活存量为主，不再过分依靠土地与借债获取财政收入，不再采用大一统式、全面启动的政府投资。应采取市场化举措，减少财政资金对经济建设的直接投入，更多采取政府购买服务的方式提供公共品供给，通过国有资产变现化解财政债务负担。这里的国有资产不仅包括国有企业等经营型国有资产，还应包括庞大的行政事业型国有资产。应采取差异化举措，减少政府三公经费开支，通过结构性减税和定向政府投资，将节约的政府资源集中在供给存在短缺而私人难以承担的领域，突出重点、精准发力。具体而言，应集中于限制经济增长的结构性瓶颈，如技术创新领域、民生亟需领域、必要的基础设施领域。即便在基础设施领域也应突出重点，政府应注重于棚户区改造、城市地下管网建设、西部铁路、城际铁路及地铁等关乎长远利益并有利于化解供给短缺的投资。

三是稳投资必须转向盘活存量为主。当前通过出口和消费稳定经济增长较为困难，因此稳增长的关键在于稳投资。但政府主导的先融资再投资的常态化思路已难以为继，应注重发挥社会中存量资本的作用，鼓励民营资本投资。应采取市场化举措：进一步调整法律体系，取消歧视民营资本的法律规定，平等保护民营资本产权；进一步打破垄断，金融、铁路、石油、电力等垄断性部门须更大程度向民营资本放开，建立混合经济体制。应实施差异化举措，对风险大或平均利润率低但社会需求大的部门，如高科技产业与三农产业，政府应通过差异化的财政政策与差异化的货币政策，通过定向补贴或融资支持予以支持，发挥汲水效应。

3. 达到增长速度稳定的新常态

如果说下调经济增速的年度目标是经济转型阵痛期与前期刺激政策消化期的短期选择，那么增速稳定的新常态则是在经济结构调整的背景下，中长期经济增速的必然表现。在当前阶段，扩大消费比重是经济结构调整的必然选择。它既是让民众受惠于增长的前提，也是在外需消退时扩大内需的要求。但是，绝不能说扩大消费是为了支撑经济增长的速度。将经济增长按需求分解为消费、投资和出口的贡献，只是说明价值实现的三种方式，三部分中只有投资会作用于下一期生产，通过资本积累扩大下一期的生产量。在供求不平衡时，增加消费会产生乘数效应。但增长的新常态，是均衡条件下消费比重的扩大，必然会减少积累比例，从而降低经济增长的速度。消费是增长的目的，增长是消费的手段，经济增长的目的是不断丰富人们所享受到的使用价值，而不是为积累而积累。应当允许经济的长期增长从高速下调至中高速。通过实施公共化举措，在城乡、区域、阶层间平等化公共服务，让居民更多获得其自由发展所需的消费资料，增加社会福利。

三、按照宏观调控新方式调整经济结构

当前中国经济治理任务在"质"的层面是调整经济结构。在简单劳动力丰富、物质资本短缺、外需强劲的内外条件下，中国逐步形成极具特色的经济结构。依靠廉价劳动力优势，民营企业聚集于出口导向的初级劳动力密集产业并迅速发展，吸引大量农村青壮劳动力进入城市。完成现代企业改制的国有企业，集中于资本密集型产业，获得垄断利润。政府财政收入不断增加，支撑起大规模基础建设投资。工资长期处于低端，缺乏政府保障性支持，居民消费始终低迷，最终商品更多依靠海外需求消化。但随着要素条件转换，中国经济结构出现失衡。在需求层

面，2008年金融危机后外需锐减，内部消费需求因居民收入低而难以启动。在供给层面，当前青壮劳动力已经短缺，劳动力工资迅速上涨，廉价劳动力的比较优势迅速丧失。在分配层面，原有经济结构制约人民生活水平提升，与民众物质文化的需要差距拉大。因此，实现中国经济的稳中求进就必须要调整经济结构。

经济结构调整分为两种类型。一是同期性结构调整。这种结构调整是常态化、即时性的，是针对生产部门间的局部失衡。二是升级性结构调整。其原因在于支撑原有经济结构的要素条件发生根本变化。这种结构调整是换代性的，大约十到二十年才发生一次，包含需求、分配、生产三个层面，三者互为影响、勾连一体。当前中国经济要完成的是升级性结构调整，其任务是要打造升级版的中国经济。

1. 需求结构的升级调整

需求结构调整，涉及出口、消费与投资间的支出比例。当前中国经济应从过分依赖外需转变为更多依靠内需，在内需中又要从更多依赖政府投资转向更多依靠民间投资与个人消费。这要求我们采取三项措施。一是市场化举措。打破对商品进口与出口、资本进入与流出的限制与优惠政策，实现汇率与货币相对购买力相符合。在外需有限且疲弱的情况下，政府不宜再通过退税、补贴政策鼓励企业出口，而应在市场的自由竞争中让企业自主选择是商品出口还是商品内销、是对外投资还是对内投资，适应需求条件的新变化，达到国际收支平衡。二是采取差异化举措。面对外需，应更多支持高附加值、高资本密集度与技术密集度产品的出口。例如，通过政府外事活动推动高铁技术出口。面对内需，应更多促进消费需求增长。例如，减免民生商品的消费税；对部分中高档商品的消费税同样适当减免，不应让这部分消费流失境外；减少商品流通环节的费用。在投资性需求中应更多促进社会资本的投资。例如通过减少政府审批、改革工商登记制度与对小微企业减税，鼓励民营资本的创业投资。三是采取公共化举措。通过政府投资的公共化，也就是增加能够满足民众长远需求的政府投资,在民生领域增加供给。例如,政府支持中西部铁路与棚户区改造,将能够促进公共消费需求的增加。

2. 收入结构的升级调整

收入结构调整,涉及政府财政、企业利润、居民收入之间的分配比例。应当减少财政收入的增加比例,实现企业利润与居民收入的同步增加,政府的财政收入也应更多用于转移支付与民生投资,从而同需求结构、要素结构的变化相匹配。具体措施包括三个方面。一是采取市场化举措。应进一步推动收入分配的市场化,突破体制障碍,让劳动、土地、资本、管理、技术等生产要素在市场中等价交换,由供求关系决定初次分配。二是采取差异化举措。应通过税收的结构化调整,减少政府的财政收入,增加企业与个人收入。在税收结构上,应更多优惠创新型企业、小微企业与低收入群体。三是采取公共化举措。通过政府转移支付的公共化,实现教育、文化、医疗、社会保障等公共支出均等,保证个体同等享有成长的机会,推动收入结构从收入分配差距过大和社会矛盾突显转向公平公正与社会和谐。

3. 产业结构的升级调整

产业结构调整,涉及基础设施投资、民生投资、各类产业投资之间的供给比例,以及同一产业内资本构成、技术构成等要素结构。促进产业结构调整需要采取三个方面措施。一是采取市场化举措。也就是打破行业壁垒实现自由竞争。随着后发优势逐步消失,政府没有能力明确产业进一步升级的方向,应通过市场决定资源配置,在市场价格的引导下由民众决定投资方向、由民众实现创新驱动,引导产业转型升级。一方面这将产生创新的需要。获取剩余价值的内在激励与部门内企业竞争的外在压力,迫使企业积极通过技术创新获取超额利润。另一方面这将产生创新的可能,在自由市场中,研发所需的科技、资本、人才资源能够打破体制束缚实现流动组合,达到最优配置。二是采取差异化举措。对于产能过剩的行业应进行限制；而对于新兴朝阳产业则提供政策支持。但无论是限制还是鼓励，均应以市场选择为基础，让有效率的企业保留在产能过剩的行业中，让有效率的企业在新兴产业中壮大发展。当前应在市场竞争基础上支持现代制造业、现代服务业（包括消费服务、商务服务、生产服务和精神服务）、战略新兴产业（包括新能源、新材料、新一代信息技术、生命生物工程、节能环保、新能源汽车、高端备制造业）。三是采取公共化举措。通过支持重大基础性科技领域的创新，并实现其辐射范围的广泛化，从而为各类企业的产业结构升级提供技术支撑。

未来必须在防风险中促进中国经济的稳中求进。这就要求我们按照十八届三中全会提出的"市场决定论"要求，建立宏观调控新方式。综合利用市场化、差异化、公共化手段，在稳定经济增长速度的同时促进经济结构升级性调整。

中国经济新常态下经济体制改革的重要内容：实行混合经济体制

中国经济新常态的重要工作是推动经济体制改革。中国的经济体制改革涉及方方面面，但有四个方面的改革起着基础性和框架性作用。这四个方面是：产权制度改革、市场经济体制改革、收入分配体制改革、宏观调控体制改革。而改革开放以后，中国产权制度的基本实现形式就是混合所有制经济。混合所有制经济既包含不同经济成分的混合，也就是国有资本、集体资本、私人资本的混合；也包含不同投资主体的混合，也就是同属私人资本但归属不同所有者的个体资本的混合；既表现为社会形态的混合，也就是涵盖不同经济成分与投资主体的企业类型在整个国民经济中共存互补并共同发展；也表现为企业形态的混合，也就是不同经济成分与投资主体共同创办和共同经营某个企业，最典型的形式是股份制，最成熟的形式是上市公司。在社会结构与企业结构的双重层面，不同经济成分与投资主体的组成比重与混合程度，构成了混合所有制经济的产权安排。

我们知道，政府与市场的关系是经济体制改革的核心。中国共产党第十八届中央委员会第三次全体会议提出让市场在资源配置中起决定性作用，标志中国的经济体制改革已经进入到新的阶段。作为经济体制改革的重要方面，产权制度改革也将继续深化，也就是按照"市场决定论"安排混合所有制经济的产权结构。但理论界对于当前在混合所有制经济中建立什么样的产权安排，争论很大。

---

* 本文由施戍杰执笔完成。

争论的第一个层面围绕混合所有制经济企业形态的产权安排。一是谁混合谁，到底是公有资本走出去，"混合"其他民营经济；还是私人资本引进来，"混合"当前的公有制经济？二是以谁为主，在企业内部到底是坚持公有资本绝对或相对控股，还是允许私人资本绝对或相对控股？要回答这两大问题，就要扩展到整个国民经济领域，进入到争论的第二个层面。

争论的第二个层面围绕混合所有制经济社会形态的产权安排，焦点是社会结构中国有经济、集体经济、民营经济的相对构成。争论的一方质疑，如果是民营经济"混合"公有制经济，允许私人资本绝对或相对控股，这一产权安排会不会动摇公有制经济的主体地位，从而违背社会主义本质？争论的另一方担忧，如果是公有制经济"混合"民营经济，坚持公有资本绝对或相对控股，这一产权安排会不会引发新一轮的国进民退，进而走改革的回头路？

上述争论已经束缚改革实践。而产生争论的根源是，扩大私有制相对作用的现实需求与保障公有制为主体的制度框架相冲突。我们认为，真正解答上述争论，就不能先验地将公有制的主体地位等同于社会主义制度属性，而是要追问究竟什么样的产权安排能够促进共同富裕？在市场发挥配置资源决定性作用的条件下，混合所有制经济的产权安排会出现不以个人主观意志为转移的变化。应打破姓"公"姓"私"的思维定式，正确认识这一产权安排既是对作为积累体制的公有制的扬弃，也是对作为剥削体制的私有制的扬弃，能够促进共同富裕。

一、混合所有制经济的产权安排分析

混合所有制经济是由不同经济成分、不同投资主体在社会形态与企业形态的混合所构成。因此，混合所有制经济的产权安排包含三个维度：不同经济成分混合的社会形态，也就是公有制经济与民营经济在社会结构中的分布；不同经济成分与不同投资主体混合的企业形态，也就是公有资本与分属不同所有者的个体资本在企业结构中的分布；不同投资主体混合的社会形态，也就是由单个或少数投资主体所组成的小微企业与由较大量的投资主体所组成的规模化股份制企业在社会结构中的分布。随着经济体制改革的不断深入，政府与市场的关系不断变革，混合所有制经济三个维度的产权分布也在不断变化，呈现出新的阶段性特征。

1. 产权安排的第一阶段：1978～1992年

中国共产党第十一届中央委员会第三次全体会议以后，我们开始承认市场在资源配置中的局部性作用。生产要素的流动突破指令计划限制，逐步瓦解"一大二公"的所有制结构，出现不同经济成分并存的社会形态，形成混合所有制经济。由于计划经济仍然占据主体，私有产权虽然允许存在，却被限制在"必要补充"的范围内。因而，这一阶段混合所有制经济的产权安排呈现以下特征。在第一个维度：农村土地承包户与城市个体工商户如雨后春笋遍及全国。其实质是劳动者掌握自身生产资料的小生产者私有制，能够激发劳动者的积极性，在短期释放出巨大的生产能力，但不具备规模生产的潜力。乡镇企业异军突起。其实质是劳动者联合掌握生产资料的集体所有制，相较个体经济具有规模效应、相较国有企业更加自主灵活、相较民营企业具备政策优惠，这一时期优势明显，但资本结构与治理结构过于僵化。在第二个维度：股份制出现试点，企业形态的混合所有制零星出现，但多为中央各部门、地方各政府隶属国有企业的混合，没有显现出明显优越性。在第三个维度：家庭农户、个体工商户、集体企业、民营企业规模小且投资主体单一，通过吸收社会资本规模化生产的难度大。

2. 产权安排的第二阶段：1992～2013年

中国共产党第十四次全国代表大会以后，我们开始承认市场在资源配置中的基础性作用。生产要素在全国范围流动，市场竞争逐步激烈，不同经济成分与不同投资主体在社会形态与企业形态聚合交融。随着市场作用范围扩大，私有产权被承认为"重要组成部分"，并逐步被给予形式上的"国民待遇"。但政府仍然掌握大量的社会资源，能够通过控制宏观经济流量调控市场，以维系公有产权的"主体性"。因此，公有产权与私有产权事实上仍不平等。在这一阶段，混合所有制经济的产权安排呈现以下特征。在第一个维度：随着市场竞争愈发激烈，社会化大生产的重要性开始凸显，个体小农经济逐步式微，乡镇企业大量突破产权结构限制转型为民营企业。随着国有企业大规模调整产业布局，民营企业在劳动密集型产业迅速发展，发展空间一度得到迅速拓展；国有企业逐步退出劳动密集型产业而进入资本密集型产业，并通过行业壁垒、红利免缴、资源廉价，获得巨额垄断利润。在第二个维度：股份制企业虽然不断增加，但无论是股市直接融资还是银行间接融资，均偏向国有企业而压抑民营企业，影响后者的社会化发展。在股份制国有企业内部，存在国有股"一股独大"，常常侵害个体投资者利益。有少数民营企业成功在国内外上市融资。在第三个维度：由于小微企业难以获得银行贷款与上市资格，且税费负担过重，其成长常常受阻于严重的发展瓶颈。

3. 产权安排的第三阶段：由十八届三中全会开启

中国共产党第十八届中央委员会第三次全体会议通过《中共中央关于全面深化改革若干重大问题的决定》（以下简称《决定》），要求让市场在资源配置中起决定性作用。在市场决定资源配置的条件下，各生产要素将打破国度、区域、部门、企业、经济成分的限制，充分流动、竞争、重组、融合，形成以效率为导向而冲破各种障碍的产权安排。资源在自由竞争中将被配置给效率最高的企业而不问企业的产权属性，突破所有制结构对资源配置的桎梏，从而要求私有产权与公有产权的彻底平等。而如果硬性维持特定的所有制结构，硬性维持某一特定经济成分的主体地位，政府就必须要干预、束缚、甚至扭曲市场，以对特定经济成分扶持倾斜，其后果就是经济非效率。正是基于这一点，《决定》要求实现私有产权与公有产权地位平等，"公有制经济和非公有制经济都是社会主义市场经济的重要组成部分"；保护等同，"公有制经济财产权不可侵犯，非公有制经济财产权同样不可侵犯"；相互联合，"鼓励非公有制企业参与国有企业改革，鼓励发展非公有资本控股的混合所有制企业"。

第一，在不同经济成分混合的社会形态层面，实现竞争性领域国有企业非国有化。

由市场发挥配置资源的决定性作用，各种经济成分将获得政治上、法律上、资源配置上、投资经营上、竞争环境上的真正平等，各生产要素自由流动必然突破不同经济成分的行业限制。一方面，政府将放开资本、能源密集型行业的准入门槛，从而打破国有企业的垄断经营。另一方面，政府将不再给予国有企业以廉价的资金、资源与土地，从而消除国有企业的竞争特权。在这样的条件下，国有企业自然就会在与民营企业竞争、兼并、重组中实现非国有化。国有企业布局也将相应调整，集中于提供公共服务、发展前瞻性战略性产业、保护生态环境、支持科技进步、保障国家安全等具有外部性的公共服务领域或自然垄断领域。

第二，在不同经济成分与不同投资主体混合的企业形态层面，实现规模企业股份化。

由市场发挥配置资源的决定性作用，各种经济成分与不同投资主体将发挥各自优势，取长补短、优势互补、共同发展、相互融合，各生产要素自由流动必然突破不同经济成分与投资主体的企业限制。一方面，政府将允许其他经济成分进入国有独资企业，并不再追求对企业的绝对控股。这将能够排除行政因素对企业的干扰，实现政企分开，让企业真正成为市场主体。另一方面，民营独资企业将更容易获得公开上市的机会，纳入其他投资主体，实现资源的跨企业交换、重组与集聚。这将能够突破家族血缘对企业的束缚，实现生产社会化。在这样的条件下，集中于公共服务领域和自然垄断领域的国有企业将实行股份化，私人资本进一步扩大相对比重；竞争性领域规模化的民营企业也将股份化，实现产权主体的多元。由于公有资本红利全民共享，私人资本红利因股权分散实现广泛获取，这将有利于社会和谐。

第三，在不同投资主体混合的社会形态层面，实现小微企业广泛与成长化。

由市场发挥配置资源的决定性作用，社会中的所有个体都能够成为市场参与者，在利润引导与竞争鞭策中发挥其创造性，自由寻找市场机会、组合生产要素，并在不断试错中优胜劣汰，从而实现小微企业的广泛创立与不断成长。一方面，通过创立小微企业，民众能够直接掌握生产资料，获取财产性收入。另一方面，通过向有效率的小微企业融资，民众能够实现个人财产的不断增殖。在这样的条件下，大量小微企业将持续创立，并具备通过股份化实现规模经营的通畅渠道。在社会形态上，小微企业、合伙企业、股份有限公司与上市公司将梯度分布与垂直流动，实现资源在各类企业载体中有效配置，最大限度地创造社会财富。

二、姓"公"姓"私"不是判断能否促进共同富裕的标准

我们常常是以公有资本与私人资本在企业结构中的比重，公有制经济与民营经济在社会结构中的占比，作为能否促进共同富裕的标准。其内在逻辑是将共同富裕等同于公有制，认定私有制导致两极分化，因而将公有制作为社会主义的经济基础。这并不正确！私有制不等于两极分化，公有制也不等于分配公平。新阶段，混合所有制经济的产权安排既是对作为剥削体制的私有制的扬弃，也是对作为积累体制的公有制的扬弃，它构成一种新的经济形态。

1. 私有制不等于两极分化

一些人很抵触私有制，总认为"私"是万恶之源，"私"是"资本主义"，"私"会导致两极分化。这是对马克思的误解。马克思区分了两种私有制。第一种私有制是劳动者与生产资料的直接结合，称为小生产者私有制。马克思肯定了这种私有制中生产资料的个人占有是实现自由与个性的前提，但同时指出它与社会化大生产不相容，最终会被第二种私有制所取代。第二种私有制是同广大无产者相对立的生产资料少数人占有，称为资本主义私有制。马克思肯定了这种私有制创造出巨大的生产力，但同时强烈批判其等价交换外衣下的深刻不平等。马克思所号召的"消灭私有制"，就是要消灭第二种私有制。因此，导致两极分化的并非私有制一般，而是一种特殊的私有制，是广大劳动者作为劳动力，商品与生产资料少数人占有的严格对立。劳动者作为阶级，没有掌握生产资料的可能！在资本主义私有制中，两极分化产生的关键在于剩余被资本所有者全部占有，劳动者只能够得到劳动力价值，不断再生产劳动力自身，而无法掌握生产资料。因此，避免两极分化的关键是让劳动者获取剩余。

在混合所有制产权安排的新阶段，劳动者能够获取剩余。第一个来源是政府转移支付。一些人认为，转移支付不改变所有制，因此不是影响收入分配的关键。并非如此！转移支付让劳动者获得剩余，是个体资本的重要来源，恰恰可以改变作为剥削体制的私有制。第二个来源是公有资本利润。公有资本集中在公共性与垄断性行业，垄断企业的利润能够通过公有资本分配至全体民众。第三个来源是工资。随着劳动生产率提升，劳动力价值下降，当降幅超过企业增加资本有机构成而降低的工资幅度时，新增的相对剩余价值就由劳动者与资本所有者共享。劳动者的剩余可以转化为个体资本，进而在资本累积中不断获得财产性收入。

在混合所有制产权安排的新阶段，劳动者的个体资本可以通过股份制实现生产的社会化。这是对资本主义股份制的扬弃。马克思认为资本主义股份制,"是作为私人财产的资本在资本主义生产方式本身范围内的扬弃","那种本身建立在社会生产方式的基础上并以生产资料和劳动力的社会集中为前提的资本,在这里直接取得了社会资本(即那些直接联合起来的个人的资本)的形式,而与私人资本相对立","应当被看作是由资本主义生产方式转化为联合的生产方式的过渡形式"。但是,资本主义股份制的本质仍是生产资料的少数人占有,是第二种私有制历史条件下的资本家的联合。而混合所有制经济中的股份制安排,则是每一个劳动者的个体资本的联合。每一个劳动者都具有平等的权利占有剩余,都具有平等的机会积累资本,都在平等的规则中等价交换,从而实现第一种私有制与社会化大生产相兼容。

2. 公有制不等于分配公平

公有制至少存在两种形态。第一种是作为自由人联合体的经济基础,是生产力高度发达之后在生产资料共同占有的基础上重建的个人所有制。这是马克思意义上的社会主义公有制,其历史任务是扬弃资本主义私有制,实现共同富裕。第二种是实施经济赶超、打破低水平陷阱、加快原始积累与资本积累速度的积累体制,是生产力水平低下之时在政府占有生产资料的基础上建立的替代资本家积累资本的所有制。它既出现于直接建立社会主义的落后国家,也出现于实施赶超发展的非社会主义发展中国家,其历史任务是扬弃小生产者私有制。作为积累体制的公有制,在特定发展环境中是必要的,但绝不应冠以共同富裕的基础之称。

作为积累体制的公有制极易导致分配的不平等。其根源在于,做出消费与积累选择的,不是基于自身效用最优的个人,而是以增长为主要目标的政府。当政府利益与个人利益不一致时,个体福利就会受到损失,造成分配不公。第一,积累型公有制的资本积累极易损害部分社会阶层的利益。建国初期,公有制经济的剩余积累主要来源于农村,正是为了将剩余从农村转移到城市,我们建立了严格的城乡二元分割制度。

农民阶层承担了城市工业积累的巨大成本。改革开放以后，公有制经济以保值增值为目标，虽不再直接依靠政府投入，但其剩余积累主要来源是通过行业垄断、资源廉价、红利免缴、融资易得获取的超额利润，是以分食民营经济利益为代价。第二，积累型公有制极易导致资本过度积累，损害个体福利。在经济发展初期，较高的储蓄率是经济起飞的前提，也是个人的最优选择。但随着经济持续发展，个人最优的储蓄率会不断下降，而政府却仍具有保持高储蓄率的倾向。"积累啊，积累啊！这就是摩西和先知们！"格申克龙就曾用马克思讥讽资本家无限积累的名言指出苏联公有制经济的这一矛盾。在作为积累体制的公有制条件下，价值的创造者是劳动者，但他们只能享受到其中很少的一部分，大部分剩余作为全民所有的财产又会不断地投入到积累中。

在混合所有制产权安排的新阶段，公有资本集中于非竞争性领域，以提供公共服务为目标，资本收益将由全民共享；在竞争性领域，个体将自主选择积累与消费的比例，自主选择投资方向并享有投资收益，自主承担创新职责，从而实现对作为积累体制的公有制的扬弃。

三、在混合所有制经济的产权新安排中走向共同富裕

竞争性领域国有企业非国有化、规模企业股份化与小微企业广泛与成长化，是在市场发挥配置资源决定性作用的条件下，混合所有制经济的产权安排。它不再是公有制为主体的所有制结构。如果我们突破姓"公"姓"私"的思维定势，就会发现：这样一种产权新安排是转变资本积累结构、企业主体结构、技术创新结构从而实现效率的需要，也是实现财产交换规则公平、财产积累机会公平与财产获取权利公平从而达到公平的要求，能够促进共同富裕。

1. 新阶段混合所有制经济的产权安排是提升效率的需要

自 2012 年起中国经济增长持续疲弱，其根本原因就是原有增长结构已经同变化了的内外环境不相匹配。实现经济稳中求进，就必须通过竞争性领域国有企业非国有化、规模企业股份化与小微企业成长化，转变经济增长的资本积累结构、企业主体结构与技术创新结构。

第一，在不同经济成分混合的社会形态层面，竞争性领域国有企业的非国有化是新阶段转变资本积累结构的要求，以适应积累环境的变化。

我们已经知道，当前的国有企业是一种资本积累型公有制经济。长期以来，由政府财政主导、国有企业支持的公共事业投资是中国经济增长的重要动力。一方面，物质资本极度稀缺长期困扰我们的现代化进程，资本积累型公有制经济可以最大限度地汲取用于积累的潜在储蓄资源。另一方面，民营经济长期缺乏将潜在资本独立投入到生产机会的能力，公共事业投资规模巨大且周转期长，民营经济难以承担，而公共事业投资的外部性强，又将影响民营经济供给成本。但随着中国经济高速发展，积累条件已经发生深化变化。一者，国有企业积累资本已出现严重的挤出效应。当前物质资本总体充裕，却由于银行体系偏向支持国有企业而出现二元分割，民营企业融资困难。二者，公共事业投资的外部性开始消退。该领域资本积累的边际收益率下降，导致实体经济层面的产能过剩与金融经济层面的政府债务危机。三者，由政府主导投资极易造成过度积累，压低居民消费，从而更加依赖出口。但 2008 年金融危机后的外需消退要求转变价值实现的方式。在新阶段，应在竞争性领域实施国有企业的非国有化，取消投资领域中对民营企业的限制，鼓励其更广泛而深入地参与投资，在社会结构上扩大民营经济范围。这将进一步动员社会资源，提升资本积累效率，增加市场竞争度以鞭策企业加强管理、创新技术，让更多领域的生产与消费由民众决定，避免生产过剩与过度积累。

第二，在不同经济成分与不同投资主体混合的企业形态层面，规模企业股份化是新阶段转变企业主体结构的要求，以适应社会化大生产。

随着市场范围扩大，生产社会化程度不断提高，市场竞争愈发激烈。股份化能使企业主体与社会化大生产相适应。一是实现规模化生产。马克思曾指出，股份制让"生产规模惊人地扩大了，个别资本不可能建立的企业出现了。"股份化能够扩大规模，深化内部分工，形成规模效应，降低成本，提高生产率。二是建立现代企业制度。股份化能够分离资本使用权与所有权。马克思曾论述，股份制让"实际执行职能的资本家转化为单纯的经理，别人的资本的管理人，而资本所有者则转化为单纯的所有者，单纯的货币资本家。……资本所有权这样一来现在就同现实再生产过程中的职能完全分离"。因此，股份制是民营企业打破家族血缘关系、国有企业排除行政干扰的制度基础。它将实现家企分离与政企分开。三是促进资源在企业内部优化组合。由公有资本与私人资本联合而成的股份制企业将打破资源流动的所有制限制，由民营经济中不同个体资本联合而成的股份制企业将打破资源流动的所有者限制，从而实现分属不同经济成分与所有者的资源优势互补。四是在社会化生产中保障公有资本保值增值。公有资本属全民所有，公有资本的损失也是全体民众的损失。国有企业股份化虽进一步发挥私人资本的相对作用，却有利于促进公有资本积累。私人资本在相对量上的提高，与公有资本在绝对量上的扩大不矛盾，反而能够提升公有资本的辐射范围与竞争能力。

第三，在不同投资主体混合的社会形态层面，小微企业成长化是新阶段转变技术创新结构的要求，以适应赶超红利的消失。

技术创新是一个不断试错的过程。从产生创新的想法，到将想法实现为具有可行性的技术，再将新技术生产的商品在市场中推广，最后控制财务成本实现量化生产，面临着巨大的技术、市场与财务的不确定性。由于长期存在后发优势，中国可以直接模仿或引进发达国家业已成熟或潜力明确的新技术，避免创新的不确定，从而获取赶超红利。这种技术创新方式需要雄厚的物质资本与人力资本，更多依靠政府财政与大型国企的支撑。但随着后发优势逐步消失，技术进步的动力必须转变为自主创新，小微企业的重要性不断凸显。小微企业风险偏好高，相较公共资本更愿意承担创新风险；小微企业灵活多变，更有意识和能力追逐市场机遇；小微企业基数庞大，大浪淘沙中总有成功的创新者破浪而出。这些获得创新优势的小微企业，如果能与微软、苹果、谷歌一样迅速成长，将极大促进技术进步。因为在市场竞争中不断创新的民营企业，只有取得规模效应才能真正占领市场。而其前提是，有效率的小微企业能够通过天使投资、风险投资、银行借款、上市筹资，不断集中资本、扩大规模。这一过程正是小微企业实现股份化混合的成长路径，其规模的壮大将促进技术进步的社会化。

2. 新阶段混合所有制经济的产权安排是达到公平的要求

改革开放以来，中国收入差距的扩大，一部分是合理的，缘于普遍贫困中一部分人的先富；但还有一部分缘于财产分配不平等，导致仇富思想流行。扩大财产所有者数量、促进阶层流动、实现收入分配形态橄榄化，就必须通过竞争性领域国有企业非国有化、规模企业股份化与小微企业广泛化，实现财产交换规则公平、财产积累机会公平与财产获取权利公平。

第一，在不同经济成分混合的社会形态层面，竞争性领域国有企业的非国有化是财产交换规则公平的要求，以实现市场的等价交换。

规则公平的核心是等价交换，也就是等量的财产获得等量的利润。造成当前社会不公的第一个重要原因就是财产交换规则不平等，存在巨大的不等价交换。这种不平等源自公权对私权的侵犯。由于政府控制大量社会资源向国有企业倾斜，并对民营企业发展设下种种限制，民营企业只有通过行贿勾连权力才能得到发展，进而劣币驱逐良币。这是导致当前富人的致富途径屡受民众质疑的内在根源。等价交换需要交换客体平等，也就是说，只是作为商品进行交换。这要求建立并完善产品市场与要素市场。等价交换需要交换主体平等，也就是说，只是作为商品所有者进行交换。这要求由不同经济成分构成的企业在竞争中地位平等。等价交换需要交换方式平等，也就是说，都是自由交换。这要求打破区域间贸易壁垒，取消行业间对民营经济投资与发展的限制，最终实现生产要素的自由流动与组合。既然作为积累体制的公有制经济已经与变化了的积累环境不相符，如果平等交换规则消除公共权力的偏袒，竞争性领域的国有企业自然就会在与民营企业竞争、兼并、重组中非国有化，能够由民营企业承担的行业均将交给私人资本，公有资本只投向具有外部性的公共服务领域或自然垄断领域。

第二，在不同经济成分与不同投资主体混合的企业形态层面，规模企业股份化是财产积累机会公平的要求，以实现资本积累的同等机会。

机会公平的核心是财产积累的机会均等，也就是在等价交换中有同等机会获取剩余劳动。造成当前社会不公的第二个重要原因就是投资机会的不平等。作为高速增长的发展中国家，财产所有者本应享有高于发达国家的资本收益率。但现实却是，一方面民众投资渠道狭窄，拥有庞大的储蓄资产，但利率极低甚至为负；另一方面有效率的民营企业却出现融资困难，实际贷款利率极高，难以实现生产社会化。通过规模企业的股份化，民众有购买股票向高效率企业投资的机会，从而有同等机会分享竞争中成功企业的剩余价值，实现财产增殖；企业有同等机会通过上市获得社会融资，扩大再生产，其机会将由生产效率高的企业获得。如此一来，在高效平等的金融市场条件中，生产效率高的企业通过股份化扩大规模，成功社会化的企业也将是股份化的。因此，民众有同等机会投资具有潜在效率的企业以获得剩余价值，财产的剩余还可以进一步累积，经济发展的收益就可以通过居民财产的增殖而被广泛分享。

第三，在不同投资主体混合的社会形态层面，小微企业广泛化是财产获取权利公平的要求，以实现企业创设的权利等同。

权利公平的核心是财产获取的权利均等，也就是民众都有通过占有生产资料获取剩余的条件。而财产获取权利的不平等正是造成当前社会不公的第三个重要原因。由于存在绝对与相对的过剩人口，当前社会的劳动阶层，包括农村的自耕农、被征地的失地农民、城市的农民工与工人、高校扩招后的大学生，收入普遍只涵盖家庭再生产所必需的看病、养老、教育、住房等基本需求，差别只是满足需求的程度不同，难以真正积累财产。小微企业规模小、门槛低、灵活大、劳动密集度高，其广泛化将推动中国收入分配方式的转变。在让劳动者切实获得社会保障、公有资本红利与农村土地增值收益之后，广泛的小微企业可以将民众再生产劳动力的闲散资金转换为生产资料，并在不断地创新、竞争、融资中成长累积。如此一来，一方面，民众能够获取财产性收入，也就是剩余价值；另一方面，资本积累的增加也有利于改变劳动力供求状态，将工资提升至劳动力再生产水平之上，通过劳动本身获得剩余。民众有同等的权利创设小微企业占有生产资料，有同等的机会发行股票壮大自身企业或购买股票分享他人企业剩余，按照等价交换规则市场竞争，从而实现财产获取、积累与交换的平等。这将实现财产的按劳分配，推动中国的收入分配形态从固化的金字塔型转变为流动的橄榄型。

中国特色社会主义是中国人民在改革开放中的伟大创举，这个伟大创举带来了中国经济的繁荣和发展。中国特色社会主义之所以能带来中国经济的繁荣和发展，就是因为它冲破了传统社会主义的束缚，放弃了传统社会主义中的死的教条，按照中国的具体国情调整和改革原有经济体制。例如打破传统社会主义将计划经济作为社会主义"信条"而否定市场经济的教条，建设市场经济体制，从而极大地解放生产力，推动中国经济和社会进步。因此，坚持中国特色社会主义道路的关键，是要敢于按照中国的具体国情而抛弃传统社会主义的那些教条。从中国的实践来看，公有制占主体的所有制结构不是中国特色社会主义的标准，中国特色社会主义的标准是人民的共同富裕。既然姓"公"姓"私"不是判断能否促进共同富裕的标准，而且在市场发挥配置资源决定性作用的条件下，混合所有制经济的产权安排必然突破公有制占主体的所有制结构并促进共同富裕，我们就应适时放弃公有制为主的提法。这并不表明我们要放弃社会主义,而是恰恰说明我们要坚持中国特色的社会主义。放弃公有经济为主的提法,是说明我们要放弃传统社会主义的教条,坚定不移地走中国特色社会主义道路。

参考文献

[1] 魏杰. 亲历改革:1978—2008 中国经济发展回顾. 北京:中国发展出版社,2008

[2] 魏杰,施成杰. 正确认识经济体制改革的新阶段. 经济纵横,2014(6)

[3] 中共中央关于全面深化改革若干重大问题的决定. 求是,2013(22)

[4] 马克思. 资本论(第一卷). 北京:人民出版社,2004

[5] 马克思,恩格斯. 共产党宣言. 北京:人民出版社,1997

[6] 格申克龙. 经济落后的历史透视. 北京:商务印书馆,2012

中国经济新常态与有效保护产权

如本书导论所述，中国经济新常态的经济体制改革涉及到调整基本经济制度，而基本经济制度调整涉及到保护产权问题。大家知道，中国经济治理目前面临着对效率与公平的双重挑战。一方面，2011年以来中国经济的下行压力不断加大，政府刺激政策的作用不断减弱、时效愈发缩短，经济增长需要内生重启但步履蹒跚。另一方面，社会公平的矛盾累聚亦难以持续，大量违背社会公平的现象长期未能得到纠正，新的不公平矛盾又不断涌出，而"人民群众的公平意识、民主意识、权利意识不断增强，对社会不公问题反映越来越强烈。"效率与公平的双重压力造成当前中国经济的治理困局：治理政策已不能再简单地牺牲公平换取效率，或是牺牲效率换取公平。破解这一困局需要全面深化改革，其目标就是要在提升效率的基础上实现发展成果的公平分配，"让一切劳动、知识、技术、管理、资本的活力竞相迸发，让一切创造社会财富的源泉充分涌流，让发展成果更多更公平惠及全体人民"，"推动经济更有效率、更加公平、更可持续发展"。如何才能在全面深化改革中统一效率与公平？回答这一问题关键在于认清造成当前治理困局的内在根源。我们认为，当下中国经济的效率与公平之所以遭受严重威胁，均在于产权未能得到有效保护。因此，我们应在全面深化改革的顶层设计中更加强调保护产权，这是统一效率与公平的核心一点。

* 本文由施成杰执笔完成。

一、有效保护产权与提升效率

经济增长的源泉有四个，劳动、物质资本、人力资本与技术。提升效率，就是要充分发挥这四大要素的作用。而中国当前出现的劳动激励不足、物质资本低质、人力资本流失、技术发展滞后等严重问题的深层次原因，就在于产权缺乏有效的保护。因此，提升效率，实现中国经济转型升级，关键是进一步保护产权。

第一，有效保护产权是消除福利主义与民粹主义社会影响的前提，能够形成崇尚劳动的社会风气。

无论是简单劳动还是复杂劳动，无论是生产劳动还是管理劳动，无论是常规劳动还是创新劳动，劳动始终是我们产出经济成果的根本路径。激励个人劳动的，是通过劳动能够获得消费品以增加自身福利。但问题在于，获取消费品的途径却不是仅有劳动。相较于耗费体力与脑力的劳动，另一种方式不增加社会财富却要轻巧得多，那就是侵占他人劳动成果的分利行为。这在当代中国表现为福利主义与民粹主义。福利主义者坐等政府补贴，但政府财政收入不是凭空得来的，其占用的是那些劳动者缴纳的税收。民粹主义者以穷为荣，试图以"劫富济贫"实现自身富有，其实质是假借"革命"之誉而真行动乱之实。这两种思想产生的根源，就是无视他人产权，缺乏产权保护的自觉意识。农村靠自身勤奋努力而致富的人曾形象地说，只有好吃懒做的"二流子"才会忽视产权，在产权上实行无"政府主义"。或许有人会争辩，当前存在一些地方政府通过侵犯个人产权获取财富的情况，存在一些富人违背法律聚敛钱财的事实，"赖"政府的钱、"劫"富人的钱是将百姓的劳动成果归还百姓。这种想法是极端错误的。上述问题绝不是实行福利主义与民粹主义的理由，其产生恰恰源于少数官员与富人对大众产权的侵犯。想要合理政府收入、使之充分用之于民，想要保证致富者均源自勤劳努力，只能依靠有效保护产权。保护产权是经济制度的范畴，是形成勤劳致富社会意识的重要制度保障。这种制度一旦形成，有助于校正那种不依靠自身勤奋努力而是试图侵占别人产权以实现富有的不健康思维，有助于形成崇尚劳动的良好社会风气。

第二，有效保护产权是践行"两个毫不动摇"的制度基础，能够增进物质资本积累的质量。

虽然新古典增长模型预测，长期经济增长中人均物质资本最终会收敛到稳态值，但在中国的工业化与城镇化远未完成的当下，物质资本积累仍是吸引农村劳动力转移、促进经济转型升级的物质支撑。当前中国经济面临的问题不在于是否积累物质资本，而在于如何增进物质资本积累的质量，让累积的资本更少消耗资源、更多产出商品、更能满足需要。这要求进一步松绑民营经济，进一步改革国有企业，让各类产权形态成为平等的投资主体，在市场竞争中彼此促进、优势互补、共同发展。因此，我们必须毫不动摇地坚持和发展公有经济，毫不动摇地坚持和发展非公有经济。"两个毫不动摇"决定中国经济成为混合经济体制：在宏观结构上，国民经济中既有公有经济，又有非公有经济，共同推动经济持续发展；在微观结构上，企业中既有公有产权，也有非公有产权，共同促进企业经营活动。不同产权在宏观结构与微观结构中的竞争与融合，以及这种竞争与融合所引发的产权边界界定，让平等保护产权成为社会经济生活的核心问题。因此，中国特色社会主义基本经济制度在坚持"两个毫不动摇"时，就应该把平等地保护各类所有制产权作为根本原则。从这一点上讲，有效保护产权是中国特色社会主义基本经济制度的重要构成部分，是中国特色社会主义基本经济制度的应有之意。

第三，有效保护产权是消弭移民潮与维护社会稳定的关键，能够保障人力资本的长久累积。

人力资本是中华民族伟大复兴的关键支撑。历史上的大国崛起总是与人力资本的积累息息相关。例如，英国在 18 世纪确立霸权，很大程度上归功于因欧洲大陆的种族与宗教迫害而流入的人才。再如，第二次世界大战后美国霸权确立，也在很大程度上得益于因纳粹迫害和欧陆战争而涌进的科学与人文学者。践行中国梦迫切需要第三次世界人才大转移，但中国当前却出现了规模巨大而又隐蔽晦暗的移民潮。移民者大多是财产所有者。由于拥有知识、技术与企业家精神能更容易获得财产，这些移民者也多是人力资本所有者。他们为什么要积极移民？其最主要的原因，并非像一些学者认识的那样是为享受发达国家的社会福利，而是担心自己的产权不能在国内得到有效保护。这种非正常移民的后果非常可怕，它造成了物质资本与人力资本的双重流失，同时也动摇了社会的稳定，而社会的不稳定又将进一步削弱物质与人力资本的投资意愿。这是因为，有产者是最害怕社会动荡，也是最需要稳定的。在中国，维护稳定的主要社会基础就是那些在三十五年改革开放中受益而积累起自身财富的人。但只有保护他们的合法产权，他们才会成为社会稳定的中坚力量。因此，践行中国梦，社会主义基本经济制度就不可能一成不变，就必然随经济发展和社会变革而不断调整和完善。在当前，社会主义基本经济制度应更加注重保护产权，尤其是放松对私人产权的限制。我们必须认识到，经过三十五年的改革开放和经济发展，人民群众普遍希望拥有自己的财产，很大一部分已经成为有产者，人们越来越注重对自身产权的保护。保护自身产权已是民意所向。社会主义基本经济制度应充分反映和体现这种迫切愿望。

第四，有效保护产权是破除"山寨风气"的根本举措，能够推动技术的持续进步。

作为人类社会发展的动力之源，技术的持续进步有赖于四大基础的支撑，知识产权保护的法律基础、研发投资的物质基础、技术市场的组织基础与研发人员的人才基础。其中，知识产权保护是其他三项基础赖以实现的前提。但长期以来，由于对知识产权的实质性保护较软，一出现某款新产品，其他企业便以更加低廉的价格"山寨"。表面上，"山寨"商家获得利润，技术实现扩散，消费者得到实惠。但实质上，"山寨"破坏了技术进步的根基,自主创新的激励严重不足,跟风、模仿、剽窃却蔚然成风,最终侵害消费者的长远利益。第一,缺乏产权保护,"山寨风气"会损害技术研发投入,滞缓技术创新。技术创新是技术进步的源头。但技术创新面临巨大的不确定性,需要不断试错与积累,成本高昂。"山寨"无需创新成本,这是"山寨"商品价格低廉的根本原因。创新企业通过研发投入发明新技术,是为了获取超额利润。没有知识产权的有效保护,利润将就会被"山寨"商家侵蚀。因此,如果谁都可以"山寨"别人的技术创新,企业必然不会下大力气投资研发,而是琢磨如何"山寨"别人的新技术,技术进步就成了无源之水。第二,缺乏产权保护,"山寨风气"会破坏技术市场运行,限制技术扩散。表面上,"山寨"能够更快普及新技术,并通过避免企业"重复性"创新而节约社会成本。但实际上,通过市场传播技术比"山寨"更有效率。一方面,在保护知识产权的情况下,新技术可以在技术市场中流动组合。最为需要也就是最能有效利用某项技术的企业,最有动力向原创企业引入该技术,支付创新成本的价格也最高,从而实现技术资源最优配置。另一方面,一些高精尖产品的技术集成,如芯片、高铁、飞机,无法通过低水平重复的"山寨"来实现,只能依靠市场交易完成各项技术的组合。而如果没有知识产权的清晰界定与有效保护,如果允许"山寨"广泛存在,就不可能存在技术市场。第三,缺乏产权保护,"山寨风气"会弱化研发人员激励,阻碍知识创新与传播。知识产权保护不是设立"秘方",不是要阻碍知识交流与发展,而是禁止未经授权就采用这些知识去生产商品。如果知识产权得不到有效保护,即便产权是归企业而非研发者个人所有,作为其引致需求的研发人员也难以获得相应的激励,从而难以实现人力资本与物质资本的有效结合。而新知识的创造者也就更不愿意知识被分享与传播,不利于知识创新正外部性的溢出。

二、有效保护产权与促进公平

中国的社会不公平问题日益突出，表现在收入差距拉大、国有资产流失、征迁恶案频发、储蓄资产贬值、民企发展受困、黑恶势力膨胀、贪污腐败蔓延、集资乱象加剧、特权侵犯人权等各方面。这些问题的根结已不是简单的收入分配，而是财产获取权利、财产积累机会与财产交换规则的不平等。促进社会公平必需要交还百姓私权、转变政府职能、约束公共权力，其关键仍是进一步保护产权。

第一，有效保护产权能够将私权交还个人，实现财产获取权利的平等。

当前中国收入差距过大的一个重要原因是财产获取权利不平等。它导致财产性收入出现极化。一个最典型的例子：在法律上归全体民众所有的赢利能力极强的资产，没有能够惠及民众，反而被个别人通过廉价方式攫取并一夜暴富；而普通居民积累的大量金融资产却未能随着经济增长升值，占金融资产比重最大的储蓄存款甚至贬值，居民的金融财富实际是在向垄断金融部门隐性转移，难以实现富有。实现财产获取权利平等的关键是将私权交还个人，这需要产权得到有效保护。首先，有效保护国有产权，严禁国有经济中的贪腐与国有资产流失，让全体民众享受到国有资产红利。在当前国资委集国有资产监管职能与经营职能于一身的体制下，国有产权的社会职能与赢利职能无法有效区分，从而难以实现对国有产权的有效保护。在这种体制下，国有产权的所谓社会职能，常常成为国有产权实际控制者侵吞国有产权经营收益的掩护与渠道，甚至以此将侵吞国有资产"体制化"、"合法化"，从而使全民所有制财产异化成为某个社会阶层的财富来源。应将国有资产经营权从政府系统中分离并上缴国有资产红利，让其所有者，全体人民，能够真正监管全民所有制财产的运营，能够真正享受全民所有制财产的收益。其次，有效保护农村土地产权，防止地方政府与开发商为瓜分利租恶性拆迁，让广大农民能够切实享受到土地增殖收益。这包含两个层面：一是实化农民作为集体成员对农村土地的所有权，与城市土地的国家所有权相对应，实现同权同利；二是实化集体所有而由农民承保的土地使用权，与城市土地的居民使用权相对应，实现同权同利。这要求切实遵照宪法，界定政府与农村土地产权的关系。政府征用农村土地，只应用于公益性建设，且给予足够补偿。而用于非公益性建设的农村土地，政府不能再作为交易主体，只能收取相应税收；农民应成为交易主体且自由进入市场，获取绝对地租与级差地租。再次，有效保护居民储蓄资产，打破国有金融体系的市场垄断，让亿万储户享受到经济增长中的储蓄收益。作为高速增长的发展中国家，中国应具有高于发达国家的资本收益率。但现实却是，一方面中国居民拥有的庞大储蓄资产的利率极低甚至为负；另一方面有效率的民营企业却出现融资难，实际贷款利率极高。保护储蓄资产的关键是金融市场去垄断化，消解国有金融体系的垄断利润，让居民的储蓄供给与企业的投资需求有效结合。

第二，有效保护产权能够纠正政府职能错位，实现财产积累机会的平等。

不同产权性质的财产应在市场中平等竞争，由劳动生产率最高的一方实现财产的累积。但现实中，民营经济难以获得与公有制经济平等的资源使用和市场进入条件，造成市场竞争的机会不均等。例如，在政治地位上，政府领导对视察民营企业，常常避而远之；在资金筹集上，国有银行对民营企业贷款，常常苛刻刁难；在法律执行上，税务部门对民营企业收税，常常粗暴任意；在投资经营上，投资审核部门对民营企业投资，常常阻滞干涉。而市场竞争中私人产权与公有产权机会不平等的根源在于，政府总是试图经营产权却并没有把重心放在保护产权上。这是中国当前难以厘清国家与市场、政府与企业、监管与经营、宏观与微观等诸多社会经济关系的最主要原因。政府经营产权的结果只能是政资不分与政企不分，从而导致在产权上由政府经营与非政府经营的经济主体无法实现平等经营、平等竞争、平等发展，对各种所有制产权平等保护实际上就成了一句空话。财产积累机会的不平等会衍生出一系列的社会不公平问题。在政府经营公有产权越位而保护私人产权缺位的条件下，有的民营企业为保护自身财产，不得不依靠非政府力量，结果助长黑恶势力，甚至会形成"黑社会"存在的温床；有的民营企业为获取投资项目，不得不对政府中的一些人行贿，结果贪腐问题日益严重；有的民营企业为筹集发展资金，不得不搞社会集资，结果产生信用与债务乱象。可以说，黑恶势力、贪污腐败、集资混乱等负面社会现象的产生，从经济制度层面上讲，很大程度是因由产权未能得到有效保护。而要实现有效保护产权，尤其是平等保护私人产权与公有产权，政府就必须从竞争经营性活动中退出。这其实就是要求彻底转变政府职能，从而倒逼政府体制改革，真正建立起服务型政府。

第三，有效保护产权能够让公众约束公权，实现财产交换规则的平等。

保护产权延伸到政治层面就是保护人权。人权面前人人平等，这是人类现代社会最核心的价值观。但我国目前公众积怨较多的一个重要问题，却是现实中特权的普遍存在，人权往往被特权所侵犯。这一问题的经济根源就在于现实中财产等价交换的规则极易受到破坏。我们知道，财产交换所体现的不只是物与物的关系，也不局限在人与物的关系，而是体现了承载于物中的人与人交往的权利关系。其实，人权的一项基础性内容就是财产权。人人平等参与、平等发展的权利，经济内涵就是获取财产权利与积累财产机会的平等，而这又以财产交换规则的平等为前提。可以说，不保障财产的等价交换，就难以奢谈保护人的权利，也就无法实现人与人的平等。那么，谁在侵犯财产的等价交换规则呢？当前，虽然存在私人与私人之间的财产侵害问题，但财产等价交换面临的最大问题仍是公共权力对私人产权的侵害。在中国，公权高于私权、公共权力可以随意侵犯私人产权的社会意识根深蒂固，政府的权力缺乏实际的制约。这就导致公权的实际执行者，以及他们的"俘获"者，具备侵犯他人产权以增加自身利益的特殊权力。也就是，扭曲财产在市场中的交换规则，不等价交换。因此，保障财产等价交换，关键是要实现权力制衡，由公众约束公共权力。我们应卸下一些无谓的"包袱"，公众对公共权力的约束不是西方资本主义的特有产物，而是中国共产党自身的追求目标。早在延安时期，我们党就强调，跳出盛衰治乱的关键是让人民来监督政府。公众约束公权的根本举措就是要有效保护私人产权，使其不受公共权力侵犯。这包括三点。第一，实现司法权独立于行政权。第二，由于财产权属于司法权，行政权不能干涉私人财产。第三，司法权自身对私人产权的干预也要求法庭授权。

三、如何在全面深化改革中有效保护产权

当前的全面深化改革并不复杂，强调核心的一点就可以了：有效保护产权。产权一旦得到有效保护，资源价格及要素价格自然在市场博弈中走向市场化，利率市场化和汇价市场化自然就能推进，市场决定资源配置也就得以实现。产权一旦得到有效保护，人们自然就会勤劳实干，自然注重长期投资，而不是相互欺诈恶斗、沉迷短期投机。产权一旦得到有效保护，企业家队伍自然形成，人力资本自然回流聚集，企业家队伍壮大与人力资本累积是同保护产权的状况成正比的。产权一旦得到有效保护，企业自然投资于技术创新，人才自然致力于创新技术，创新驱动战略就能够实现。产权一旦得到有效保护，财产分配机制自然趋向公平公正，交易双方的利益自然实现共享双赢，人与人之间就能够实现平等包容。产权一旦得到有效保护，政府行为自然会受到约束，政府与市场、政府与企业的权力边界自然会得到清晰界定，转变政府职能、改革政府体制也就能够实现。因此，改革能否完成最深层次的制度保障，统一效率与公平，就在于能否有效保护产权。

那么，怎么样才能做到有效保护产权呢？有两大要点：一是建立新

的公众意识,二是改革旧的法律体系。

第一,改革理论体系,汇聚尊重产权尤其是私人产权的公共意识,是让产权得到有效保护的思想基础。

改革开放以来,中国公众的产权意识逐步形成但极为混乱。一方面,由于外来的理念冲击与蓬勃的市场大潮,获取自身财富、保护自身产权已经成为广大百姓的共同愿望。另一方面,由于长期的理论宣传和分化的贫富差距,仇恨他人财富、轻视他人产权也成为日渐普遍的大众心理。公众意识的混乱源于理论的纷争与缺失。新古典经济学赋予了公众追求自身财富的合理性,但立足代表性消费者与厂商的一般均衡模型,未能探讨产权的作用机制,也未能预见产权分配不平等的社会后果,无法深刻解释当前中国社会中的各种矛盾。对马克思经济学的传统理解,虽能正确认识到产权分配的根本性意义,并能深刻洞察财产被少数人占有导致的社会矛盾,却只会得出私人产权必然导致两极分化从而与共同富裕相违背的结论。官方意识形态力图运用"主体论"统合前两种思想,既肯定私人产权能够通过个人利益激发效率,从而不断强调提升私人产权地位、释放私人产权活力,却仍然坚持只有公有产权才能推进社会公平,从而公有产权的主体地位不可动摇。但如此一来,保护私人产权就矮化为促增长、增就业、取税收的手段,就局限为阶段性任务,剥夺私人产权仍然是最高的社会理想,民营企业就如同豢养的待宰肥羊。上述理论各有长短、相互僵持,撕裂纷乱公众意识。如果认为自私自利是天经地义,如果又认为私有财产是源于剥削,那么产生如下的社会心理也就不足为奇:他人财产被剥夺是不必给予同情的,甚至只有剥夺他人财富才能富有自身。这将无法产生有利于私人产权保护的意识形态,也就无法真正实现有效保护产权。

建立尊重私人产权的公共意识,必须要从传统的意识形态束缚中解放思想,必须要在全面理解马克思经典理论的基础上理论创新。事实上,保护产权尤其是私人产权与共同富裕并不矛盾。马克思深刻洞察产权平等的根本重要性,但平等产权并不意味着只能通过消灭私有制实现财产的共同占有。马克思其实区分了两种私有制：第一种是劳动者与生产资料的直接结合，称为小生产者私有制；第二种是同广大无产者相对立的生产资料少数人占有，称为资本主义私有制。其中，第一种私有制是实现自由与个性的前提，却无法与社会化大生产兼容，最终被第二种私有制取代；第二种私有制创造出巨大的生产力，但导致产权分配的深刻不平等，最终将因矛盾的累积而被"炸毁"。马克思号召的"消灭私有制"，是要消灭第二种私有制，从而在生产资料共同占有的基础上重建个人所有制。因此，违背共同富裕的并非私有制一般，而是一种私有制特殊，即广大劳动者转化为劳动力商品与生产资料少数人占有的严格对立。中国当前保护产权，尤其是私人产权，不是要形成第二种私有制，而是要在社会化大生产中重建第一种私有制。我们应当承认这是可行的。一方面，大生产并不必然取代小生产。市场环境复杂多变，企业管理与计划存在成本，且生产规模越大成本上升越快。因此，每一轮新市场的发现、新技术的发明，更多源自灵活多变的小企业。另一方面，保护私人产权并不必然出现资本与劳动的对立格局。通过实现财产获取权利的平等、财产积累机会的平等与财产交换规则的平等，生产资料的分布聚合将由个人努力程度，即劳动决定。因此，不讲前提的说私人产权是罪恶之源、公有产权道德至上是错误的，任何形式的合法产权都是阳光的，都应该被尊重。通过真正形成科学的产权理论，在保护自身产权的同时尊重他人产权就会成为一种公众意识。

第二，改革法律体系，全面并平等地保护各类产权尤其是私人产权，是让产权得到有效保护的制度基础。

产权就其形态来讲，包括物质产权（资源、土地、货币资本、设备及各种生产资料等）、知识产权、劳动产权（个人对自身劳动的所有与支配）；就其功能来讲，包括占有权、使用权、收益权、处分权。有效保护产权就必须全方位地保护产权的各个形态与各项功能。但长期以来，我们对产权的保护，重有形的产权，轻无形的知识产权；在物质产权的保护中，重人为创造物的产权，轻自然馈遗的资源、土地等产权；

在土地产权，尤其是农村集体土地产权的保护中，又重占有权与使用权，轻收益权与处分权。这样的产权保护是极不完备的，难以发挥产权的应有作用。党的十八届三中全会通过的《全面深化改革若干问题的决定》（以下简称《决定》），明确要求加强知识文化、自然资源、农村土地三个方面的产权保护。当前推进对产权全面保护，就是要将《决定》落到法律体系改革的实处。

产权就其所有者来讲，包括国有产权、自然人产权、共有产权、法人产权、社团产权、社区产权等。有效保护产权就必须彻底平等地保护各种所有制属性的产权，并将这一原则贯穿于从宪法到刑法和民法的整个法律体系上。但长期以来，我们重公有产权保护而轻私人产权保护，公有产权与私人产权不平等是我国现行法律体系的重大缺陷。宪法是根本法，规定了国家的根本制度和根本任务，宪法领域不平等必然会影响到刑法、民法等整个法律体系的各个方面。因此，当前最核心也是最紧迫的，是在宪法领域破除所有制歧视，平等保护公有产权与私人产权。在前文的论述中我们已经知道，这样做并不与共同富裕相矛盾，亦不与社会主义意识形态相背离。习近平总书记在对《决定》的说明中也明确，"改革开放以来，我国所有制结构逐步调整，公有制经济和非公有制经济在发展经济、促进就业等方面的比重不断变化，增强了经济社会发展活力。"我们完全没有必要再在宪法中强调某一种所有制必须居于主体地位，没有必要在让市场起决定性作用的改革新阶段，再为了维系特定的所有制结构而干预、束缚、甚至扭曲市场。其实，改革开放以来我们对宪法曾做过多次修订和完善，一些修订甚至是根本性的。例如，紧随1992年邓小平南巡，我们在1993年通过宪法修正案，将宪法第十五条从"国家在社会主义公有制基础上实行计划经济"修改为"国家实行社会主义市场经济"。这一举措在宪政层面上保障了市场经济，极大鼓舞了中国体制改革的深化与经济高速发展。当前，我们应当也可以在宪法层面进一步释放保护产权的积极信号，也就是对宪法第六条做出修订：模糊掉以公有制为主体这一硬性要求，只强调实现共同富裕的社会主义经济制度属性，提出发展混合经济，让各种经济成分与投资主体平等竞争、相互融合、优势互补、共同发展。

破解目前中国经济治理困局，必须要在全面深化改革中统一效率与公平，其核心点就是有效保护产权。有效保护产权能够形成崇尚劳动的社会风气、增进物质资本质量、累积人力资本、推动技术进步，从而提升效率。有效保护产权也能够实现财产获取权利的平等、财产积累机会的平等、财产交换规则的平等，从而促进公平。在全面深化改革中有效保护产权需要做到两点。一是创新理论，正确认识到保护私人产权与共同富裕的逻辑统一，汇聚尊重产权尤其是私人产权的公共意识。二是改革法律体系，全方位地保护各个形态与各项功能的产权，彻底平等地保护各种所有制属性的产权，尤其在宪法领域破除对私人产权的所有制歧视。

参考文献

[1] 习近平. 切实把思想统一到党的十八届三中全会精神上来. 新华网, 2013 - 11 - 12. http：//news. xinhuanet. com/fortune/2013 - 12/31/c_ 118787463. htm

[2] 中共中央关于全面深化改革若干重大问题的决定. 新华网, 2013 - 11 - 15. http：//news. xinhuanet. com/politics/2013 - 11/15/c_ 118164235. htm

[3] 黄炎培. 八十年来. 北京：文史资料出版社, 1982

[4] 魏杰. 亲历改革：1978—2008 中国经济发展回顾. 北京：中国发展出版社, 2008

[5] 马克思. 资本论（第一卷）. 北京：人民出版社, 2004

[6] 马克思, 恩格斯. 共产党宣言. 北京：人民出版社, 1997

[7] 魏杰, 施成杰. 厉行节约的关键是转变政府主导型增长方式. 税务研究, 2013（8）

[8] 魏杰, 施成杰. 建立市场起决定性作用的经济增长方式. 经济学家, 2014（2）

[9] 习近平. 关于《中共中央关于全面深化改革若干重大问题的决定》的说明. 新华网, 2013 - 11 - 15. http：//news. xinhuanet. com/politics/2013 - 11/15/c_ 118164294. htm

[10] 魏杰, 施成杰. 中国当前经济稳增长的重点应当放在哪里？. 经济问题探索, 2012（9）

[11] 中华人民共和国宪法修正案（1993）. 中国人大网, 2013 - 11 - 15. http：//www. npc. gov. cn/npc/xinwen/2013 - 12/10/content_ 1816099. htm

中国经济新常态与稳固执政基础：
不应排斥民营经济

随着中国经济发展进入到新常态，原有依靠政府主导投资促进增长的发展模式已经无法持续，进一步促进民营经济发展是当前供给侧改革的重中之重。这是稳定经济增长速度，改善经济结构，进而在 2020 年如期全面建成小康社会的关键所在。可是当前民营经济的发展仍然面临很多阻碍，其中最根本的一条是在思想意识层面上的，很多人仍然认为只有公有制经济才是共产党的执政基础，担心进一步发展民营经济会动摇党的执政地位。持这一偏见的主要理由是：民营经济存在剥削，公有制经济则有利于再分配，因此认定民营经济比重的提高会违背共同富裕的社会主义本质。但如果仔细推敲，上述论据并不成立。马克思对所有制与分配关系的分析是深刻而辩证的，他并非单向度地否定私有制，应当在对马克思分析思路整体把握的基础上思考新技术条件与组织方式下的民营经济和分配的关系。我们认为民营经济同样是党的执政基础，民营企业应当与国有企业共同发展。

一、民营经济在生产关系中的比重不断扩大

1. 应从生产关系的维度衡量所有制结构

改革开放近四十年，所有制结构已经并正在发生显著而深刻的变

---

* 本文由施成杰执笔完成。

化。在已有文献中，所有制结构更多是从资产结构度量。但我们认为，应以不同所有制部门吸纳劳动力的比例份额，也就是生产关系，作为所有制结构的度量依据。

在马克思经济学看来，所有制不是人与物的关系，而是人与人的关系。生产资料归谁所有之所以重要，是在于它关系到不同阶级间的劳动分配。只有在一定生产关系条件下，生产资料才从财产转变为资本。生产资料占有者与无产劳动者间构成的雇佣关系，正是马克思"资本"概念的核心。物质资本进入商品价值的只是其生产出来所消耗的劳动时间，剩余价值则是劳动者创造的超出劳动力价值的部分，各部门剩余价值生产的比例取决于劳动力所有制结构。因此，全社会劳动力在分配方式不同的部门中的分布，能够反映出社会分配结构。

在西方经济学看来，不同所有制之间效率的差异，很大程度上取决于不同所有制企业中劳动者的效率高低。例如，很多学者认为公有制之所以低效率，在于其缺乏激励劳动者努力与创新的机制。且如果一定时期资本劳动比是一定的，那么劳动力的所有制结构也就能够反应资本的所有制结构。再加上，相较就业数据，资产数据会大大低估私人资本比重，依据就业份额划分所有制结构更为合适。因此，全社会劳动力在生产效率相异的部门中的分布，能够反映出社会生产结构。

2. 民营经济的比重核算

在经验层面，国家统计局按照国有、集体、私营、股份合作、联营、有限责任、股份有限、港澳台商投资、外商投资企业与个体工商户，合计十类部门公布数据。在上述统计口径中需要注意四点。一是既存在单独统计的有限责任公司与股份有限公司，也存在涵盖于私营企业大类中的私营有限责任公司与私营股份有限公司。两者的区别在于，私营企业是自然人设立或控股的公司。因此，有限责任与股份有限公司符合理论中的混合所有制，而私营企业则更加符合雇佣型私有制的定义。二是股份合作企业与联营企业应当被归类为混合所有制经济。虽然股份合作企业被定义为集体经济组织，但由于存在出资入股，属于不同投资者个体与不同经济成分的混合，故应作为混合所有制。三是关于个体工商户与私营企业的区分。马克思曾评估，19世纪雇佣八个工人可以使资本家免于劳动。因此在改革开放之初，个体经济与私营经济的区分是以雇佣人数是否超过八人为界。这种界定遵循了马克思经济学的所有制分析范式，是具有分析意义的。2011年《个体工商户》条例修订，不再限制帮工与学徒的数量，个体工商户与私营企业的区别在于法权上，前者为自然人而后者为法人，权利与义务存在差异。但是非企业的自然人所经营的商业组织分工较为简单，因此仍然应当属于个体经济范畴。四是存在就业余项。全国城镇就业统计自1990年始，各所有制单位就业人口加总不等于城镇劳动力就业总人口，两者之间出现差额且不断扩大，称之为就业余项。其原因在于，全国就业总数据在1990年以后是根据城镇劳动力抽样调查与普查推算而得；而各分项就业数据则是根据国家统计局劳动力综合统计报表制度获得，对于重组调整企业、自雇型就业与一些单位中的非正规就业（如临聘）存在漏报和低估。因而，就业余项应当被纳入民营经济范畴，为方便起见将其单列。

我们的数据主要来自历年《中国统计年鉴》的"分城乡就业年底数"一栏。该数据中城镇就业涵盖上述10个部门。我们将其划分为公有部门、混合部门、外商部门、民营部门四大类。其中，民营部门包含私营部门、个体部门与就业余项，见表1。

表1　　　　　　　全国城镇就业所有制结构（百分比）

年份	公有部门	混合部门	外商部门	民营部门		
				私营部门	个体部门	就业余项
1978	99.84	—	—	—	0.16	
1979	99.68	—	—	—	0.32	
1980	99.23	—	—	—	0.77	
1981	98.98	—	—	—	1.02	
1982	98.71	—	—	—	1.29	

续表

年份	公有部门	混合部门	外商部门	民营部门		
				私营部门	个体部门	就业余项
1983	98.03	—	—	—	1.97	—
1984	96.93	—	—	—	2.77	—
1985	96.14	0.30	0.05	—	3.51	—
1986	95.95	0.32	0.10	—	3.63	—
1987	95.35	0.36	0.15	—	4.13	—
1988	94.70	0.44	0.22	—	4.62	—
1989	94.58	0.57	0.33	—	4.50	—
1990	81.54	0.56	0.39	0.33	3.60	13.57
1991	81.83	0.28	0.94	0.39	3.96	12.59
1992	81.24	0.31	1.24	0.55	4.14	12.52
1993	78.38	1.26	1.58	1.02	5.09	12.68
1994	77.73	1.84	2.18	1.78	6.57	9.90
1995	75.67	1.94	2.69	2.55	8.19	8.95
1996	71.58	2.07	2.71	3.11	8.58	11.95
1997	67.02	2.46	2.80	3.61	9.23	14.88
1998	50.99	4.99	2.72	4.50	10.45	26.36
1999	45.89	5.41	2.73	4.70	10.77	30.50
2000	41.47	5.79	2.77	5.48	9.23	35.26
2001	37.02	6.31	2.78	6.33	8.83	38.72
2002	32.93	7.26	3.01	7.94	9.02	39.83
2003	30.02	7.89	3.29	9.70	9.06	40.03
2004	27.87	8.42	3.78	10.97	9.24	39.72
2005	25.71	9.45	4.39	12.18	9.78	38.49
2006	24.28	9.73	4.75	13.35	10.17	37.72
2007	23.07	9.94	5.11	14.80	10.69	36.38
2008	22.14	10.10	5.05	15.96	11.24	35.50
2009	21.12	10.76	5.10	16.64	12.74	33.64
2010	20.51	11.04	5.26	17.50	12.88	32.81
2011	20.35	12.91	5.98	19.25	14.55	26.96
2012	20.02	14.06	5.97	20.37	15.21	24.37

3. 民营经济的发展历程

中国民营经济的发展是与改革开放进程紧密关联的。可以说，正是随着经济体制改革的逐步深化与对外开放的不断拓宽，中国的所有制转型才能够一步步深入。大体而言，我们可以将改革开放后中国民营经济的发展划分为三个阶段。

第一，民营经济发展的第一阶段是自1978至1991年。

改革开放前的总体思路是消灭私营经济并压制个体经济发展。虽然在历次经济困难时期上述政策会有所松动，但这些松动也仅是暂时性调整。至1978年，城镇就业中公有制经济占比高达99.84%，城镇中几乎已不存在其他类型所有制就业。十一届三中全会后经济体制改革开始启动，各种类型的非公经济逐步得到承认，公有制就业比重开始缓慢下降，但直到1991年仍达到82%，占绝大多数。

最先得到发展的是个体经济。城镇个体劳动者在建国初期约900万人，1966年"文革"前夕下降到近200万人，1978年底仅剩15万人。1980年全国劳动就业会议提出，鼓励扶植个体经济发展，实现劳动部门介绍就业、自愿组织就业和自谋职业相结合。1982年党的十二大正式承认个体经济是"有益补充"。这一论断在当年写入八二宪法。1993年城镇个体就业达到930万人，恢复至建国初期水平。

改革开放后很长一段时间，私营经济都未被承认。直至1987年党的十三大才明确允许私营经济发展，认定其为必要有益的补充。这一论断在1988年写入宪法修正案，正式将私营企业纳入法律体系的保障范围。同年颁布的暂行条例，进一步细化保障规范，并将其界定为资产属私人所有、雇工超过八人的营利经济组织。而在国家统计局的统计口径中，私营企业是于1990年开始统计，但在初始阶段吸纳就业很少。至1991年，私营企业就业比重不到城镇就业总数的1%。

第二，民营经济发展的第二阶段是自1992至2001年。

1992年邓小平同志的南巡讲话进一步推动了中国的改革进程。同年，党的十四大将市场经济体制确立为资源配置方式，并明确允许多种所有制经济长期共存与联合经营。实行社会主义市场经济的论述在1993年写入宪法修正案。1997年党的十五大进一步提升非公有制经济的政治地位，将其定位为社会主义市场经济的重要组成，并写入1999年宪法修正案。所有制结构转型随之大大加速。

一是公有制经济的就业比重迅速下降，从1992年的81.24%，下降到2001年的37.02%。尤其是1997至2001年，随着国有企业大范围改制，大量国有员工失业，国有单位就业人数下降近3400万人，成为公有制经济比重下降最快时期。二是就业余项所占比重迅速上升，在2001年达到38.72%，甚至超过同年公有制经济就业比重。就业余项的上浮趋势与公有制经济下降幅度相吻合。1997至1998年，公有制经济比重单年下降16%，为其最大降幅；而就业余项比重同年上升11.5%，是其最大升幅。这标志吸纳就业增量与存量的动力机制发生转变，大量公有制企业的劳动者被推向灵活性强的非现代性企业部门。三是私营经济、个体经济、混合所有制经济与外商经济的就业数量均不断提高。在这一阶段，个体经济所占比重要高于私营经济，私营经济所占比重则超过混合所有制经济。

第三，民营经济发展的第三阶段是自2002年至今。

2002年以后，中国的改革开放进入到新阶段。一方面，加入世界贸易组织，真正融入世界市场；另一方面，非公经济地位得到进一步提高。2002年党的十六大确定了"两个毫不动摇"方针，即对公有制经济与非公有制经济的发展都要毫不动摇的支持。2004年宪法修正案正式明确合法私有财产不可侵犯，同时在爱国统一战线中增加"社会主义事业建设者"。2007年党的十七大提出以现代产权制度为基础发展混合所有制经济。2013年党的十八届三中全会提出公有制经济与非公有制经济都是"重要组成部分"的论断，力图彻底平等两类所有制部门。

这一阶段所有制转型的显著特征有三。一是国有单位就业人数逐步平稳，2003年以后基本维持在6500万左右。虽然因由城市化进程，公有制单位就业比重随城镇就业人数增长仍有下降，2003 至 2012 十年间仅下降 10 个百分点，始终保持在 20% 左右。二是就业余项所占比重逐步下降，缩小了 15 个百分点。三是民营经济所占比重迅速上升。其中，增幅最大的是私营经济，至 2012 年比重上浮接近 3 倍；而个体经济比重也在不断上升。从 1978 至 2012 年的时间里，中国的所有制就业结构从城镇劳动力 99.84% 集中在公有制部门，转变为只有 20.02% 仍吸纳于公有制部门，这一变化是巨大而深刻的。民营经济已经成为吸收城镇就业增量与存量的主体。如此庞大的经济形态，无疑不应排斥于党的执政基础之外。

二、民营经济不等于两极分化

1. 应从整体上把握马克思的分析思路

在很多人看来，如果基于马克思经济学，则私有制必然导致剥削，从而造成两极分化。这是对马克思的误解。马克思的分析是基于严密的逻辑，需整体把握。

无论是在《共产党宣言》还是《资本论》中，马克思其实区分了两种私有制。第一种私有制是劳动者与生产资料的直接结合，称为小生产者私有制，这更符合西方近代学者对私有产权"合法性"的论证，即劳动者凭借劳动获得的私人财产。第二种私有制是同广大无产者相对立的生产资料少数人占有，称为资本主义私有制。在这里，剩余产品归生产资料占有者而非劳动者所有，并累积为生产资料。私人财产已外化于劳动者并与之对立（马克思）。马克思肯定小生产者私有制中生产资料个人占有是实现自由与个性的前提，但同时指出它与社会化大生产不相容，最终会被第二种私有制取代。而对资本主义私有制，马克思肯定了其创造出巨大的生产力，但同时强烈批判其等价交换外衣下的深刻不平等。马克思认为，这种劳动与资本结构性的矛盾将愈发加剧，最终"炸毁"第二种私有制，并在生产资料共同占有的基础上重建个人所有制。马克思强调，庸俗经济学家所讴歌的田园诗歌式的私有制实质是小生产者私有制，正是被资本主义私有制自身所消灭的，他所号召的"消灭私有制"则是要消灭第二种私有制。

中国民营经济的进一步发展，不是要形成第二种私有制，而是在社会化大生产中重建第一种私有制。如果我们坚持以发展的眼光看待马克思经济学，我们应当承认，这是可行的。一方面，在新的技术条件下，小生产并不必然被大生产取代。在马克思看来，生产规模越大则成本越低，从而能以更低的价格销售商品，最终必然吞噬小生产。但他没有考虑复杂多变市场环境中的计划成本与创新。企业规模越大，管理层级越多，对市场的灵敏度越低，改变既定流程或者说创新的难度就越大。而小企业灵活多变。这使得大企业往往选择将业务分包给小企业，也就是以市场协调的社会分工替代计划协调的企业内部分工。更重要的是，发现新市场、发明新技术的主体大多是小企业甚至是个人，从而通过创新获得超额剩余价值。随着互联网、物联网、快速物流的发展，市场的交易费用进一步缩小，小企业通过信用杠杆迅速扩大规模，最终能战胜传统巨头。另一方面，市场经济的等价交换虽肯定资本对剩余的占有，却并未排除劳动者获得剩余的可能。扩大再生产的资本积累，将增加对劳动力的需求，导致工资上升。完全剥夺剩余的核心机制是相对过剩人口生产。竞争中努力提升劳动生产率的单个企业会选择增加其资本有机构成的新技术。这一趋势在全社会层次展开，将造成劳动需求量相对甚至绝对地减少，生产出相对过剩人口，工资从而会下降到适合资本增殖需要的水平。但我们应看到，这一机制并不必然成立。不断在创新中产生的新生产部门，绝对剩余价值生产向相对剩余价值生产的转变，政府的转移支付，均可以让劳动者获得剩余。因此，进一步发展民营经济并不必然出现资本与劳动的对立格局。

2. 民营经济与劳动收入占比的 U 型关系

在国民收入分配中，劳动收入所占比重衡量了各生产要素在初次分配中的比例关系，构成收入分配格局最基本的组成部分。而随着所有制转型，也就是民营经济所占比重的不断提升，中国的要素分配制度发生了根本性变化，从"大锅饭"式的分配，发展到越来越多地允许资本、管理、技术等生产要素按贡献参与分配。这在激励各财富创造源泉充分涌流的同时，也让一些学者疑虑，是否正是民营经济的发展导致了这一时期劳动收入占比的持续下降，从而加剧社会的不平等。

劳动收入占比通常有两种方法计算。第一种方法是将劳动者报酬除以收入法 GDP，称 GDP 法劳动收入占比。由于生产净税额不能衡量劳动与资本关系，第二种方法是将劳动者报酬除以扣除生产净税额后的收入法 GDP，称要素法劳动收入占比。图 1 展示了 1993 至 2012 年两种方式计算的劳动收入占比与民营经济发展态势。两种方式计算的劳动收入占比趋势一致，均自 20 世纪 90 年代中期出现明显下降，并在 2008 年左右逐步回升。因此，厘清民营经济与劳动收入占比的关系必须回答两个问题。一是，20 世纪 90 年代以来与民营经济发展相伴的劳动收入占比下降，是因由其他要素所有者侵占劳动报酬，还是因新的激励机制增加产出所致？二是，这种变化是一种长期线性关系，还是一种存在拐点的 U 型关系？

第一个问题可以利用中国经济发展的区域差异来回答。

中国区域间的劳动收入占比存在显著不同。图 2 显示 GDP 法劳动收入占比在东、中、西三个区域的趋势。虽然三区域的劳动收入占比都呈波浪式下降态势，但中部与西部的占比长期高于东部地区。图 3 显示了三区域的劳均劳动报酬趋势。东部地区的劳均劳动报酬始终高于中部与西部地区。据此，我们可以判断：区域劳动收入占比的差异，并非因由东部地区的劳动报酬更低，而应当归因于其劳动生产率更高。图 4 展示了分区域民营经济所占比重。可以看到中部与西部地区的比重接近，而东部地区则显著高于前两者。因此，民营经济发展程度不同导致的劳动收入占比差异，不是因由利润最大化的私营企业会压低劳动者绝对收入，而是由于私营企业效率水平高于国有企业，因而其比重大的地区生产率水平会更高。

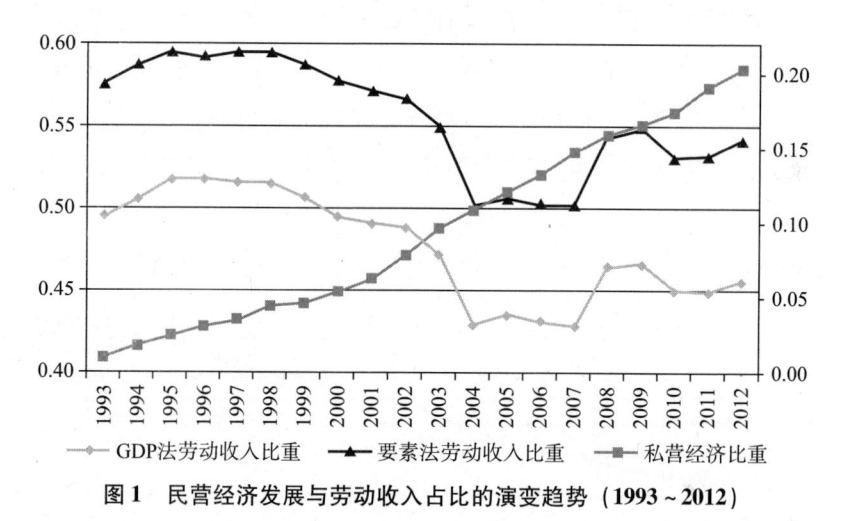

图1 民营经济发展与劳动收入占比的演变趋势（1993~2012）

数据来源：①劳动收入占比由国家统计局数据库的数据计算；②民营经济发展由城镇私营经济就业比重度量，数据来自《中国统计年鉴》、《中国劳动统计年鉴》。

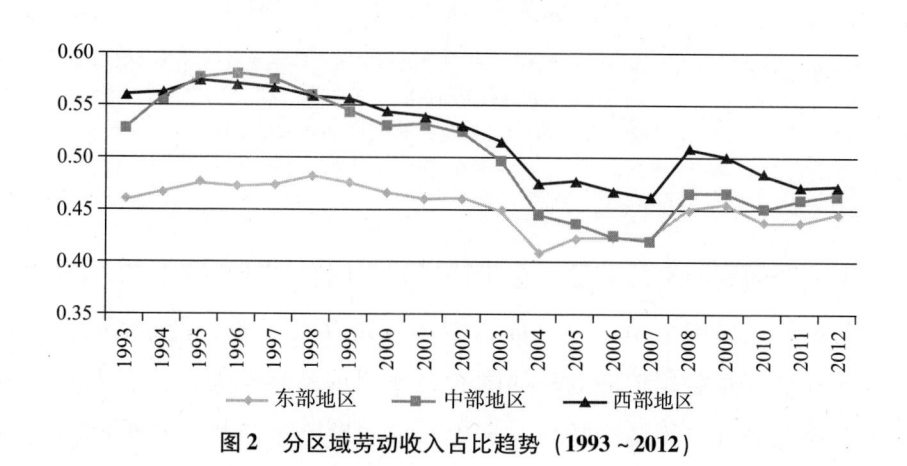

图2 分区域劳动收入占比趋势（1993~2012）

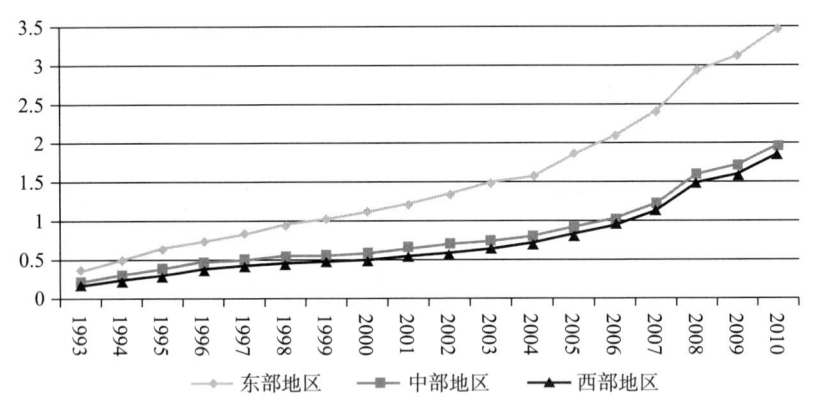

图3 分区域劳均劳动收入报酬水平趋势（1993~2010）

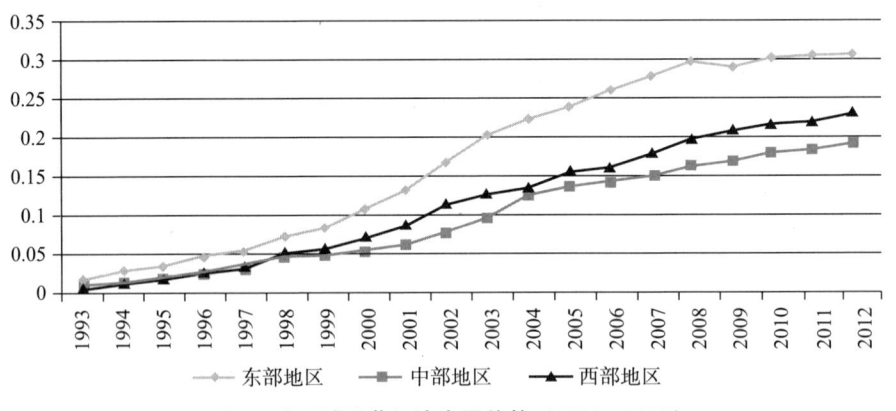

图4 分区域民营经济发展趋势（1993~2012）

数据来源：①劳动收入占比为收入法GDP中劳动报酬比重，数据源自国家统计局数据库（http://data.stats.gov.cn）。②劳均劳动收入报酬由劳动报酬与分省就业数相除，前者取自国家统计局数据库（http://data.stats.gov.cn），后者取自《中国统计年鉴》。2006年分省就业人口未公布，由前后两年平均而得，2010年后未再公布。③民营经济发展程度由城镇就业私营经济比重计算，数据取自《中国统计年鉴》、《劳动统计年鉴》。

第二个问题回答的关键，在于认识到中国经济处于双重二元结构。

双重二元结构是指：一方面，中国经济存在异质企业的结构转换，高效率的私营企业相较低效率的国有企业比重不断扩大。另一方面，中国经济存在城乡二元结构转换，高生产率的城市部门相较低生产率的农村部门比重不断扩大。民营经济不仅将逐步替代低效率国有经济在城镇就业所占份额，也是吸引农村劳动力进入城市从而推动城市化进程的主动力，其比重提升对劳动收入占比产生双向影响。

第一，在所有制二元结构条件下，一个地区民营经济比重的提高将产生资源再配置效应，与该地区人均收入水平呈正比，对劳动收入占比产生负向影响。

当一定量的资源未能发挥出最大效率，便存在资源错配。此时，这些资源向效率更高的企业转移将增加社会整体产出，这一过程称之为资源再配置。国有企业相较民营企业的低效率是中国资源错配的主要原因。民营经济的发展会产生资源在不同效率企业间的重新分配，从而在工资水平不变的情况下提高人均收入。

第二，在城乡二元结构条件下，一个地区民营经济比重的提高将产生城市化效应，与该地区劳动报酬水平呈正比，从而对劳动收入占比产生正向影响。

城乡工资水平由农村边际产出决定。1992年后，中国城镇就业的公有制经济比重持续下降，民营经济是吸引农村劳动力进入城市的主渠道。因此，民营经济发展促进了城市化进程，提高了农村边际产出，进而提升城乡整体工资水平。

第三，在双重二元结构条件下，一个地区民营经济比重的提高对其劳动收入占比的影响具有双向维度。我们认为其最终影响将呈现为正U型曲线。

一方面，不同所有制企业存在效率差异。在统一的劳动力市场下，国有与民营企业工资水平接近而劳动生产率不同，故劳动报酬比重有异。所有制转型会导致劳动收入占比下降。但另一方面，城乡二元结构下的工资水平由农村部门决定，民营经济是城市化进程主动力，其对农村劳动力的吸收会提升工资水平。因此，民营经济进一步发展并不必然降低劳动收入比重，我们认为两者呈正U型关系。在所有制转型之初，生产率效应大于工资效应，劳动收入占比随之递减；当所有制转型到一定程度，生产率效应会逐步降低并小于工资效应，劳动收入占比上升。

我们将按照以下模型对这一正 U 型曲线关系进行识别检验。

$$LS_{it} = C + \beta_1 Poe_{it}^2 + a_1 Gov_{it} + a_2 Openess_{it} + a_3 Fdi_{it} + a_4 Edu_{it} + a_5 Industry + a_6 Lnpergdp_{it} + a_7 (Lnpergdp_{it}) + \varepsilon$$

Poe 代表民营经济发展程度，Poe^2 是其平方项，为本文的核心解释变量。为控制影响劳动收入占比的其他因素，我们引入一系列控制变量，见表 2。

又由于 2004 年收入法 GDP 统计方式发生改变（白重恩，2009），个体收入从计入劳动报酬转为计入资本收益，而集体林业收入又从资本性收入转为劳动性报酬，外生影响劳动收入占比。因此，我们引入时间虚拟变量（姜磊等，2014）。2004 年前虚拟变量取为 1，2004 年后取为 0。以此控制统计口径变化的影响。

表 2　变量说明

变量性质	变量名称	变量含义	具体计算方法
被解释变量	Ls	GDP 法劳动收入占比	劳动者报酬/收入法 GDP
核心解释变量	Poe	民营经济比重	城镇私营企业就业人数/城镇就业总人数
	Poe^2	民营经济比重二次项	上式平方值
控制变量	Gov	政府干预水平	地方政府收支总额占地区 GDP 的比重
	Open	地区开放程度	进出口总额占地区 GDP 的比重
	Fdi	外商直接投资水平	城镇外资企业就业人数/城镇就业总人数
	Edu	人力资本水平	各地区 6 岁以上教育平均年限
	Industry	产业结构	第二产业 GDP 增加值/地区 GDP
	Lnpgdp	经济发展水平	人均 GDP 的对数值
	$Lnpgdp^2$	经济发展水平二次项	人均 GDP 的对数值再平方

本文使用自 1993 年至 2012 年 20 年间的省级面板数据。所选省级行政单位中除去了香港、澳门、台湾、西藏。因重庆市 1996 年以前

数据未单独统计，将其与四川省合并观察。数据总共有 580 个样本观察点。我们的数据来源包括，国家统计局数据库（http://data.stats.gov.cn），历年《中国统计年鉴》、《中国人口与就业统计年鉴》、《中国劳动统计年鉴》，及《重庆统计年鉴》与《四川统计年鉴》。

我们分别采用固定效应模型和随机效应模型，对面板数据进行回归检验。其中，模型（1）和模型（4）报告全部控制变量，模型（2）和模型（5）剔除不显著的回归变量，模型（3）和模型（6）没有包含任何控制变量。在上述六个模型中，核心解释变量与控制变量的符号与显著程度基本一致，说明回归结果的可靠（表3）。

民营经济发展程度对劳动收入占比的影响显著为负，其平方项对劳动收入占比的影响显著为正。因此，核心解释变量的综合影响呈 U 型曲线。民营经济比重的上升首先会对劳动收入占比形成下降压力，但上升至一定程度后将促其增加。

对外开放程度的影响不显著且符号不稳定，人力资本水平的影响虽为负，但数值很小。我们认为，这是由于上述两个变量对于劳动收入占比的影响具有多重途径，而不同途径的效果相反，相互抵消导致整体效果微弱。政府支出的影响为正，这与 Harrison（2005）、Jayadev（2007）、罗长远（2009）的结论一致。外商投资的影响显著为负，说明其生产率提升效应大于工资竞争效应。产业结构，即工业化程度，对劳动收入占比影响显著为负。我们认为，这是因由中国的城市化进程严重滞后于工业化，工业化对工资的提升远远小于其对效率的促进效应。人均国内生产总值的影响显著为负，而其二次项的影响显著为正，说明随着经济发展，劳动收入占比呈 U 型曲线演变，这与李稻葵（2009）的估计结果一致。

表 3　　　　　　　　　　　　回归结果

解释变量	固定效应模型			随机效应模型		
	(1)	(2)	(3)	(4)	(5)	(6)
截距	1.399***	1.417***	0.529***	1.404***	1.428***	0.529***
	(6.50)	(6.61)	(124.21)	(6.68)	(6.83)	(53.85)
poe	-0.241**	-0.259***	-0.342***	-0.201**	-0.190**	-0.341***
	(-2.57)	(-2.78)	(-4.96)	(-2.19)	(-2.07)	(-4.93)
poe²	0.533***	0.553***	1.007***	0.485**	0.437**	0.959***
	(2.65)	(2.79)	(6.19)	(2.43)	(2.24)	(5.87)
gov	0.093*	0.087		0.098*	0.098*	
	(1.69)	(1.61)		(1.95)	(1.95)	
open	0.003			-0.013		
	(0.20)			(-1.06)		
edu	-0.005			-0.007*	-0.007*	
	(-1.22)			(-1.76)	(-1.83)	
fdi	-0.293***	-0.296***		-0.208**	-0.253***	
	(-2.63)	(-2.84)		(-2.11)	(-2.86)	
industry	-0.426***	-0.420***		-0.404***	-0.404***	
	(-8.49)	(-8.42)		(-8.82)	(-8.84)	
lnpgdp	-0.152***	-0.160***		-0.148***	-0.154***	
	(-3.27)	(-3.50)		(-3.24)	(-3.39)	
lnpgdp²	0.009***	0.009***		0.008***	0.009***	
	(3.58)	(3.72)		(3.43)	(3.62)	
R² (within)	0.459	0.457	0.365	0.456	0.457	0.365
观测值	580	580	580	580	580	580
组数	29	29	29	29	29	29

注：①括号中数字为 t 值；② *、** 和 *** 分别代表 10%、5%、1% 的显著性水平。

3. 民营经济与城乡收入差距的倒 U 型关系

城乡收入差距是中国收入分配格局的重要维度。该差距长期处于较高水平被认为是造成中国基尼系数超过国际警戒线的重要原因。因此，正确认识民营经济发展与城乡收入差距的关系，对纠正关于私有产权的传统思维定式极为必要。

图5标识了1993至2012年间民营经济发展与城乡收入差距的直观趋势。我们以城镇就业中私营企业就业人数的比重衡量民营经济发展程度，也即所有制转型程度；再分别以城镇居民人均可支配收入与农村居民人均纯收入之比，城镇居民人均消费支出与农村居民人均消费支出之比衡量城乡收入差距。1992年以后，私营经济迅猛发展。与此同时，全国城乡收入差距则呈现在波浪中扩大的态势（其1994年下降缘于政府提高农产品收购价格）。城乡收入比虽自2010年始有所收敛，但2012年仍保持在3.1倍。城乡消费比虽在2004年后开始低于城乡收入比，但2012年也高达2.8倍。那么，如何认识民营经济发展与城乡收入差距的相互关联呢？民营经济比重进一步提升会继续拉大业已处于高位的城乡收入比吗？

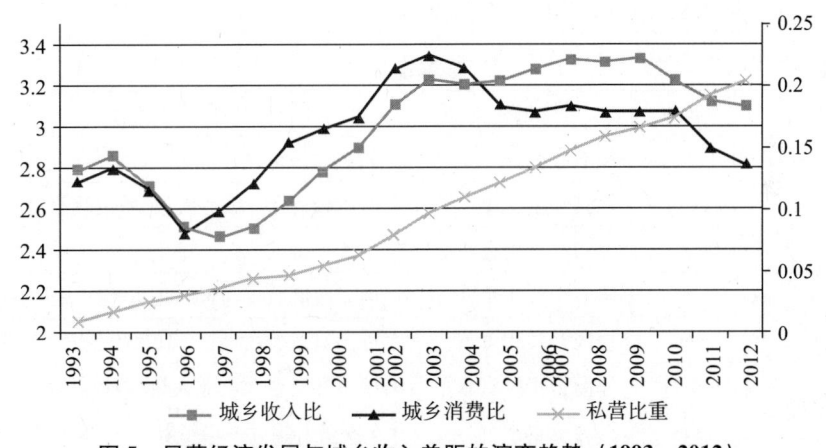

图5 民营经济发展与城乡收入差距的演变趋势（1993~2012）

数据来源：相应各年《中国统计年鉴》、《中国劳动统计年鉴》。

如前文所述，中国经济处在双重二元结构之中。民营经济不仅是吸引农村劳动力进入城市从而推动城市化进程的主动力，也将逐步替代低效率公有制经济在城镇就业所占份额。因此，民营经济发展对城乡收入差距的影响存在两大效应。

机制一：城市化效应。因由城乡二元结构，在刘易斯拐点出现前，农村经济规模报酬递减而城市经济规模报酬不变。民营经济发展将增加城市人口占总人口比重，通过城市化效应提高农村人均收入，从而对城乡收入差距产生负向影响。

机制二：资源再配置效应。因由所有制二元结构，民营经济效率高于公有制经济。所有制转型，将促进民营经济就业比重相对公有制经济的上升，其实质是初始错配资源的再配置进程，提高城市人均收入，对城乡收入差距产生正向影响。

因此，在双重二元结构条件下，民营经济发展对于城乡收入差距的影响是双向的。我们认为，其综合影响为倒U型曲线。下文将从实证角度对此进行验证。待检验回归模型中，下标i表示样本省份，下标t表示样本年份。d是城乡收入差距，为本文的被解释变量。Poe与Poe^2是民营经济发展程度的当期值及其平方项，为本文的核心解释变量。控制变量见表4。数据来源与上一节相同。

表4　　　　　　　　　　变量说明

性质	名称	变量含义	具体计算方法
被解释变量	d	城乡收入比	城镇居民可支配收入/农村居民纯收入
核心解释变量	Poe	民营经济比重	城镇私营企业就业人数/城镇就业总人数
	Poe^2	民营经济比重二次项	上式平方值
控制变量	Gov	政府干预水平	地方政府收支总额占地区GDP的比重
	Open	地区开放程度	进出口总额占地区GDP的比重
	Fdi	外商直接投资水平	城镇外资企业就业人数/城镇就业总人数
	Edu	人力资本水平	6岁以上教育平均年限
	Lnpgdp	经济发展水平	人均GDP的对数值
	$Lnpgdp^2$	经济发展水平二次项	人均GDP的对数值再平方

模型（1）至（3）使用固定效应模型，模型（4）至（6）使用随机效应模型。在模型（1）和模型（4）中，加入全部控制变量。其中，经济发展程度及其平方项系数不显著，且在两模型中符号相反。模型（2）和模型（5）去掉这两个变量，再次回归，拟合优度基本不变或有

所上升。由于当期城乡收入差距对于民营经济发展可能存在反向作用，为避免出现内生性问题，我们又在模型（3）和模型（6）的基础上将民营经济发展程度滞后一期并计算滞后平方项，拟合优度进一步提高。

在模型中，民营经济发展程度的系数均为正，其平方项系数均为负，且基本在1%的水平显著。因此，回归结果验证了前文的理论分析。随着民营经济比重的不断提升，城乡收入差距会先扩大而再缩小，呈倒U型曲线。由于部分控制变量影响因固定效应与随机效应模型选择不同而符号相反，我们进行Hausman检验，在1%的显著性水平上接受固定效应模型。因此，模型（3）成为最为合适的模型设定。在模型（3）中，政府干预的影响为负，这可能由于政府资源虽然偏向城市却因低效率拖累了城市人均收入的增长；对外开放水平的影响显著为正，这可能由于对外贸易提高城市收入的作用要高于其促进城市化的效果；外商投资水平的影响为正，可能由于外商投资的生产率效应大于溢出效应；人力资本水平的影响为正，说明人力资本水平越高其城乡分布越不平均，后者原因可能是，教育年限计算很大部分涵盖的是在校生，而受教育程度越高毕业后越可能迁往城市（表5）。

表5　　　　　　　　　　回归结果

解释变量	固定效应模型			随机效应模型		
	（1）	（2）	（3）	（4）	（5）	（6）
截距	1.574 (1.20)	2.426*** (16.85)	2.306*** (15.30)	3.442** (2.51)	2.715*** (17.26)	2.465*** (15.30)
poe	2.416*** (4.25)	2.473*** (5.48)		3.402*** (5.80)	2.754*** (5.87)	
poe^2	-2.926** (-2.36)	-3.270*** (-3.26)		-4.171*** (-3.21)	-3.337*** (-3.17)	
poe$_{-1}$			2.959*** (6.31)			3.000*** (6.08)
poe$_{-1}^2$			-4.751*** (-4.60)			-4.466*** (-4.09)

续表

解释变量	固定效应模型			随机效应模型		
	(1)	(2)	(3)	(4)	(5)	(6)
gov	0.013 (0.04)	-0.047 (-0.15)	-0.322 (-1.02)	0.841** (2.50)	0.463 (1.50)	0.097 (0.30)
open	0.172** (1.98)	0.186** (2.20)	0.202** (2.23)	0.006 (0.07)	0.048 (0.57)	0.042 (0.48)
fdi	0.3739 (0.57)	0.1386 (0.23)	0.0748 (0.11)	-0.0492 (-0.08)	-0.2866 (-0.48)	-0.660 (-1.03)
edu	0.019 (0.80)	0.018 (0.78)	0.036 (1.59)	-0.010 (-0.41)	-0.027 (-1.18)	0.017 (0.76)
lnpgdp	0.192 (0.68)			-0.119 (-0.40)		
lnpgdp^2	-0.011 (-0.74)			0.002 (0.10)		
R^2 (within)	0.3089	0.3080	0.3287	0.2873	0.2937	0.3185
观测值	580	580	551	580	580	551
组数	29	29	29	29	29	29

注：(1) 括号中数字为 t 值；(2) *、**和***分别代表10%、5%、1%的显著性水平。

三、积累型公有制经济不等于社会平等

我们常常担心民营经济比重上升与公有制经济比重下降会造成社会的不平等。这种思维定式的预设前提是，公有制本身会带来平等。但其实，公有制至少存在两种形态。第一种形态是马克思意义上的社会主义公有制，即生产资料共同占有基础上重建的个人所有制，是生产力高度发达之后作为自由人联合体的经济基础（马克思）。第二种形态是政府占有生产资料替代资本家积累资本的所有制，是在生产力水平低下之时，为完成原始积累、加速资本累积、实施经济赶超建立的积累体制（纳克斯；格申克龙）。它既出现于直接建立社会主义的落后国家，也出

现于实施赶超发展的非社会主义发展中国家。作为积累体制的公有制，在特定发展环境中是必要的，但绝不能说它能够实现社会平等。

1. 积累型公有制经济会压低劳动收入占比

传统理论认为，私有制中的劳动者只能得到劳动力价值，公有制中的劳动者则不仅得到劳动力价值，还能分享剩余价值。因此，在很多人看来，民营经济的发展会缩小按劳分配的比例，导致国民收入中劳动收入占比下降。但其实，民营经济发展能够吸引农村劳动力进入城市，恰能提升工资水平。而积累型公有制经济的建立，反而是通过政府集中社会资源来提高积累比率，因而会压低劳动收入比重。格申克龙曾用马克思讥讽资本家无限积累的名言，指出苏联通过公有制经济不断提高投资率所产生的矛盾。在作为积累体制的公有制条件下，劳动者只能享受到价值创造的很少一部分，大部分剩余会不断地投入到积累中。

社会主义建设时期，因客观条件制约，我们曾经为了工业化加速发展而长期抑制劳动收入，主张人民生活水平的提高应低于劳动生产率与积累增速（刘少奇，1950；薄一波，1956）。改革开放后，党对劳动收入占比的政策也是逐步转变。党的十二大和十三大仍主张工资和消费水平增速必须低于劳动生产率。党的十四大虽无此要求，但强调勤俭节约。党的十五大才开始提出增加收入水平、优化消费结构。党的十七大与十八大则明确要求提高劳动收入占比，并与经济发展同步。

由于1978年之前没有收入法GDP数据，无法直接测算劳动收入占比，我们利用平均消费水平增长速度与劳动生产率增长速度的关系间接测算其变化趋势。两者增速的演变见图5。其中，劳动生产率由实际人均国内生产总值来衡量。

在1978年之前，劳动生产率的增速几乎持续超过消费水平，仅在1960~1962、1967~1968年两次经济危机时出现相反情况。我们认为，这是由于建国初期实施重工业优先发展战略，通过公有化与计划体制提高积累率，降低了劳动收入占比。只有经济危机时，因产出水平下降速度快于消费水平，劳动收入占比才会提高。

改革开放之初，劳动生产率与消费水平的增速交替上升，并长期保持一致。我们认为，这是由于80年代初农村土地改革与90年代初提高农村收购价格，在提高劳动收入水平的同时，增加产出效率，从而实现生产率与消费水平同步增加。

而在1993年之后，劳动生产率的增速再次持续超过消费水平增速。我们认为这是由于初始国有企业效率低，随着民营经济比重上升，全要素增长率提高，导致劳动收入占比的下降。随着民营经济进一步发展，消费水平将逐步上升（图6）。

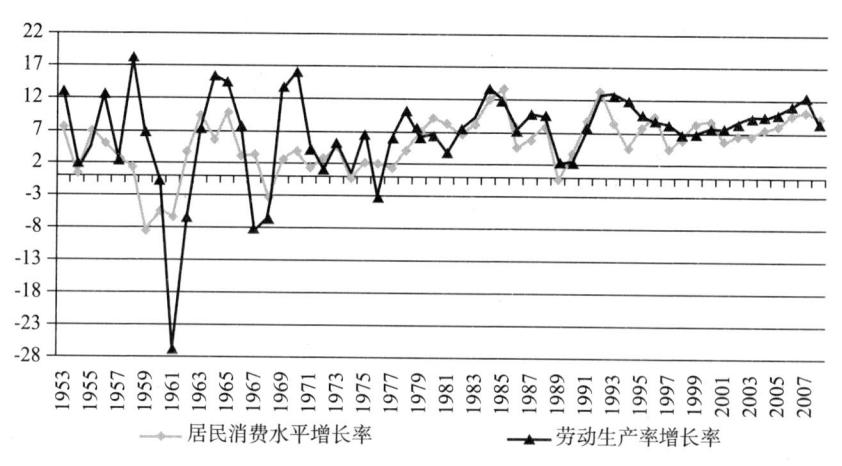

图6 平均消费水平与劳动生产率增长速度（1953~2008）

数据来源：《新中国六十年统计资料汇编》。

2. 积累型公有制经济会拉大城乡收入差距

改革开放前的城乡收入差距同样源于作为积累体制的公有制经济。一方面，为加速工业化进程，尤其是重工业发展，我们将农村经济剩余转移至城市，从而拉大了城乡收入差距。另一方面，为实现上述剩余转移而建立的城乡二元分割制度，阻塞了劳动力由农村向城市转移的渠道，导致城乡收入差距被锁定于高位。这种具有"逆城市化"特征的城乡分割制度,形成逻辑如下(肖冬连,1988、2005;蔡昉、杨涛,2000;张占斌,2007):为将农村剩余转换为工业积累,政府在城乡间实施不等价交换,导致市面紧张。为保证市场稳定,政府进一步采取统购统销政策,却只是将流通环节的矛盾转移至生产环节。政府于是推动农村集体化,其目的有二,一是降低获取农村剩余的交易费用,二是通过规模效应提高农村产出。但农村集体化的低效率使城乡二元分割制度陷入低水平陷阱,因为当农村劳动力缺乏激励,其向城市转移只会进一步降低粮食产出并增加粮食需求。为此,严格的户籍管理制度开始建立,农村剩余劳动力无法转出。而当城市公有经济波动时,为解决城市就业,还会以"上山下乡"的方式向农村转移城市剩余劳动力。

图 7 显示了 1952 至 2012 年的城乡收入比。现有统计资料中,该指标只在 1978 至 2012 年有完整记录,改革开放前仅 1956 与 1964 两年有相关数据。因此,我们又以非农产业与农业人均产值之比作为近似指标,得到其 1952 至 2012 年演变形态。两项指标变化趋势一致,且均呈现"两头高、中间低"的形态。为保证稳健性,我们又计算了 1952 - 2012 年的城乡消费比(图 8)。城镇居民与农村居民平均生活消费支出比只在 1978 至 2012 年有完整记录,改革开放前仅 1956 与 1964 两年找到相关数据。因此,我们又给出 1952 至 2008 年城镇居民与农村居民消费水平之比作为近似。一方面,城乡生活消费之比与城乡消费水平之比的变化趋势具有一致性;另一方面,改革开放前农村家庭的消费主要集中于生活支出。因此,1978 年以前的城乡消费水平比可以近似看作为生活消费水平比的延伸。

图 7 城乡收入比（1952—2012）

数据来源：《新中国六十年统计资料汇编》和国家统计局数据库。

图 8 城乡消费比（1952—2012）

数据来源：《新中国六十年统计资料汇编》。

结合图 7 与图 8，我们发现城乡收入比与消费比的演变趋势相似。1978 年之前，公有制经济无疑占据主体地位，但无论以收入比还是消费比衡量，城乡差距均非常大。非农与农业人均产值比围绕 6 波动，最高接近至 8；城乡消费水平比也围绕 2.5 波动。只有出现经济危机时，如 1958 年大跃进，城乡收入差距才会下降。而 1978 至 1984 年，无论城乡收入比还是城乡消费比均出现明显下降，正是缘于农村土地改革破除了"一大二公"的人民公社体制，通过"包产到户"激励农民，大幅提高了农村产量。而随着城市经济体制改革的启动，1985年以后城乡收入差距再次逐步拉大，1993年以后伴随着所有制转型呈倒U型曲线形态。

3. 积累型公有制经济会造成市场不平等

在市场经济条件下，以资本积累为目标的公有制经济会造成新的不平等。2015年中央巡视组对于部分央企的反馈情况，就突出反映了这一问题。归纳而言，巡视所发现的主要是以下几点：（1）四风问题；（2）选人提拔的过程中存在行贿受贿。（3）管理人员与家属、他人内外勾结，侵吞国有资产。（4）投资轻率，造成严重损失。当然，这些都是表面现象，真正的根源在于国有企业作为一种等级体制，如果以积累为目标会扭曲市场，造成国企内部、国企内外之间的不平等。

第一，权力的半市场化为寻租创造空间。

积累型公有制经济具有双重职能。一是商业职能，也就是国有资产的保值增值，其实质是利用行政力量加速资本积累。二是社会职能，也就是保持经济稳定，消除市场经济的外部性。由于两种职能长期混同，国有企业的管理层通常兼具"商人"与"官员"双重身份，从而导致权力的半市场化。一方面，权力可以通过市场变现，这为权力拥有者侵吞国有资产提供了"体制化"、"合法化"通道。例如，企业管理层以跑销售、拓市场为名，进行"三公"消费，打高尔夫球、出入高档会所，生活奢靡；一些管理人员还会联合外人掏空国有企业自身。另一方面，市场的制约机制被权力屏蔽，薪资收入与绩效贡献、风险承担不匹配。例如，很多国有企业的管理层并不具备市场搏杀的能力，决策失误导致国有资产的重大流失。

第二，管理的半官僚化扩大了企业内部的收入差距。

由于国企管理层既"官"又"商"的双重身份，导致企业管理的半官僚化。这不仅造成企业效率的损失，还会产生企业内部的不平等。一方面，随着市场化改革，一些国有企业将不断增加的竞争压力转嫁给基层员工承担，通过降低薪资、增加劳动强度提高企业所谓的"竞争力"。但另一方面，企业管理人员按照级别而非贡献分享剩余，其选任、升迁靠的是熬资历、拉派系，导致价值创造与价值分配扭曲，企业内部收入分化严重。可以说，正是因由内部等级制的存在，国有企业在向市场化转型的过程中，普通劳动者和企业管理层的利益出现严重分化。

第三，行政与垄断的"结盟"造成市场竞争的不平等。

国企管理层既可以享受到高于国家公务人员的薪资待遇，又能够在权力等级制度中占据重要一席，其岗位自然就成为政商两界的"旋转门"。行政主管当局的部分领导在临近退休时，可以空降为企业负责人，获取丰厚的薪资。这种情形的常态化，实质是形成了行政权力与垄断利益的"结盟"，导致市场竞争不平等。这些央企借助行政力量保障巨额垄断利润，再由企业负责人与行政官员的不断转换完成"利益输送"，不仅降低效率、恶化分配，更成为深化改革的强大阻力。

中国共产党的执政基础是人民，必须要激发每一个人的智慧与劳动，必须要让每一个人都能分享到发展的成果，这就需要在社会主义市场经济条件下实现共同富裕。而民营经济的进一步发展并不与共同富裕相矛盾，反而是其前提。与马克思设想的社会主义分配方式不同，社会主义市场经济承认生产要素占有一部分剩余劳动的权利。而与马克思批判的资本主义市场经济不同，社会主义市场经济中的劳动者拥有获取一部分剩余劳动的权利。劳动者不仅能够实现劳动力价值，还可以在价值增殖的生产过程中同其他要素所有者一样分割一部分自身创造的剩余，这部分剩余可以不断积累，转化为生产资料，并能够以此为凭进一步获得财产性收入。这将根本改变劳动与资本的关系。资本不再独享劳动所创造的剩余价值，每一位劳动者只需凭借劳动就可以分享剩余并将其累积为生产资料，从而打破生产资料占有的结构性不公，金字塔式的资本—劳动力商品结构将被橄榄形社会结构取代。在这种条件下，一方面生产资料对剩余的获取将激发其占有者在竞争中积累的动力,劳动生产率不断提高;另一方面,唯有劳动的质量与数量,决定劳动者生产资料的占有量,实现社会公平。党的执政基础不应排斥民营经济。

参考文献

[1] Harrison A. Has globalization eroded labor's share? Some cross-country evidence. Working Paper, 2005.

[2] Jayadev A. Capital account openness and the labour share of income. Cambridge Journal of Economics, 2007, 31 (3): 423-443.

[3] Jorgenson D W. Surplus agricultural labour and the development of a dual economy. Oxford Economic Papers, 1967: 288-312.

[4] Lewis W A. Economic development with unlimited supplies of labour. Manchester School, 1954, 22 (2): 139-191.

[5] Lewis W A. Reflections on unlimited labour. Woodrow Wilson School of Public and International Affairs, 1968.

[6] Lewis W A. The dual economy revisited. Manchester School, 1979, 47 (3): 211-229.

[7] Song Z, Storesletten K, Zilibotti F. Growing like China. American Economic Review, 2011, 101 (1): 196-233.

[8] 白重恩,钱震杰. 国民收入的要素分配:统计数据背后的故事. 经济研究,2009 (3)

[9] 薄一波. 1956. 正确处理积累和消费的比例关系,载《建国以来重要文献选编》(第9册),北京:中央文献出版社,1994

[10] 蔡昉,杨涛. 城乡收入差距的政治经济学. 中国社会科学,2000 (4)

[11] 姜磊,陈坚,郭玉清. 二元经济转型与劳动收入份额:理论与实证分析. 经济社会体制比较,2014 (7)

[12] 李稻葵,刘霖林,王红领. GDP中劳动份额演变的U型规律. 经济研究,2009 (1)

[13] 刘瑞明. 国有企业的双重效率损失与经济增长——理论和中国的经验证据. 上海:上海三联书店,2013

[14] 刘少奇. 国家的工业化和人民生活水平的提高,载《建国以来重要文献选编》(第1册),北京:中央文献出版社,1992

[15] 罗纳德·纳克斯. 不发达国家的资本形成问题. 北京：商务印书馆，1966

[16] 罗长远，张军. 劳动收入占比下降的经济学解释——基于中国省级面板数据的分析. 管理世界，2009（5）

[17] 马克思，恩格斯. 共产党宣言. 北京：人民出版社，1997

[18] 马克思. 1844年经济学哲学手稿. 北京：人民出版社，2000

[19] 马克思. 资本论（第一卷）. 北京：人民出版社，2004

[20] 肖冬连. 加速农业集体化的一个重要原因——论优先发展重工业与农业的矛盾. 中共党史研究，1988（4）

[21] 肖冬连. 中国二元社会结构形成的历史考察. 中共党史研究，2005（1）

[22] 亚历山大·格申克龙. 经济落后的历史透视. 北京：商务印书馆，2012

[23] 张占斌. 中国优先发展重工业战略的政治经济学解析. 中共党史研究，2007（4）

中国经济新常态与支持小微企业发展

中国经济新常态的结构调整,势必影响到小微企业的生存与发展,因而支持小微企业发展是一个大问题。2013 年 7 月国务院常务会议决定,"对小微企业中月销售额不超过 2 万元的增值税小规模纳税人和营业税纳税人,暂免征收增值税和营业税,并抓紧研究相关长效机制"。2014 年 4 月国务院常务会议进一步提出"将小微企业减半征收企业所得税优惠政策实施范围的上限,由年应纳税所得额 6 万元进一步较大幅度提高,并将政策截止期限延长至 2016 年底"。再考虑到"进一步扩展小微企业税收优惠范围,减轻企业负担"已被写入 2014 年政府工作报告,不难得出判断:支持小微企业发展是新一届领导集体治理中国经济的重要且持续的举措。然而人们对这一举措却存在不少争议,既有担心"刺激"力度不够,亦有担心经济重回"旧轨"。究其原因,是我们缺乏对小微企业支持政策的系统思考,缺乏对经济增长疲弱时政府如何作为的政策共识。本文试图在理论层面阐释政府支持小微企业的目标、内涵与路径,进而总结在改革新阶段政府正确有为的一般性原则。

一、政府必须要支持小微企业发展

政府出台支持政策的两次国务院常务会议,均着眼于通过发展小微

---

* 本文由施戍杰执笔完成。

企业稳定经济增长。两次会议先后要求"发挥调结构、促改革对稳增长的积极作用","在促改革、调结构、惠民生协同并进中稳增长",并将小微企业定位为"对推动经济发展、促进市场繁荣、不断扩大就业发挥着重要作用","促创业、保就业、活跃市场的生力军"。但是,稳增长本身是否应当成为政策目标,对小微企业的支持又能在多大程度上促进这一目标实现?这是当前争论的焦点所在。

政府当然要将经济的增长速度稳定在较高水平。我们知道,经济增长是持续提高人民生活水平的物质支撑,其中,增长速度是经济增长的"量"的层面,增长结构是经济增长的"质"的层面,而"量"与"质"是相互支撑、互为转化的。当前人们对稳增长的疑虑,是源于长期以来政府片面追求增长的"量"而忽视增长的"质"中不协调与不可持续因素的累积。人们担心的是,政府稳增长的举措虽会提高短期经济增速,却会以耗尽长期发展潜能为代价。但由此认定,政府只有放手无为,任由经济增速下滑到4%甚至2%的水平才能提高经济增长质量,则又陷入另一误区。我们当然不能为了增长而增长,不能为了GDP的数字而由政府揠苗助长,但我们也绝不能将"量"与"质"截然对立。第一,"量"本身就是目的。一者,将消费资料,也就是最终消费品的增长速度稳定在中高水平,是满足人民群众不断增长的物质文化需求的根本途径。二者,将生产资料,也就是资本品的积累速度稳定在中高水平,是吸引农村劳动力向城镇转移、消化新增就业人口的根本保证,进而能够更大规模、更有效率地生产消费资料,并让这些消费资料惠及更多就业者。第二,稳"量"是提"质"的保障。增长结构的转变,本质是生产要素在企业内分工与社会分工双层体系中的重新组合。而组合的动力,源于企业在社会平均利润率、各商品部门生产率、各生产要素相对价格的制约中追求自身利润最大化的行为选择。经济增长速度会通过分工体系内的交互需求,约束相对与绝对的利润水平,进而影响企业提"质"的动力与能力。第三,"质"的转变能释放"量"的潜能。2012年至今,中国经济的下行压力不断加大,增长动力也持续疲弱。

其根源就在于，随着国内外经济环境发生重大变化，原有的增长结构已不可持续。而一旦经济增长结构成功调整，与新的内外环境相契合，中国经济的增长潜能就会重新释放。经济持续中高速增长将成为增长结构调整的结果。因此，将稳定经济增长作为政策目标不应被质疑，问题的关键是要稳定什么样的增长？稳增长的本质是要惠民生。因此，我们要稳定的增长，是在调整增长结构基础上的增长，以让民众更为普遍、更为深入、更为持久地享受发展之利。

稳增长的基础在于小微企业，这是其在国民经济中的地位决定的。根据资本总额与雇佣人数，企业被划分为大型、中型、小型、微型四类。小微企业是小型企业与微型企业的统称。因规模较小，小微企业具有四项特征：一是门槛低，小微企业只需较少的预付资本就可以建立。二是物质资本有机构成低，由于大规模的厂房设备需要耗费巨额预付资本，企业规模通常与物质资本有机构成呈正比，小微企业更多是劳动力与人力资本密集型。三是管理费用低，小微企业管理的资本与雇员有限，管理形态简单，信息耗损亦少。四是灵活多变，小微企业"船小好掉头"，更能适应市场的不确定性，较易发现机会、规避风险。小微企业的上述特征使其在国民经济中发挥了重要作用。因为投资门槛低，小微企业数量众多，微型、小型、中型、大型企业在数量上呈现金字塔形态，小微企业构成增长的塔基，并成为居民掌握财产的主要渠道。因为物质资本有机构成低，单位资本投入可吸纳更多劳动者，小微企业构成吸纳就业的主体。因为管理成本低、灵活性强，小微企业更易创新，激发经济活力。根据《全国小微企业发展报告》，至2013年底，小微企业占到中国企业总数的76.57%，吸纳70%以上新增就业和再就业人口，解决1.5亿人口就业，仅企业主自身就解决几千万人就业问题。可以说，小微企业是国民经济的细胞，它不断从居民的投资中诞生，在市场竞争中分合起伏、优胜劣汰，为经济带来活力与成长。因此，稳定经济增长的"量"，就必须稳定小微企业的增长速度；提高经济增长的"质"，就必须调整小微企业的增长结构。这就回答了，政府支持小微企业发展对保持国民经济增长稳定的重要意义。

二、政府应支持小微企业向什么方向发展

政府支持小微企发展的目标，是通过促进增长结构的调整，保障国民经济行稳致远。因此，政府所要支持的发展，是小微企业个体在增长结构的微观层面转型，与小微企业整体在增长结构宏观层面的升级，从而同要素条件的变化相匹配。

1. 政府要支持小微企业在增长结构的微观层面转型

第一，应支持小微企业价值生产方式的转型，从依靠绝对剩余价值生产转变为依靠超额剩余价值生产，以适应生产条件的变化。

获取剩余价值有两种方式：一是压低工资支出，延长剩余劳动时间，获取绝对剩余价值；二是创新工艺与产品，缩短个别必要劳动时间，获取超额剩余价值。长期以来，因特殊人口政策造就的人口红利与城乡二元结构中的农村剩余劳动力，中国的劳动力价格低廉，但物质资本与人力资本稀缺。小微企业因此选择较少投入资本、较多雇佣劳动。由于企业技术含量低，劳动者只是从事简单重复的劳动。而企业在技术含量低的情况下仍要获取利润，必然造成劳动者工作繁重、待遇微薄、条件恶劣、保障缺失，甚至在较长的一段时间大面积出现工资拖欠。由于这样的工作只有青壮劳动力才能承受，且青壮劳动力效率也更高，小微企业更多从属青壮劳动力密集型产业，劳工在中年通常被辞退回乡。但随着农村青壮劳动力大量转移至城镇、人口红利逐步消失及大学生扩招，青壮劳动力趋于紧缺，简单劳动力工资快速上涨；而人力资本却相对充裕，大学生工资低廉。小微企业应提高工资待遇、吸纳人力资本，更多发挥其对市场灵敏、灵活多变的特点，从依靠低成本优势转向更多

依靠捕捉市场机遇，发挥创新优势，获取超额剩余价值。

第二，应支持小微企业价值实现方式的转型，从面向国外需求与基础设施投资需求转变为面向国内消费性需求，以适应需求条件的变化。

实现商品价值的方式，依地域划分，包括国内消费与国外消费；依用途划分，包括生产消费与生活消费。长期以来，中国的小微企业大量是出口导向的，在面向国内需求的企业中，又有很大一部分是面向由政府主导的基础设施投资需求。社会需求条件由收入分配的结构与积累的欲望决定。由于工资低廉而外需强劲，中国的出口商品具有相对优势甚至绝对优势；也由于工资微薄，居民消费能力难以与生产能力同步增长，最终消费品更多依靠国外需求消化；再因政府在收入分配中的占比不断增高，且有强烈的投资欲望，面向内需的小微企业很多是为政府投资提供产品与服务。但当前，中国的需求条件发生重大变化。国内工资上升，2008年金融危机后国际需求逆转，使我们的出口竞争力下降，却启动了国内消费需求。社会总劳动时间在各生产部门的分配由需求结构决定。小微企业应转型为内需导向，尤其是面向国内消费需求。这要做到两点。一是转变产业形态。从原料与需求在国外，低附加值的生产装配在国内，转向立足国内市场整合内外资源，推出高质量消费品。二是转变产业结构。从低端制造业更多转向服务业。服务业直接面向消费，当前发展尚相对不足，并且其潜力会随经济增长而不断扩大。

第三，应支持小微企业劳动过程方式的转型，从高消耗能源与高污染转变为节约资源与友好环境，以适应自然条件的变化。

商品生产过程是"劳动过程和价值形成过程的统一"。小微企业的转型不仅应在价值形成层面，还应在劳动过程层面。劳动过程是"人和自然之间的物质变换的过程"，人对自然的作用会改变自然，并反过来影响人自身。长期以来，由于环境问题尚不突出，自然的重要性既不被政府重视，也未在市场中得到体现，很多小微企业能耗高、排污大。一方面，由于具备环境承载能力的"比较优势"，一些发达国家的高污染、高耗能产业,或产业中高污染、高耗能的环节,转移至中国,被小微企业承接。另一方面,小微企业因资金少、规模小,没有能力采用节约资源与环境保护的技术,存在节约与环保的规模不经济。但随着自然破坏愈发严重、公众健康意识萌发、资源约束硬化,小微企业应转向节约资源与友好环境。这要做到两点。一是优化自身组织结构,提高资源利用效率,减少污染物排放。二是优化产业结构,退出高耗能、高污染产业,转向低能耗、低污染产业。

2. 政府要支持小微企业在增长结构的宏观层面升级

第一,应支持小微企业深入参与社会投资,推动资本积累构成从以政府与国有企业投资为主转变为更多吸收民有资本,以适应公共事业投资外部性消退。

对于发展中国家来说,虽然私人投资更有效率,但公共事业投资具有极强的外部性,必须由政府承担。"如果在投资方面也有政府活动的一个地盘的话,……这个地盘就在基本的公共工程和服务事业方面,其范围从公路、铁路到电报、电话、电力厂、自来水厂直到……学校和医院。"这类投资,"开花结果的时期很长、须整笔投入和通过间接道路得到利润"。但如若缺失,"任何一笔私人投资所能得到的利润都会小得令人失望。……正是因为需要有这种形式的投资,才使得落后国的资本建设成为一种极其'笨重'的工作。"但随着中国经济的发展,公共事业投资的外部性正在消退。继续以此为投资主体,将导致资本积累的边际收益下降,造成实体层面的产能过剩与金融层面的政府债务危机。民营经济更多集中在小微企业。在资本积累的结构中更多吸收民有资本,就必须取消对小微企业投资领域的限制,允许其更加深入地参与社会投资。

第二,应支持有效率的小微企业成长至规模化经营,推动技术进步动力从依靠模仿引进转变为依靠自主创新,以适应赶超红利的消失。

技术创新是不断试错的过程。一个创新的想法能不能变成具有可行性的技术，新技术生产的产品能不能被市场接受，应用新技术的企业能不能标准化量产并控制财务成本？创新面临巨大的技术、市场与财务的不确定性。无数试验的失败、无数企业的失败才有可能换取某一领域的成功。由于存在后发优势，中国长期具有技术赶超的红利，可以直接模仿或引进发达国家已经成熟或潜力明确的新技术，避免创新的不确定。由于技术的模仿引进需要雄厚的物质资本与人力资本，中国的技术进步长期依靠政府财政主导下科研机构与大型国企的支撑。但随着后发优势逐步消失，技术进步的动力必须转变为自主创新，这就需要更多依靠小微企业的成长。小微企业风险偏好高，相较公共资本更愿意承担创新风险；小微企业灵活多变，更有意识和能力追逐市场机遇；小微企业基数庞大，大浪淘沙中总有成功的创新者破浪而出。这些获得创新优势的小微企业，如果能与微软、苹果、谷歌一样迅速成长，将极大促进技术进步。而其前提是，小微企业能够通过社会融资、银行信贷与股票上市实现资本集中，实现规模化。这要求转变技术赶超模式下资源对大企业的倾斜，实现资源分配以企业个别劳动生产率的高低为依据。

第三，应支持小微企业由民众广泛创立，推动收入分配形态从固化的金字塔形转变为流动的橄榄形，以舒缓利益格局的紧张。

改革开放以来中国收入差距的扩大，有一部分是合理的，是在普遍贫困的环境中一部分人先富起来的必然表现；但还有很大一部分原因是财产分配不平等，并由此导致仇富思想流行。财产性收入是居民收入的重要来源，财产分配的不平等及其固化，导致中国的收入分配形态演变为固化的金字塔格局。归全民所有财产的巨额垄断利润被少数人占有，全体民众却无法分享剩余；而政府控制大量社会资源，民营企业通过行贿勾连权力才能发展，导致劣币驱逐良币，很多人致富不是依靠勤劳与创新，而是通过寻租赚取巨额利润。随着"人民群众的公平意识、民主意识、权利意识不断增强，对社会不公问题反映越来越强烈"，我们必须扩大中产阶层规模，实现收入分配形态橄榄化，打通流动渠道。而要做到这一点，就需要在小微企业深度参与社会投资、有效率的小微企业顺利成长的条件下，广泛允许民众创设小微企业。小微企业规模小、门槛低，可以成为民众优良的投资渠道，将民众的储蓄资产转换为资本，并在参与社会投资与创新成长中不断累积。如此一来，一方面，民众能够获取财产性收入，也就是剩余价值；另一方面，资本积累的增加也有利于改变劳动力供求状态，将工资提升至劳动力再生产条件之上，让民众普遍拥有获取剩余的权利。这样，更多的民众能够获取财产、累积财产，进入中等收入阶层；民众之间也将形成剩余价值获取、积累与实现的平等，达到财产的按劳分配，也就是说个人的社会地位是由其劳动的数量与质量决定。

三、政府要怎样支持小微企业发展

政府要支持小微企业转型升级，有两大方式可供选择。一是延续由政府主导经济，通过外力"刺激"小微企业发展。二是深化改革，让市场起配置资源的决定性作用，政府正确有为，通过释放"改革红利"引导小微企业的内生发展。

1. 政府不应通过"刺激"支持小微企业

"刺激"是通过政府的外力影响经济发展，可分为供给与需求侧两类。我们认为，无论政府是在需求侧"刺激"，还是在供给侧"刺激"，均是延续政府主导型增长方式，用量的增加掩盖质的矛盾，不分刺激强弱，最终都将不可持续。

第一，政府不应在需求侧"刺激"小微企业发展。

政府在需求侧的"刺激"政策包括扩大财政支出与增发货币两项。这两项政策难以促进小微企业"质"的转型升级，却能在短期刺激小微企业"量"的增长。因而，需求"刺激"是在不调整增长结构的情况下，稳定增速、保障就业。它能够在短期缓解经济增长的下行压力，但在原有增长结构已与变化的要素条件不匹配时，这样的经济增长是不可持续的，缺乏"质"的提升的小微企业很难持久保证"量"的增长。一是，在公共事业投资外部性业已下降的条件下，启动大规模政府投资虽然可以在短期扩大投资性需求，增加下游小微企业产出，却无法持续。一方面，它只会加剧公共投资边际收益率下降，其对税收的增加难以抵偿政府投入，将加剧金融层面政府的债务危机。另一方面，小微企业仍固化于原有的价值实现方式，一旦债务危机导致政府投资无法持续，实体经济将出现大规模产能过剩。二是，在货币流动性业已较宽松的条件下，进一步放开货币闸门，虽然可以增加小微企业获得融资的可能并通过"货币幻觉"增加产出，但原有增长结构没有调整，新增货币反而更可能流向大型国有企业，即便流向小微企业，也更可能流向原有价值生产方式与实现方式的小微企业，反而固化原有的增长结构，加剧滞涨危险。三是，无论是扩张性财政政策还是扩张性货币政策，均造成社会资源进一步向政府集中，挤出小微企业投资，不利于改变资本积累构成与收入分配形态。

第二，政府不应在供给侧"刺激"小微企业发展。

相较需求"刺激"，政府供给"刺激"政策的危害更加隐蔽。表面上，政府可以通过关停并转等行政手段、补贴奖励等财政手段、信贷上市等金融手段，直接促进意愿转型升级的小微企业发展，从而实现增长结构的调整。在政府广泛拥有行政、财政、金融资源并主导增长的模式下，采用上述手段是简洁快速的，但会进一步固化政府主导型增长方式，弱化市场功能。政府主导下，最终是无法实现增长结构调整的。一是政府做不到。一方面，小微企业千千万万，政府直接微观管理的成本太高。另一方面，随着后发优势逐渐消失，政府相较个体并不存在更高的预见能力，无法判断转型升级的方向。二是政府做不好。一方面，管理成本高造成政府信息失真，难以判断哪家企业最有意愿和潜力转型升级，而供给"刺激"又弱化了市场竞争的筛选功能，从而无法选择和培育真正有效率的企业。另一方面，管理成本高又造成供给"刺激"政策的主观随意，创造寻租空间，政策易在以权力为中心的差序格局中被扭曲，无法真正实现增长结构调整。三是政府不适合。由于政府无法判断转型升级的方向，其支持举措就存在风险。而政府掌握的是全民所有的资源，风险偏好较低。应该由社会中风险偏好高的群体承担。

2. 政府应通过"改革"支持小微企业

政府不应通过"刺激"，而应通过"改革"支持小微企业发展。要素是增长的支撑，不同要素条件与不同增长结构相契合；企业受到上层建筑的约束，不同增长结构又与不同上层建筑相匹配。改革，就是要通过变革上层建筑，让小微企业自发适应要素条件的变化，通过转型升级实现增长结构的调整，从而释放红利。

第一，政府应当保障自由竞争的规则公平，通过有效保护产权，支持小微企业转型升级。

自由竞争的规则公平，就是各主体在市场中等价交换，这是发挥市场配置资源决定性作用的前提。政府需做到三点：一是清晰界定产权，如此企业才会存在追求剩余价值的内生动力；二是平等保护产权，如此劳动生产率高的企业才能在竞争中胜出；三是保障产权流动自由，如此企业才会在社会各生产部门不受限制地进入退出，形成平均利润率。在获取剩余价值的内在激励与部门内企业竞争的外在压力下，小微企业会积极在创新中创造超额利润，转型价值生产方式。在社会平均利润率的内在调节与部门间企业竞争的外在压力下，小微企业会积极在社会各生产部门间转移，推动资源在社会各部门供需匹配，转型价值实现方式。在自然资源产权清晰界定并有效保护的条件下，其产权所有者能够分享剩余价值获取租金，租金相对价格会随资源稀缺性的提高而不断上升，推动小微企业节约资源、减少污染，转型劳动过程方式。在金融市场自由开放的条件下，不同风险偏好所有者的资本将聚集于金融市场的不同层次，形成更愿意承担创新风险的天使投资与风险投资基金，识别有效率的小微企业，通过资本集中促进其规模化成长。

第二，政府应当保障资本积累的机会公平，通过调整税制结构，支持小微企业转型升级。

在同一竞争规则下，拥有不同内外条件的市场主体，竞争机会远非一致，并具有累积的马太效应。资本积累的机会公平，就是要实现各主体竞争机会的平等，具备同等的成长可能。这凸显政府的再分配作用，要求税制三个层面的调整。一是减轻企业税负，调整政府、企业与个人的剩余分配，减轻企业压力。随着劳动力工资不断上涨，政府公共投资外部性持续下降，应减少政府资源的获取比重，为企业的剩余获取腾出空间，如此才能推动资本积累构成更多吸收民有资本。二是进一步减轻小微企业税负，调整小微企业与大企业间的税收结构。规模大小不同，企业承担风险、获取融资的能力有异。政府应偏向小微企业，提升其与大企业平等竞争能力，如此才能支持有效率的小微企业规模化，转变技术创新方式。三是增加资源税率与排污费用，调整不同资源利用效率与污染物排放数量的企业成本结构，影响小微企业的行为选择。资源消耗与环境污染具有外部性，市场价格并未包含全部社会成本。应通过偏向性税收结构，推动小微企业转变劳动方式。

第三，政府应当保障企业创设的权利公平，通过简政放权，支持小微企业转型升级。

企业创设的权利公平，是指民众都有同等的权利通过创设企业而获得资本。一是政府下放并取消审批权力，将审批制转变为备案制。政府只负责公布准入条件与负面清单，是否进入某一特定行业或领域的选择权交给企业。这样民众才能真正获得企业体制的选择权与投资的经营权。二是政府改革工商登记制度，简化登记手续，降低注册门槛，例如从资本金实缴制转向认缴制，由年审制转向年报制。这样民众才能真正获得通过创设小微企业获取生产资料的能力。在小微企业竞争规则公平与成长机会公平的条件下，实现小微企业创立权利的公平，是让小微企业推动中国收入分配形态转变的前提。如此，民众有同等的权利设立小微企业占有生产资料，有同等的机会实现资本集中壮大企业，按照同等的竞争规则进行市场竞争，从而实现剩余价值获取、积累与实现的平等，进而达到生产资料的按劳分配，从而推动中国的收入分配形态从固化的金字塔形转变为流动的橄榄形。

改革已进入新的阶段。前三十五年，市场在资源配置中的作用不断增加，并取代计划起到基础性作用。但改革仍只停留在"用"的范畴，市场是政府引导经济增长的工具，甚至政府本身异化为市场主体。而当前，改革将从"用"的层次进一步推进到"体"的本质，将政府主导型增长方式转变为市场起决定性作用的增长方式。这已不仅是要求政府与市场职能边界的调整，更是要求"体""用"关系的根本转换。变市场为"体"，由其决定资源配置；变政府为"用"，成为市场自我完善、自我调节、自我补充，从而更好实现配置资源决定性作用的工具。在改革新阶段，政府正确有为的一般性原则包含三个层次：一是有效保护产权，对产权清晰界定、平等对待，并保障要素自由流动，实现自由竞争的规则公平。二是调整税制结构，更多向意愿转型升级的小微企业倾斜，保障资本积累的机会公平。三是简政放权，减少下放审批、简化工商登记，保障企业创设的权利公平。

参考文献

[1] 马克思. 资本论. 北京：人民出版社，2004
[2] 纳科斯. 不发达国家的资本形成问题. 北京：商务印书馆. 1966
[3] 罗斯托. 经济成长的阶段. 北京：商务印书馆. 1962
[4] 习近平. 切实把思想统一到党的十八届三中全会精神上来. 新华网，（2013 - 11 - 12）[2013 - 12 - 31]. http://news.xinhuanet.com/fortune/2013 - 12/31/c_ 118787463. htm
[5] 李克强. 2014 政府工作报告. 新华网，（2014 - 3 - 5）[2014 - 3 - 14]. http://news.xinhuanet.com/politics/2014 - 03/14/c_ 119779247. html
[6] 2013 年 7 月 24 日国务院常务会议. 中华人民共和国中央人民政府网站，（2013 - 7 - 24）[2013 - 7 - 24]. http://www.gov.cn/ldhd/2013 - 07/24/content_ 2454632. htm
[7] 2014 年 4 月 2 日的国务院常务会议. 中华人民共和国中央人民政府网站，（2014 - 4 -

2）［2013-4-2］. http：//www. gov. cn/guowuyuan/2014-04/02/content_ 2652125. htm

［8］中小企业划型标准规定. 中华人民共和国中央人民政府网站，（2011-6-18）［2011-7-4］. http：//www. gov. cn/zwgk/2011-07/04/content_ 1898747. htm

［9］全国小型微型企业发展情况报告（摘要）. 中华人民共和国国家工商行政管理总局网站，（2014-3-31）［2014-3-31］. http：//www. saic. gov. cn/zwgk/tjzl/zxtjzl/xxzx/201403/t20140331_ 143497. html

宏观经济政策与经济波动的关系

中国经济新常态所带来的中高速增长，必然会引发经济增长速度下行的压力，为了保证经济增长速度的稳定，宏观经济政策的使用是必然的，但宏观经济政策与经济波动的关系恰恰是我们要特别注意的。基于此，我们分析了政府的宏观政策与经济波动的关系，并得出政府可以是经济波动的原因，也可以是维系经济稳定和抑制经济波动的重要力量的结论。政府宏观政策的效果受到政府获取认知经济状态的信息的效率，以及政府决策的形成和执行效率的影响。最后，我们利用中国大陆地区1978~2013年的面板数据做了一系列的计量分析，分析结果认为宏观政策与经济波动相关，其中短期政策与波动正相关，长期政策与波动负相关，这些相关性在大多数情况下都是显著的，且财政政策显著性的表现优于货币政策显著性的表现。

一、问题的提出

关于经济波动的研究，国内主要集中于对经济波动表现形式的描述性研究，并得到了较为一致的结论（陈越，1986；卢健，1987），但是关于经济波动的原因，尤其是政府政策与经济波动相互作用的内在机制的分析还相对缺乏，也没有形成较为一致的看法。国外学者虽然认识到

---

* 本文由周宙执笔完成。

不确定性是经济动态发展的重要原因（奈特；熊彼特），但经济波动的形成和传导的动态机制，以及政府在经济波动中的作用，也缺乏一致的结论。

关于经济波动的成因及政府与经济波动的关系的文献主要有如下几类。

（1）来自经济外的冲击引起经济的波动，如环境因素（太阳黑子说）、随机动态一般均衡中引入的外生随机扰动（Long and Plosser, 1983）等。但这些理论中的波动是纯外生的，难以帮助我们认知波动中经济主体的行为和指导经济主体规避不必要的经济波动。

（2）人们经济行为的周期性扰动，比如动物精神导致的投资的周期性变化（凯恩斯；阿克洛夫、希勒）。他们将经济波动归因于人们行动时心理学上潜在的非理性或冲动，这些非理性行为具有盲从性或者动物性，他们会在某些诱因下集体出现。

（3）创新的集聚爆发。该理论认为，创新是周期性蜂聚而非平稳连续进行的，蜂聚的创新引致经济快速发展，当没有创新时，经济进入衰退，然后经济在衰退中等待新一波的创新出现（熊彼特；Aghion and Howitt）。

（4）耐用品投资的周期性更替。马克思和新兴古典经济学（杨小凯、黄有光，1999；杨小凯，2003a、2003b）等认为机器或耐用品的集中更换会引起经济的周期性扰动。Shleifer（1986）的创新或研发中固定学习费用的投入引致的周期与此类似。但是，为什么大家不错开来更新？

（5）信用的周期性扩张。奥地利学派认为（米塞斯；哈耶克；柯兹纳），政府信用扩张扭曲了企业家的经济核算，导致了错误的投资决策，经济通过危机来纠正之前的错误，从而引起经济波动。

（6）政治经济周期。还有学者认为是政府为了自身的政治目的的自利的短视行为引起了经济波动，比如竞选前后的政策变化会引起伴随竞选周期的经济周期（Nordhaus, 1975）。国内学者发现计划经济时期和改革开放前期，政府的政策对经济周期的影响是明显的（卢健，1987；

财政部研究组，1995；吴俊培、毛飞，2005；黄赜琳，2008）。

（7）经济运行中供给和需求在总量上的失衡。凯恩斯认为有效需求不足会导致供需失衡，从而引起经济波动。Young（1928）却坚持，在总量上供需总是相等的，经济活动在产生供给的同时也产生了等量的需求。但Young的这一观点无法质疑马克思等人提出的供求失衡论，马克思认为社会化大生产和生产资料私有制之间的矛盾使社会化大生产在追逐利润的资本家之间难以协调，同时收入分配的不均等又会限制人们对商品的消费能力，这导致了经济危机。

本文试图在这些理论的基础之上提出一个更一般的框架来分析经济波动。我们认为，经济波动是经济分工网络的局部失衡转化为结构性失衡并进而引致全局失衡的动态的市场过程。我们用一个基于分工网络动态演化的框架来回答：经济为什么会出现结构性失衡？这一结构性失衡为什么不能得到及时的调整而是在经济内部扩散？它们扩散的机制是什么？大家通常都认为政府的宏观政策可以平滑经济波动，问题只是政府应当如何运用其宏观政策，并对其政策的效果进行评价。但这一前提是建立在政府对经济将要出现的波动具有较为合理可信的预期，而且政府还要知道这些波动形成的内在机理或者知道可以干预这些波动运行的潜在因素，并可以通过其宏观政策对这些因素进行引导。实际上这方面的理论储备是相对缺乏的。更重要的是，政府的宏观政策可能本身就是引起经济波动的重要因素之一。所以，我们还尝试回答：政府的宏观经济政策在经济波动过程中的作用是什么？

我们认为，政府的宏观政策既可以是经济波动的原因，也可以是阻止经济波动的重要力量。这取决于政府政策在经济局部失衡以及这一局部失衡在分工网络内部传递过程中所起到的作用。本文用中国的数据做了相应的计量分析，来检验我们的理论。我们希望本文关于经济波动的原因以及政府的宏观政策在经济波动中的作用的探讨，能够对人们理解政府在经济波动中的角色和定位提供一些参考。

二、理论陈述

1. 经济波动的描述

通常我们用人均 GDP 围绕其潜在水平（对实际值的平滑）的上下波动或人均 GDP 增长率围绕着平均增长率的上下波动来描述经济波动。经济增长与衰退交替性波动的形式被称为经济周期，但每一个周期的跨度和幅度都不一样，也没有潜在的固定不变的驱动力。

因为经济增长（用 GDP 衡量）已成为当前世界经济发展的常态，所以当大家讨论经济波动时大多都指的是人均增长率意义上的波动。除非特别说明，本文的经济波动也仅仅指人均 GDP 增长率的波动。图 1 是依据我国 1978~2013 年的人均年 GDP 增长率数据画出（增长率由 GDP 取对数后的差来计算，我们用 HP 滤波对增长率数据进行了处理，参数采用 stata 默认的最优年度参数），图 1a 是人均 GDP 增长率的趋势，图 1b 是增长率的波动（其中东、中、西部的数值是该地区的中位数，地区划分及具体的数据处理请参见第三部分的说明），我们可以看出二者都表现出了某种周期特性。图 1a 显示，我国的 GDP 是在波动中增长，增长趋势呈现出一定的周期性，周期幅度大约为 9~11 年，而且随着发展水平的提高，周期波幅呈扩大趋势，表明我国市场依存度在加大（相比于西部，东部和中部的市场联系更紧密）。图 1b 显示，在改革开放前半部分的 1978~1994 年，计划经济向市场经济转轨，相应的市场机制还不完善，原有的计划体制又被打破，所以此时的经济波动幅度较大，也较为频繁，其中的改革开放初期（1978~1982 年）经济持续出现负的波动，体现了制度转换的成本；在 1994~2006 年之间，我国的市场建设取得重大成果，市场一体化程度和市场稳健性提高，经济的波动幅度和频率减小；在 2007 年之后，因为我国开始进行产业结构调整和升级，加上世界金融危机的冲击，波动幅度又开始加大。从这些，我们大致可以看出经济体制转型或政府的宏观政策对经济波动是有影响的。

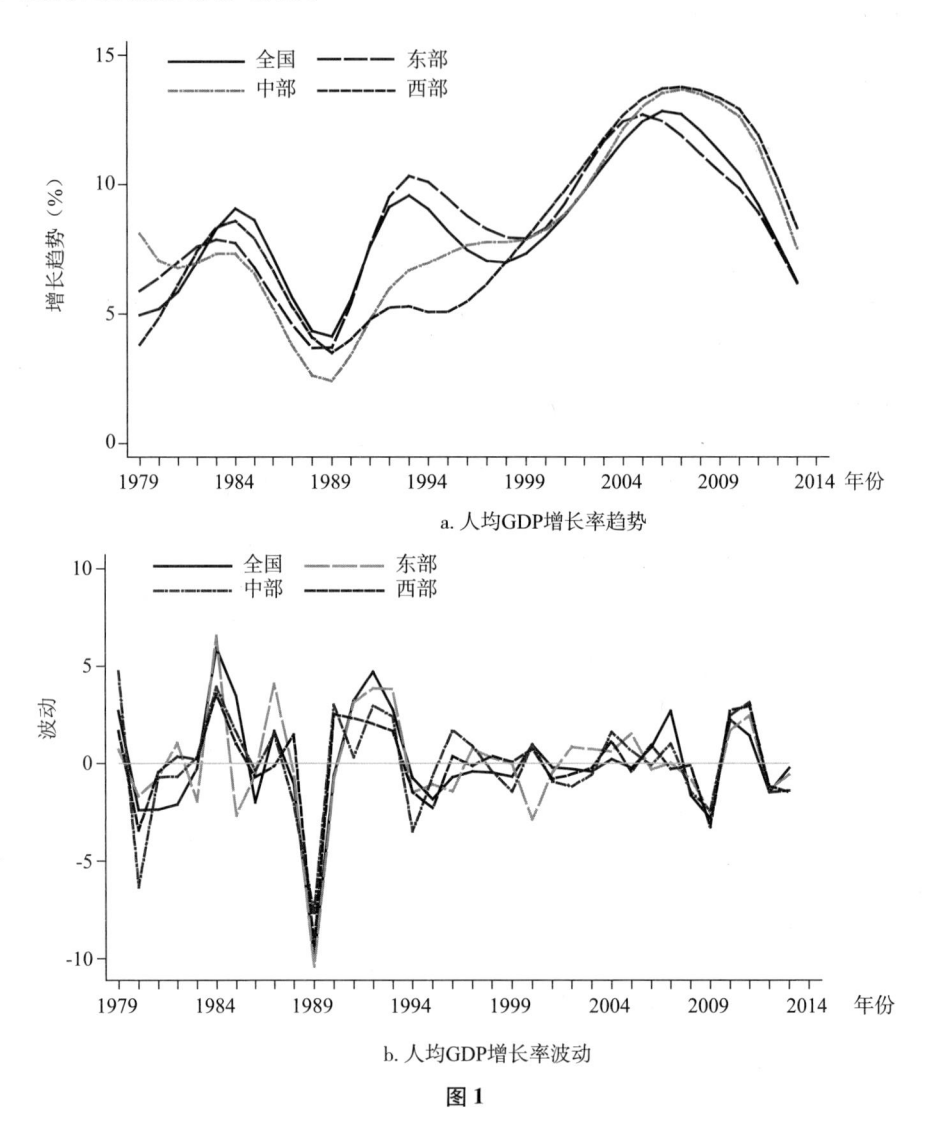

a. 人均GDP增长率趋势

b. 人均GDP增长率波动

图1

2. 经济波动的根源：局部失衡引致的结构性失衡

历史显示，经济波动实质上反映的是经济发展过程中增长速度的波动,所以在对经济波动的原因进行分析之前,我们先简单探讨一下经济增长的可能原因。我们认为经济增长的动力来自于:①社会分工网络扩张提供的分工经济和专业化经济。可持续的分工网络的扩张需要有相应的交易效率和信息效率(二者分别对应于交易费用和信息费用)作为支撑,并表现为:横向分工(生产链上同一生产环节的替代品的生产)或纵向分工(生产链的延长),组织和个人生产的专业化程度的提高(生产活动范围的缩小)。横向分工提高了经济的稳定性和多样性,有利于分工经济的发挥;纵向分工提高了经济的专业化程度,节省学习费用和时间,有利于技术进步和生产能力的提高。②科技和商业创新促进的知识累积和制度效率提高,这主要是为分工网络的扩张提供交易和信息效率改善的软环境基础。但是,无论是分工网络的扩张还是创新都面临着极大的不确定性(本质上是信息不充分,经济的动态变化并不是不确定性的原因,只要我们知道关于它们的完全信息,就不是不确定性),这增加了各分工后的专业化部门间的协调困难和创新的成本,蕴藏了经济波动。

在应对不确定性时,人们运用企业家要素进行试错。这些分散的试错行为导致:①创新(新技术、新产品、新的组织方式和制度模式、新的物流渠道或原材料等),这些创新打破了旧有的分工网络格局,吸引新的要素流入新拓展的局部网络中,并形成对原有的网络部分的竞争或互补。②原本互相影响(竞争或者合作的)的个体之间的互动出现不协调,在信息成本和交易费用不为零,尤其是人们的经济活动需要消耗时间时这一情况更加频繁和严重。③现有的历史信息未能准确反映经济变化,而试错信息的扩散和传递是有成本和时滞的,这改变了原有的信息存量和分布,使得在应对不确定性时人们难以做出准确的预测和选择。因此,试错诱发经济的局部失衡。

以下几个原因使这些局部失衡在市场内部形成结构性失衡并在经济内部传递和强化而得不到及时的纠正:①市场是分散的,个体决策时所能凭依的信息只是与自己的专业活动有关的信息和知识,这使得分工网络中的各种信息和知识在各分工部门间的分布是不均匀的，并进而引起人们对经济运行状态的不同认知和对将来发展趋势的不同预判。这些信息之间的交流是需要时间和成本的（信息成本），人们需要把在决策前后信息交流的时间和成本作为沟通的代价，纳入经济核算，在是否进行更多的信息沟通或交流时进行权衡。但是这些对个体而言的"小事"可能对经济整体而言却是"大事"，而大事的成本由个体承担着，也就是说这种信息交流决策具有正的外部性，使得它们供给短缺。②经济分工系统虽然是一个网络，但是各专业化部门之间主要是通过物质上的供应链和资金上的金融链联系在一起的竞争和合作关系，这使得经济分工网络呈现出结构性——供应链和金融链上的企业之间的联系比其他企业更紧密，而且它们之间也会形成某种程度上的"锁定"关系，使得其他网络部分的变化为这些企业所认识并觉得自己有必要进行调整时要考虑到自己所属的局部网络内其他企业的决策，也就是说这些调整只有在大家同时调整时才会成功，至少部分企业这么认为。这样，经济分工网络内不同结构间的调整会出现不一致，从而使得某一部分出现了变化或失衡，其他部分不能够及时作出相应的应对变化。③时耗。每一个经济活动的完成都是有时间消耗的，世界上没有不消耗时间的经济活动。所有的经济活动一定是一个过程，它必定要消耗时间。经济主体的决策都不是应对当前的变化或状态的，而是用自己的决策来使自己适应自己预测的将来的状况，或者通过自己的活动改善自己将来的处境。经济活动需要时间来完成，我们称之为经济活动的时耗性。正因为如此，即使经济中出现了某些失衡，经济主体认识到了，也采取了相应的调整，但是这个调整需要时间来消化与实现，在这个过程中经济也在发生新的变化，这些变化使得之前的调整可能是正确的，也可能是错误的。当经济主体意识到这一点时，将会使得他们的调整行为更加复杂和谨慎。经济活动的时耗性使得经济结果中的失衡可能持续存在，信息费用的存在会影响这一失衡信息的传播，并影响失衡持续的时间和传递的范围。④交易成本加剧了上述所有问题。机会主义行为的存在、信息不充分以及权利

（尤其是产权）界定与维护需要成本是交易费用存在的根本原因。产权界定与维护的成本加大了交易的复杂性和不确定性，人们机会主义行为的存在则提高了人们事前决策的经济核算成本和对事后经济结果预测的不确定性，这些产生了交易费用。

因此，为应对经济系统内的不确定而采取的试错行为使得经济内部出现局部失衡，信息的不均匀分布和信息成本导致的交流不充分使得这些局部失衡不能得到及时的认识和纠正，经济主体的分散决策可能使得大家即使意识到了失衡也难以形成集体一致的调整行动，而分工网络中生产链、金融链和各专业化部门间的信息不对称使得这些局部失衡在传递过程中呈现出结构性失衡，交易成本的存在加剧了这一失衡，最终这些失衡引起分工网络内各专业化部门间大规模的协调失败，导致经济整体的失衡，产生宏观波动。

3. 局部失衡向全局失衡演化过程中政府政策的影响

政府的宏观经济政策与经济波动的关系取决于政府政策在上述提到的分工网络出现局部失衡和这一局部失衡向全局失衡演化过程中所起的作用或产生的影响。政府的宏观经济政策可以分为两大类：政府通过税收、补贴、管制和直接采购等以实现其经济和社会目的的财政政策，以及政府直接通过央行和其他金融中介或者间接通过立法等渠道指导金融媒介使用以实现其经济目的的货币政策。特别要提到的是，货币政策是指政府通过干预金融中介机构或者金融媒介（或称金融工具，如货币、票据、债券、证券等）运行以改变货币关系（主要影响货币市场和投资市场）来实现其经济调控目的的所有政策。因为财政政策和货币政策在作用范围的可控性、直接效果和后续反馈速度及强度这三个方面有着巨大的差别，所以政府在实现其不同期限和强度的经济政策时都会选择不同的政策组合。但无论是财政政策还是货币政策，都是歧视性政策，对于经济中的经济参与者而言，它们都不是中立的。即使是政府实行同时普遍的减税，对于原来不在征税范围之内的经济活动部分来说，这就是歧视性的；同样，宏观经济分析中通常作为中立来对待的货币供给的增加也不是中立的，因为新增货币进入经济内部的渠道和方式是有限的，不同的经济主体接收到新增货币的时间不同而且不同经济部门内的货币流通速度也不一样。相比于财政政策，货币政策的影响更复杂，更不可控，其效果也不如财政政策直接。

在执行这些政策时，政府会以两种身份出现：政府作为一个经济参与者来执行其经济政策，比如政府采购和政府信用扩张等；政府作为一个监管者来执行其经济政策（实际上是进行经济管控），比如一些关于市场的制度性立法等。当政府作为一个经济参与者时，政府的经济行为直接引起市场上的供需结构的变化，因为政府所掌控的经济资源通常都是巨大的（无论一国的市场发展水平如何），所以这一供需结构的变化可以直接引起经济分工网络局部的结构性变化。对于一个原本均衡的经济来说，政府的这一经济活动可能引起结构性失衡，如果分工网络不能通过自我调整适应这一变化，将会引起经济的全局失衡，进而产生经济波动。当分工网络中出现局部失衡时，政府的这一政策会有两种结果：加剧原有的局部失衡，引导其向导致全局失衡的结构性失衡发展；或者政府的经济活动构成了对原来的局部失衡的对冲，从而帮助经济恢复平衡，抑制经济波动。此外，又因为政府的行为有很多非经济因素的考虑，公众对政府的这些行为又存在信息不对称或者说不确定性，这使得政府的这些行为相对于分工网络中的其他个体相当于一个外生的扰动源，直接干扰了市场主体的经济核算，这将阻碍经济内部对局部失衡的自发调整。所以，当政府作为一个经济参与者来执行其政策，尤其这类政策是短期政策时，倾向于扩大经济波动。

当政府作为一个经济监管者时，政府的经济政策通常是通过影响市场规则来干预经济运行过程中的市场过程，或者说是影响经济主体在交互作用过程中获取经济核算的信息与形成预期的制度环境来调节市场运作，从而引起经济结果的变化。此时，政府的经济政策将会引起支撑分工网络的交易效率和信息效率的变化，政府行为是帮助经济矫正局部失衡，还是加剧失衡，取决于政府行为是可持续地提高了交易效率和信息效率，还是不可持续地提高或者直接降低了交易与信息效率。所以，如果政府作为一个经济监管者，而且它能够克制自己政策的时间不一致性（减少政府的机会主义行为），实行有利于提高市场交易和信息效率的长期政策时，政府政策有可能抑制经济波动。

总的来说，财政政策主要通过物质的供应链来影响经济运行，货币政策主要通过资金的金融链来影响经济的运行。当政府作为经济参与者来执行经济政策时容易引起分工网络的局部失衡和结构性失衡。当然，当政府认识到经济出现局部失衡或结构性失衡时，也可以利用这一政策来对冲这些失衡。当政府作为监管者执行其经济政策时，会影响经济分工网络中出现的局部变化在网络内部的传递效率和传递方式，如果政府的长期政策能够提高交易效率和信息效率，那么政府政策有可能抑制经济波动。

因此，政府在经济运行中并不是中立的，也并不是一个消极的存在，它既可以是经济波动产生的原因，也可以是减缓经济波动的重要力量。这取决于政府的宏观政策是引起了经济的局部失衡和结构性失衡，还是帮着经纠正这些失衡；同时这还取决于政府的宏观政策是提高了经济内部的信息和交易效率，从而提高了经济主体的决策和试错效率以及经济内部的运行效率，还是相反。但是这些都有一个需要提前考虑的问题：政府决策的信息从何而来，其对经济现状的认知和对经济未来发展的预测是否可靠？政府决策的效率如何，即政府在获得相关信息时能否快速地形成相应的应对政策？以及，政府的经济政策执行的效率如何，这些政策是否能够得到及时有效的贯彻或执行？

三、中国数据的经验分析

本文利用我国从 1978~2013 年大陆地区 31 个省、直辖市和自治区的面板数据做了一系列的经验分析（数据主要来自国家统计局网站：

http://data.stats.gov.cn，缺失的数据用中国知网提供的年鉴数据、中宏数据或者相邻数据的几何平均值补充。名义数据用1978年的价格水平做了调整。增长率均为人均实际值取对数后的一阶差分来计算），借以讨论我国的宏观政策与经济波动之间的关系。我们用GDP作为经济总量的度量，用地方财政一般预算支出作为财政政策的测度指标，用各地区（年末）金融机构各项贷款余额来作为货币政策的测度指标，所有指标都取人均量。在文中，东、中、西三个地区分别为：东部为北京、天津、河北、辽宁、上海、江苏、浙江、福建、山东、广东和海南等11个省份，中部为山西、吉林、黑龙江、安徽、江西、河南、湖南和湖北等8个省份，西部为内蒙古、广西、四川、重庆、贵州、云南、西藏、陕西、甘肃、青海、宁夏和新疆等12个省份。为了较细致地考察政府政策与经济波动的关系以及这些关系的稳健性，我们做了如下几种处理：①直接拿增长率波动标准差的回归；②用扩张和收缩等波动刻度做回归；③按波动的频数和波幅来回归。在这些回归分析中，我们还将数据按周期分段回归或进行了滚动计算等。

1. 短期和长期宏观政策与经济波动的经验分析

我们参照 Ramey 和 Ramey（1995）、Badinger（2010）的方法，用人均GDP增长率的标准差来度量经济波动。因为政策变量的标准差反映了政策的波动情况，均值反映了政策的长期水平，而按照我们之前的理论，固定不变的政策会被经济主体认知到，并形成稳定的预期，对经济运行产生的意外冲击小，而"积极"的政策却会引起较大的冲击，所以我们用各宏观政策指标的标准差来度量"积极"（短期）的宏观政策，用其均值来度量"消极"（长期）的宏观政策。

$\sigma_{ix} = \sqrt{\dfrac{1}{T-1}\sum_{t=1}^{T}(g_{ixt} - \bar{g}_{ix})^2}$，其中 $\bar{g}_{ix} = \dfrac{1}{T}\sum_{t=1}^{T}g_{ixt}$，$g_{ixt}$ 是 i 地区时期 t 的人均 x 的增长率，在具体计算时用人均 x 的自然对数的差得到：$g_{ixt} = \ln(x_{it}) - \ln(x_{it-1})$。为了充分利用我们的数据，并考虑到经济

过程的时耗性,我们计算相应的标准差和均值时将数据以 5 年为单位滚动得到(我国的经济周期长度一般是 7~9 年,我们也尝试了 10 年滚动的结果,得到相似的结果,只是显著性略有降低)。我们的模型是:

$$\sigma_{ig_{GDP}} = \beta_1 + \beta_2 \sigma_{ig_{Gove}} + \beta_3 \sigma_{ig_{Money}} + \theta X_{it} + \varepsilon_i \tag{1}$$

其中 X_{it} 为控制变量向量,θ 为其对应的系数向量。

我们尝试过如下控制变量:人均 GDP 的平均增长率,人口增长率,人均社会固定资产投资的增长率,开放程度的均值(我们用进出口总额占 GDP 的比例来度量一个地区的对外开放程度),工业化速度(我们用全社会固定资产投资总额占当年 GDP 的比重来度量工业化发展速度),初始人均 GDP 的对数等。因为篇幅关系,我们只给出部分结果),回归结果见表 1。

表 1　　　　　　1979 – 2013 波动方差的面板数据回归结果

VARIABLES	(1) 全国 gdppgsd	(2) 东部 gdppgsd	(3) 中部 gdppgsd	(4) 西部 gdppgsd	(5) 全国 gdppgsd	(6) 东部 gdppgsd	(7) 中部 gdppgsd	(8) 西部 gdppgsd
govcpgsd	0.0538***	0.0539	0.123**	0.0190	0.118***	0.130**	0.215***	0.0514**
	(0.0173)	(0.0332)	(0.0500)	(0.0210)	(0.0258)	(0.0448)	(0.0296)	(0.0223)
moneypgsd	0.160**	0.0902	0.112*	0.317***	0.171**	0.0837	0.156***	0.321***
	(0.0700)	(0.0693)	(0.0474)	(0.0734)	(0.0670)	(0.0467)	(0.0422)	(0.0712)
govcpgm	-0.0923***	-0.125*	-0.0571*	-0.0771***				
	(0.0189)	(0.0587)	(0.0243)	(0.0220)				
moneypgm	0.0152	-0.00374	0.165**	-0.0462				
	(0.0465)	(0.104)	(0.0698)	(0.0393)				
gdppgm	-0.0309	0.00399	-0.127	0.0258				
	(0.0391)	(0.0585)	(0.0860)	(0.0565)				
Constant	3.336***	4.135***	2.226**	2.497***	1.732***	2.415***	1.095**	1.175*
	(0.476)	(0.639)	(0.724)	(0.793)	(0.506)	(0.405)	(0.316)	(0.626)
Observations	1,024	352	256	384	1,024	352	256	384
R – squared	0.289	0.219	0.394	0.431	0.194	0.132	0.279	0.346
Number of province	32	11	8	12	32	11	8	12

Robust standard errors in parentheses.

*** $p < 0.01$, ** $p < 0.05$, * $p < 0.1$.

表 1 中，gdppgsd、govcpgsd、moneypgsd 分别表示人均 GDP、地方财政一般预算支出和各地区（年末）金融机构各项贷款余额的增长率的标准差（gdppgm、govcpgm、moneypgm 分别表示对应变量的人均增长率均值），计算时以对应年份为中心 5 年滚动计算得到。我们用 gdppgsd 测度经济波动，govcpgsd 和 moneypgsd 测度短期财政政策和货币政策，govcpgm 和 moneypgm 测度对应的长期政策。

从表 1 的回归结果我们可以发现，积极的宏观政策（或者说短期的）与经济波动正相关，这一相关性在绝大多数模型中都是高度显著的，而且财政政策的显著性高于货币政策的。与此相反，消极的宏观政策（或者说长期的）与经济波动大多都负相关，财政政策大多都显著，但货币政策只部分显著性。

这一计量结果符合我们第二部分给出的理论阐述：①短期的宏观政策是政府引入的对经济的临时冲击，它们一方面可能直接引起经济内部的局部失衡，另一方面由于它们是非持续的，即使政府的目的是为了纠正经济中的结构性失衡，因为经济行动的时耗性，使得短期政策不但达不到促进经济调整的目的，反而会误导经济主体的经济预期，加大调整困难。另外，短期的宏观政策还会对经济主体的经济核算带来干扰，扭曲经济个体对市场状态的认知，加大调整的难度。所以，短期的宏观政策倾向于扩大经济波动。此处的计量结果显示了短期的宏观政策与经济波动正相关，印证了这一结论。②政府长期的宏观政策如果能够改善交易和信息效率，将会提高分工网络的稳健性和经济内部的调整效率。我国的政府政策有较强的延续性，"五年计划"等长期规划都致力于提高市场效率的改革，而且政府的主要干预活动都是优先集中于改善基础设施、初等教育、市场监管和政府运作规范化等，在执行这一政策时政府短期倾向的机会主义行为和时间不一致性能够被强有力的中央政府约束，这有利于提高信息和交易效率，稳定经济。所以此处的计量结果显示长期的宏观政策与经济波动负相关。③财政政策之所以比货币政策显著，是因为我国的地方政府发展经济的积极性高，同时国有企业也承载着许多政策任务，这使得财政政策能够较有效率的贯彻；而我国的金融市场不健全，同时货币政策发挥作用的机制又有其本身的复杂性，所以货币政策执行政府政策的效率相对较低，而且政府在制定货币政策时也不倾向于选择大力度的货币政策。

2. 刺激和紧缩性宏观政策与经济波动的经验分析

用标准差来度量波动有许多缺陷。其中之一是，标准差不能反映出经济是扩张还是收缩，政府宏观政策与刺激经济过热或抑制经济增长可能有不同的联系。基于这一原因，我们用HP滤波（参数采用默认的年度参数）把人均GDP增长率和宏观政策增长率指标过滤成两部分：趋势和波动部分。与前一部分相同的理由，我们认为宏观政策的趋势部分是按规则进行的政策，是一种"消极"的或长期的政策，波动部分是相机抉择的政策，是一种"积极"的或短期的政策。考虑到不同周期中政府政策的力度与目的不同，我们再以1986、1994、2001和2009年为界将数据分为5个区间（这几个时间点都是波谷，刚好可以作为不同周期的分割点，参见图1），在各个区间内分别以相应的t分布的10%的概率区间作为稳定区，波动部分超过这一区间上限的认为是扩张（记为+1），低于这一区间下限的认为是收缩（记为-1），区间内的认为无波动（记为0），这样得到相应的经济波动扩张和收缩的数据，记为gdppgBC。gdppgTrend表示人均GDP增长率趋势值。类似地，我们得到财政政策和货币政策的数据govcpgBC和moneypgBC，用它们测度短期的刺激和紧缩性政策（参见图2）。我们用获取的数据进行如下回归：

$$gdppgBC_{it} = \beta_1 + \beta_2 govcpgBC_{it} + \beta_3 moneypgBC_{it} + \theta X_{it} + \varepsilon_i \quad (1)$$

其中X_{it}为控制变量向量，θ为其对应的系数向量。我们尝试过如下控制变量：财政政策的趋势项和货币政策的趋势项（分别用govcpgTrend和moneypgTrend表示。当用到9年滚动数据时，则取相应滚动区间内趋势值的均值，记为 govcpgTrendm 和 moneypgTrendm），人均 GDP 增长率的趋势值或滚动区间内的均值（分别记为 gdppgTrend 和 gdppgTrendm），人口增长率，人均社会固定资产投资的增长率，开放程度的均值，工业化速度，初始人均 GDP 的对数（记为 gdpp）等。因为篇幅关系，我们只给出部分结果，回归结果见表 2。考虑到经济活动的时耗性，我们对数据以 9 年为单位滚动，并重复上述计算，得到表 3。依据数据表现（参见图 1 和图 2），我们将我国分为如下几个周期：1979～1986 年，1986～1989 年，1989～1994 年，1994～2001 年，2001～2009 年，2009～2014 年等，在每个周期内部重复上述计算，并得到表 4。

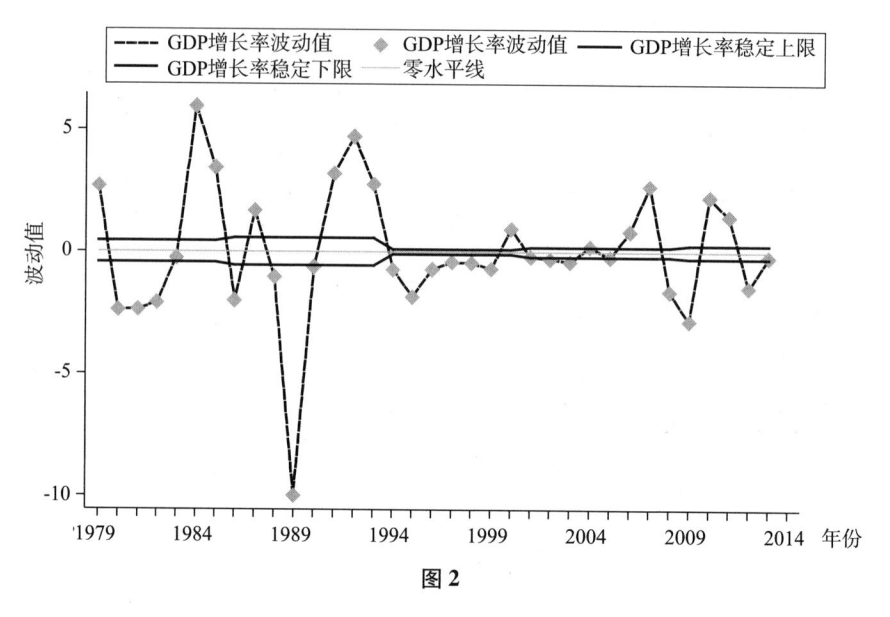

图 2

表 2　　1979～2013 年经济正负波动的面板数据回归结果

VARIABLES	(1) 全国 gdppgBC	(2) 东部 gdppgBC	(3) 中部 gdppgBC	(4) 西部 gdppgBC	(5) 全国 gdppgBC	(6) 东部 gdppgBC	(7) 中部 gdppgBC	(8) 西部 gdppgBC
govcpgBC	0.165***	0.160**	0.0804	0.224***	0.161***	0.162**	0.0796	0.204***
	(0.0314)	(0.0554)	(0.0713)	(0.0458)	(0.0309)	(0.0533)	(0.0660)	(0.0488)
moneypgBC	0.0823**	0.133	0.0652	0.0546	0.0721*	0.125	0.0456	0.0440
	(0.0380)	(0.0751)	(0.0745)	(0.0573)	(0.0381)	(0.0776)	(0.0733)	(0.0573)

续表

VARIABLES	(1) 全国 gdppgBC	(2) 东部 gdppgBC	(3) 中部 gdppgBC	(4) 西部 gdppgBC	(5) 全国 gdppgBC	(6) 东部 gdppgBC	(7) 中部 gdppgBC	(8) 西部 gdppgBC
govcpgTrend	−0.0172***	−0.0125	−0.0162*	−0.0225***	0.00174	0.00339	0.00483	0.00182
	(0.00336)	(0.00698)	(0.00709)	(0.00509)	(0.00239)	(0.00371)	(0.00461)	(0.00467)
moneypgTrend	−0.00693*	−0.0123*	−0.00475	−0.00352				
	(0.00377)	(0.00601)	(0.0115)	(0.00576)				
gdppgTrend	0.0612***	0.0776***	0.0523**	0.0610***				
	(0.00762)	(0.00841)	(0.0185)	(0.0117)				
gdpp					−0.0880	0.0152	−0.503**	−0.363**
					(0.0768)	(0.0636)	(0.180)	(0.165)
Constant	−0.283***	−0.376***	−0.294	−0.246***	0.00267	−0.0117	−0.00336	0.0560*
	(0.0612)	(0.0812)	(0.192)	(0.0793)	(0.0207)	(0.0383)	(0.0247)	(0.0260)
Observations	1,120	385	280	420	1,120	385	280	420
R-squared	0.060	0.083	0.029	0.077	0.036	0.049	0.016	0.053
Number of province	32	11	8	12	32	11	8	12

Robust standard errors in parentheses.
*** $p<0.01$, ** $p<0.05$, * $p<0.1$.

表3 1979~2013年经济波动数据9年滚动后的回归结果

VARIABLES	(1) 全国 gdppgBC	(2) 东部 gdppgBC	(3) 中部 gdppgBC	(4) 西部 gdppgBC	(5) 全国 gdppgBC	(6) 东部 gdppgBC	(7) 中部 gdppgBC	(8) 西部 gdppgBC
govcpgBC	0.107***	0.133**	0.0174	0.135**	0.111***	0.139**	0.0318	0.135**
	(0.0327)	(0.0587)	(0.0693)	(0.0526)	(0.0329)	(0.0577)	(0.0671)	(0.0541)
moneypgBC	0.116**	0.198**	0.0732	0.0903	0.114**	0.190**	0.0601	0.0925
	(0.0438)	(0.0775)	(0.0971)	(0.0696)	(0.0443)	(0.0784)	(0.0986)	(0.0696)
govcpgTrendm	−0.0444***	−0.0619***	−0.0732***	−0.0358***				
	(0.00792)	(0.0147)	(0.0187)	(0.0133)				
moneypgTrendm	−0.00999	0.0156	−0.0488*	−0.0302				
	(0.0106)	(0.0156)	(0.0211)	(0.0185)				
gdppgTrendm	0.0708***	0.0924**	0.124***	0.0667*	−0.0186**	−0.0185	−0.0342*	−0.0118
	(0.0185)	(0.0340)	(0.0485)	(0.0315)	(0.00841)	(0.0170)	(0.0153)	(0.0126)
Constant	−0.0782	−0.348*	0.0744	0.106	0.145**	0.174	0.240*	0.0983
	(0.105)	(0.189)	(0.229)	(0.141)	(0.0687)	(0.143)	(0.122)	(0.100)
Observations	864	297	216	324	864	297	216	324
R-squared	0.052	0.097	0.045	0.049	0.037	0.073	0.020	0.035
Number of province	32	11	8	12	32	11	8	12

Robust standard errors in parentheses.
*** $p<0.01$, ** $p<0.05$, * $p<0.1$.

表 4　　　　　1979~2013 年经济波动数据按周期划分的回归结果

VARIABLES	(1) 全国 gdppgBC	(2) 东部 gdppgBC	(3) 中部 gdppgBC	(4) 西部 gdppgBC	(5) 全国 gdppgBC	(6) 东部 gdppgBC	(7) 中部 gdppgBC	(8) 西部 gdppgBC
govcpgBC	0.171***	0.168**	0.0778	0.236***	0.154***	0.153**	0.0689	0.212***
	(0.0303)	(0.0559)	(0.0592)	(0.0451)	(0.0302)	(0.0549)	(0.0577)	(0.0466)
moneypgBC	0.0808**	0.141	0.0627	0.0486	0.0795**	0.143	0.0622	0.0417
	(0.0379)	(0.0792)	(0.0713)	(0.0535)	(0.0379)	(0.0799)	(0.0714)	(0.0524)
govcpgTrend	-0.0173***	-0.0171**	-0.0113	-0.0206***				
	(0.00389)	(0.00686)	(0.0109)	(0.00639)				
moneypgTrend	-0.00484	-0.00427	0.000271	-0.00880				
	(0.00502)	(0.00496)	(0.0158)	(0.00803)				
gdppgTrend	0.0657***	0.0794***	0.0368	0.0734***	0.0346***	0.0529***	0.0172	0.0335***
	(0.00981)	(0.00875)	(0.0267)	(0.0163)	(0.00644)	(0.0101)	(0.0122)	(0.00961)
Constant	-0.353***	-0.442***	-0.289	-0.315***	-0.307***	-0.425***	-0.228*	-0.272***
	(0.0619)	(0.0746)	(0.231)	(0.0759)	(0.0537)	(0.0856)	(0.102)	(0.0800)
Observations	1,088	374	272	408	1,088	374	272	408
R-squared	0.061	0.087	0.017	0.089	0.052	0.078	0.014	0.074
Number of province	32	11	8	12	32	11	8	12

Robust standard errors in parentheses.
*** p<0.01, ** p<0.05, * p<0.1.

从表 2~表 4 中我们可以发现，积极的宏观政策与经济波动（无论是扩张还是收缩）都是正相关的，其中财政政策高度显著，货币政策部分显著；宏观政策的趋势值（长期的或消极的宏观政策）却与经济波动大多负相关，这些相关性中财政政策都高度显著，货币政策一般不显著。

这一部分的结果表明，即使我们用了更"准确"的测度方法，依然与我们之前的结论高度吻合，印证了我们第二部分的理论阐述：积极或短期的宏观政策放大经济波动，消极或长期的宏观政策有利于平抑经济波动，对政府而言财政政策比货币政策更有效。

3. 政府政策变动幅度和频率与经济波动的经验分析

用标准差来度量波动的另一个缺陷是，它不能描述波动的频率和幅度，即小而频繁的波动与大而稀少的波动可能在标准差上是相等的，但二者的经济结果却完全不同。此处我们考察政策幅度和频率与经济波动的关系。我们将前表中的每一次扩张或收缩（+1 或 -1）都记为一次波动，从而得到相应的波动频数的数据，并分别进行相似的回归，分别得到表 5、表 6 和表 7。此外，我们直接用波动值与趋势值的比表示其波幅，进行了相似的回归，得到表 8。其中，gdppgBCT、govcpgBCT 和 moneypgBCT 分别表示所考察时期内经济波动的频数和财政政策与货币政策变动的频数，gdppgBC、govcpgBC 和 moneypgBC 分别表示所考察时期内经济波动的波幅和财政政策与货币政策变动的幅度，gdppgTrend、govcpgTrend、moneypgTrend、govcpgTrendm、moneypgTrendm 和 gdppgTrendm 分别表示相应的趋势值或所考察时期内趋势值的均值。

表 5   1979~2013 年波动次数的截面数据回归结果

	(1)	(2)	(3)	(4)	(5)	(6)	(7)	(8)
	全国	东部	中部	西部	全国	东部	中部	西部
VARIABLES	gdppgBCT	gdppgBCT	gdppgBCT	gdppgBCT	gdppgBCT	gdppgBCT	gdppgBCT	gdppgBCT
govcpgBCT	0.360	-0.105	2.029***	0.613***	0.372**	-0.102	0.617	0.691**
	(0.214)	(0.360)	(0.0997)	(0.158)	(0.180)	(0.334)	(0.845)	(0.230)
moneypgBCT	0.187	-0.110	0.576**	0.181	0.234	-0.308	0.197	0.0824
	(0.147)	(0.382)	(0.0593)	(0.235)	(0.138)	(0.343)	(0.325)	(0.294)
govcpgTrendm	-0.292	0.363	-2.910***	-1.177**				
	(0.403)	(0.891)	(0.264)	(0.466)				
moneypgTrendm	-0.140	-0.770	3.592***	0.822				
	(0.483)	(0.768)	(0.119)	(0.544)				
gdppgTrendm	0.143	0.604	-0.389	0.822**	-0.143	0.353	-0.932	0.348
	(0.368)	(0.504)	(0.222)	(0.242)	(0.276)	(0.506)	(0.637)	(0.490)
Constant	16.21*	36.72***	-57.33***	-0.0199	12.81**	39.51***	12.94	2.959
	(8.300)	(8.086)	(4.674)	(7.266)	(6.250)	(13.40)	(33.80)	(9.656)
Observations	32	11	8	12	32	11	8	12
R-squared	0.201	0.297	0.995	0.767	0.170	0.092	0.241	0.551

Robust standard errors in parentheses.
*** $p<0.01$, ** $p<0.05$, * $p<0.1$.

表6　1979~2013年经济波动频数数据9年滚动后的回归结果

VARIABLES	(1) 全国 gdppgBCT	(2) 东部 gdppgBCT	(3) 中部 gdppgBCT	(4) 西部 gdppgBCT	(5) 全国 gdppgBCT	(6) 东部 gdppgBCT	(7) 中部 gdppgBCT	(8) 西部 gdppgBCT
govcpgBCT	0.105	0.165	0.187	-0.00883	0.148	0.192	0.126	0.0166
	(0.116)	(0.190)	(0.0994)	(0.195)	(0.118)	(0.198)	(0.130)	(0.173)
moneypgBCT	-0.0193	-0.0661	-0.0717	0.0578	0.0390	0.00565	-0.0946	0.130
	(0.0886)	(0.147)	(0.157)	(0.138)	(0.0856)	(0.114)	(0.179)	(0.134)
govcpgTrendm	-0.101***	-0.159***	0.0239	-0.0634				
	(0.0320)	(0.0439)	(0.0331)	(0.0528)				
moneypgTrendm	0.00792	-0.0129	0.114	0.0260				
	(0.0325)	(0.0300)	(0.0876)	(0.0651)				
gdppgTrendm	0.0945	0.250**	-0.236*	0.0390	-0.0886**	-0.0580	-0.170**	-0.0608
	(0.0744)	(0.107)	(0.110)	(0.118)	(0.0347)	(0.0752)	(0.0671)	(0.0495)
Constant	7.073***	6.550***	7.512***	7.133***	6.925***	6.745***	8.925***	6.876***
	(1.118)	(1.024)	(1.772)	(2.212)	(1.188)	(1.260)	(2.193)	(2.078)
Observations	864	297	216	324	864	297	216	324
R-squared	0.187	0.238	0.385	0.114	0.124	0.073	0.355	0.079
Number of province	32	11	8	12	32	11	8	12

Robust standard errors in parentheses.
*** p<0.01, ** p<0.05, * p<0.1.

表7　1979~2013年经济波动频数数据按周期划分（86—89）的回归结果

VARIABLES	(1) 全国 gdppgBCT	(2) 东部 gdppgBCT	(3) 中部 gdppgBCT	(4) 西部 gdppgBCT	(5) 全国 gdppgBCT	(6) 东部 gdppgBCT	(7) 中部 gdppgBCT	(8) 西部 gdppgBCT
govcpgBCT	0.433***	0.416***	0.378***	0.602***	0.482***	0.391***	0.317***	0.748***
	(0.0756)	(0.112)	(0.0471)	(0.0858)	(0.0903)	(0.100)	(0.0830)	(0.129)
moneypgBCT	0.382***	0.321***	0.530***	0.238**	0.351***	0.347***	0.507***	0.163
	(0.0619)	(0.0677)	(0.1000)	(0.104)	(0.0681)	(0.0613)	(0.124)	(0.126)
govcpgTrendm	0.0348	-0.0259	0.0344	0.0660*				
	(0.0209)	(0.0276)	(0.0248)	(0.0358)				
moneypgTrendm	-0.0256	0.00424	0.0774	-0.0520				
	(0.0206)	(0.0203)	(0.0418)	(0.0330)				
gdppgTrendm	0.0422	0.134	-0.0343	-0.00444	0.0837***	0.0961	0.0834**	0.0679*
	(0.0498)	(0.101)	(0.0428)	(0.0812)	(0.0258)	(0.0666)	(0.0338)	(0.0345)

续表

VARIABLES	(1) 全国 gdppgBCT	(2) 东部 gdppgBCT	(3) 中部 gdppgBCT	(4) 西部 gdppgBCT	(5) 全国 gdppgBCT	(6) 东部 gdppgBCT	(7) 中部 gdppgBCT	(8) 西部 gdppgBCT
Constant	0.716**	0.555	-0.101	0.877	0.288	0.675	0.528	-0.199
	(0.313)	(0.419)	(0.908)	(0.648)	(0.241)	(0.397)	(0.533)	(0.387)
Observations	192	66	48	72	192	66	48	72
R-squared	0.780	0.777	0.861	0.775	0.774	0.774	0.854	0.756
Number of province	32	11	8	12	32	11	8	12

Robust standard errors in parentheses.
*** p<0.01, ** p<0.05, * p<0.1.

表8　　　　1979~2013年经济波动幅度数据的回归结果

VARIABLES	(1) 全国 gdppgBC	(2) 东部 gdppgBC	(3) 中部 gdppgBC	(4) 西部 gdppgBC	(5) 全国 gdppgBC	(6) 东部 gdppgBC	(7) 中部 gdppgBC	(8) 西部 gdppgBC
govcpgBC	0.00256	0.0226*	-0.000399*	-0.00806	0.00226	0.0214*	-0.000368**	-0.0252
	(0.00303)	(0.0111)	(0.000174)	(0.0552)	(0.00270)	(0.0111)	(0.000154)	(0.0577)
moneypgBC	2.720	-0.116	0.0416	9.340*	2.666	-0.104	0.0261	9.235*
	(1.980)	(0.192)	(0.0870)	(4.443)	(1.917)	(0.181)	(0.0926)	(4.262)
govcpgTrend	-0.215	-0.0268	0.000393	-0.574				
	(0.243)	(0.0166)	(0.0114)	(0.739)				
moneypgTrend	-0.152	0.0420	-0.0330	-0.355				
	(0.233)	(0.0339)	(0.0266)	(0.482)				
gdppgTrend	0.657	-0.196	0.0329	1.539	0.211	-0.209	0.0237	0.319
	(1.131)	(0.237)	(0.0613)	(2.704)	(0.835)	(0.238)	(0.0500)	(1.726)
Constant	-2.346	1.644	0.0110	-4.863	-2.138	1.973	-0.230	-3.707
	(9.142)	(1.782)	(0.589)	(19.90)	(6.896)	(1.960)	(0.405)	(14.14)
Observations	1,120	385	280	420	1,120	385	280	420
R-squared	0.008	0.017	0.008	0.027	0.007	0.015	0.005	0.024
Number of province	32	11	8	12	32	11	8	12

Robust standard errors in parentheses.
*** p<0.01, ** p<0.05, * p<0.1.

从表5、表6、表7和表8我们可以看出，积极的宏观政策与经济波动频数和幅度正相关（货币政策偶尔负相关，但不显著），其中财政政策的显著性高于货币政策的；消极的宏观政策的与经济波动的关系不如之前的分析那么一致，但财政政策更多的表现出负相关，货币政策则较不稳健，在显著性上财政政策仍比货币政策表现得更好。这一部分的计量结果也与我们的理论相吻合，这表明我们在第二部分提出的理论是对我国政府宏观政策和经济波动关系的一个较好的描述和解释。

综上所述，从经验结果中可以看出，虽然我们并不能由此得出相应的因果关系，但是却可以得出这样的结论：政府的宏观政策是与经济波动相关的，且这一相关性是显著的，具体为：积极或短期的宏观政策与经济波动正相关，消极或长期的宏观政策与经济波动负相关，财政政策比货币政策更显著。这告诉我们：政府的宏观政策对经济运行是有影响的，而且这一影响是显著的。如果这些影响之间还存在因果关系，那么我们还可以得出这样的结论：政府的宏观政策对经济运行来说是重要的。而这，正好是对第二部分的经验支持。

四、结论与建议

政府的主要经济职能之一是维护经济的稳定增长。但是政府这一职能的实现效果，取决于政府对经济运行机制的认识程度和政府对有效干预经济的手段的掌握情况，尤其是对经济波动产生的内在机理的了解和对政府与经济波动的关系的认知。经济波动的原因和经济内部冲击的传导机制是复杂的，但却是可认知的；政府政策调节对经济运行的影响取决于政策工具的选择和政策的执行效率，政府政策的后果是难以预知和观测的，但如果我们能够对政府政策与经济波动的关系有更深入的认识，则可为政府宏观政策的制定提供中肯而可靠的理论依据。基于前面的分析，本文得出如下结论。

第一，引起经济波动的原因是分工网络出现局部失衡引致分工网络内部的结构性失衡并进而演化成经济的全局失衡，经济失衡后经济主体又通过修正"错误"决策使得经济向均衡进行调整。

第二，政府的宏观经济政策是非中立的，政府的宏观政策既可以是经济波动的原因，也可以是阻止经济波动的重要力量。这取决于政府政策在经济局部失衡以及这一局部失衡在经济分工网络内部传递过程中所起到的作用。此外，政府政策的效果还取决于政府获取经济运行状态信息以及解读这些信息的能力，取决于政府政策形成的效率和这些政策执行的效率。第三，我国数据的经验结果支持了我们的结论：宏观经济政策与经济波动是密切相关的，政府的短期（或积极）政策通常与经济波动正相关，长期（或消极）政策与经济波动负相关；大多数情况下，财政政策比货币政策显著。

当然，本文还可做以下几个方面的深入研究。

（1）在经济波动的市场过程中，经济主体的决策形成以及这些决策过程交互影响并最终确定相应的市场结果的动态过程，或者说对经济波动中经济个体决策形成及互相影响的交流互动的微观机制，以及这一机制所蕴含的反馈圈还可以做进一步的认知。

（2）局部失衡演化成全局失衡的动态过程的传导机制可用有结构的网络分析（比如供应链和金融链）作更深刻的描述。分工网络有很强的稳健性，它们能够自我调节大多数的局部失衡。那么是哪些局部失衡能够引起全局失衡呢？能够引致分工网络内部的结构性失衡应该是这类局部失衡的必要条件。

（3）关于政府对宏观经济运行状态预期的形成（这与政府获取经济运行的信息有关）、宏观政策的制定及执行的研究可以进一步具体，因为政府政策最后是由政府中的公务人员作出，而不是由一个叫"政府"的黑匣作出。

（4）我们可以基于本文的概念体系制定相应的可操作的统计指标，来改善对经济的统计描述，或者对现有的统计指标做适当的整理，得出本文用到的概念体系可以运用的数据。

参考文献

[1] 乔治·阿克洛夫,罗伯特·希勒. 动物精神. 北京:中信出版社,2012

[2] 财政部研究组. 中国经济周期性波动及反周期宏观经济政策. 财政研究,1995(6)

[3] 陈越. 我国经济周期问题的分析与思考. 管理世界,1986(5)

[4] 哈耶克·弗里德里希·冯. 货币的非国家化. 北京:新星出版社,2007

[5] 约翰·梅纳德·凯恩斯. 就业、利息和货币通论(重译本). 北京:商务印书馆,1999

[6] 伊斯雷尔·柯兹纳. 市场过程的含义. 北京:中国社会科学出版社,2012

[7] 黄赜琳. 改革开放三十年中国经济周期与宏观调控. 财经研究,2008(11)

[8] 刘金全,付一婷,王勇. 我国经济增长趋势与经济周期波动性之间的作用机制检验. 管理世界,2005(4)

[9] 卢建. 我国经济周期的特点、原因及发生机制分析. 经济研究,1987(4)

[10] 马克思. 资本论. 北京:人民出版社,1975

[11] 路德维希·冯·米塞斯. 货币、方法与市场过程. 北京:新星出版社,2007

[12] 路德维希·冯·米塞斯. 人的行动:关于经济学的论文. 上海:上海世纪出版集团,2013

[13] 弗兰克. H. 奈特. 风险、不确定性与利润. 北京:商务印书馆,2006

[14] 吴俊培,毛飞. 经济波动理论与财政宏观调控政策. 中国软科学,2005(6)

[15] 熊彼特·约瑟夫. 经济发展理论——对利润、资本、信贷、利息和经济周期的探究. 北京:中国社会科学出版社,2009

[16] 杨小凯,黄有光. 专业化与经济组织——一种新兴古典微观经济学框架. 北京:经济科学出版社,1999

[17] 杨小凯. 经济学——新兴古典与新古典框架. 北京:社会科学文献出版社,2003

[18] 杨小凯. 发展经济学——超边际与边际分析. 北京:社会科学文献出版社,2003

[19] Aghion P, Howitt P. (1992), "A Model of Growth Through Creative Destruction", Econometrica 60 (2): 323 – 351.

[20] Badinger H. (2010), "Output Volatility and Economic Growth", Economics Letters

106: 4.

[21] Long J B, Jr., Plosser C I. (1983), "Real Business Cycles", Journal of Political Economy 91 (1): 39 – 69.

[22] Nordhaus W D. (1975), "The Political Business Cycle", The Review of Economic Studies 42 (2): 169 – 190.

[23] Ramey G, Ramey V A. (1995), "Cross – Country Evidence on the Link Between Volatility and Growth", The American Economic Review 85 (5): 1138 – 1151.

[24] Shleifer A. (1986), "Implementation Cycles", Journal of Political Economy 94 (6): 1163 – 1190.

[25] Young A A. (1928), "Increasing Returns and Economic Progress", The Economic Journal 38 (152): 527 – 542.

新常态下中国经济的增长方式

改革开放以来，我国经济的增长方式先后经历了要素驱动阶段、投资驱动阶段和创新驱动阶段，在新常态时期，我国将实现由要素和投资驱动向创新驱动的转变。首先，我们基于马克思主义的扩大再生产理论和现代西方经济学的增长理论，论证了经济增长方式转变的必然性；然后，从新常态时期我国的人口红利、土地红利、投资贡献、资源环境现状和防范"中等收入陷阱"的角度，分析了经济增长方式转变的现实根源；接下来，从企业角度重点剖析了创新驱动的具体内涵，包括产品和服务的创新、商业模式创新以及技术创新；最后，我们从政府政策的角度提出推动创新驱动型增长的建议，包括经济体制改革、产业结构优化升级、构建创新创业生态系统、保护知识产权以及重视教育和人才制度等。

一、我国经济增长方式的不同阶段

经济增长方式是指经济增长过程中不同要素组合的方式以及要素组合推动经济增长的方式，其核心内容是经济增长的主要依靠力量，也就是不同生产要素在推动经济增长过程中的相对地位问题。这里的经济增长主要是指国内生产总值的增长，而我们知道国内生产总值是劳动力、

---

* 本文由汪浩执笔完成。

土地、资本、技术等生产投入的函数，根据各国的要素禀赋和经济发展阶段的不同，这些生产要素在经济增长中的相对地位也会发生变化。我国自改革开放以来经济增长方式大致经历了要素驱动、投资驱动和创新驱动三个阶段，并且目前处于创新驱动阶段的初期。

1. 20 世纪八九十年代：要素驱动阶段

这里的"要素"是狭义上的概念，它不是推动经济增长的所有组成部分的统称，而是特指劳动力和土地资源的投入，其中劳动力是指经济增长中所使用的人力资源，土地指经济增长中所使用的地皮、能源、水和其他自然资源。20 世纪 80 年代，伴随着改革开放政策的实施，我国东部沿海城市引领潮流，率先发展，一大批民营企业兴起，对劳动力形成了巨大需求。与此同时，我国农村由于人口增长和机械化，出现了大量的富余劳动力。于是一大批农民涌入城市，形成了"农民工"群体，他们由于技术水平低、人口素质不高，工资十分低廉，这为我国的传统制造业发展提供了大量的廉价劳动力。此外，我国的自然资源充沛，资源价格相对较低，这一时期劳动密集型产业和资源密集型产业获得了快速发展，这也是 80 年代长三角、珠三角等地区发展起来的主要原因。到了 90 年代，伴随着工业化和城市化的进程，更多的人口涌入城市，对住房需求旺盛，于是"地方政府征地—出售土地—房地产商开发—出售给居民"的房地产业链条形成。这一时期由于地方政府征地以非市场化的形式进行，另外，在亚洲金融危机之后，政府为了刺激经济，大力支持房地产业发展，所以土地价格相对较低，房地产业依靠廉价的土地获得了快速发展，并成为支柱性产业之一。总的来说，这一阶段的经济增长主要依靠劳动力、资源、土地等要素投入来驱动的。

2. 21 世纪前十或十五年：投资驱动阶段

21 世纪以来，我国经济增长依靠投资的驱动非常明显，主要表现在以下几个方面：第一，从货币供应量上看，2015 年我国的狭义货币

（M1）和广义货币（M2）供应量分别达到 40.10 万亿和 139.23 万亿元，相较于 2000 年的 5.31 万亿和 13.46 万亿元，年均增长率分别为 14.43% 和 16.85%，大量的货币投入通过刺激投资的方式来刺激经济增长；第二，从财政投资性支出来看，2008 年的四万亿刺激计划是典型代表，主要用于保障性安居工程、基础设施建设、生态环境建设等，政府的公共投资构成了社会投资重要的组成部分，并且在诸如保障性安居工程、基础设施建设等领域政府的投资具有杠杆效应，比如通过采取公私合营模式（PPP）来撬动私人资本，从而带动整个社会的投资；第三，从我国引进外资的数额上来看，2000 年我国实际利用外资 593.56 亿美元，到 2014 年达到 1197.05 亿美元，年均增长 5.14%，2014 年我国已超越美国，成为吸收外资规模最大的国家；第四，从投资率上来看，投资在 GDP 中的占比由 2000 年的 33.9% 上升至 2014 年的 45.9%，投资在经济增长中的地位越来越高。综上来看，可以认为在过去的一段时间我国的经济增长是投资驱动型的。

3. 新常态时期：创新驱动阶段

从 2014 年开始，我国的经济发展逐步进入新常态时期，这已成为相关专家学者的共识，也成为政府制定政策措施的现实依据。所谓新常态，主要具有三个特点，分别是从高速增长转为中高速增长、经济结构不断优化升级以及从要素和投资驱动转为创新驱动，这三个方面分别从增长速度、经济结构和增长方式的角度概括了新常态的特点，我们把焦点放在增长方式上，那么新常态时期就是创新驱动的时期。所谓创新驱动，就是指经济增长主要是依靠技术和管理上的进步来推动的，而不是生产要素的大规模投入，具体来说，主要包括产品和服务的创新、商业模式创新和技术创新等。创新驱动经济增长的方式和生产要素投入驱动经济增长的方式是不同的，创新驱动是一种更高级、更有效率的经济增长方式。比如我们可以考虑经典的柯布—道格拉斯生产函数，创新可以看成是全要素生产率的提升，它的增长率与经济的增长率是一比一的，而劳动、资本等生产要素投入的增长率与经济增长率是要高于一比一的，也就是创新对经济增长的效应更加明显，所以说由要素和投资驱动向创新驱动转变实际上是增长方式的一种升级。我国在新常态时期由要素和投资驱动向创新驱动的转变是有深刻的理论依据的，并且也是基于现实情况、遵循经济发展规律所作的合理选择。

二、转变经济增长方式的理论支撑

我国经济增长方式由要素和投资驱动向创新驱动转变的主要理论依据是马克思主义的扩大再生产理论和现代西方经济学的增长理论。

1. 马克思主义的扩大再生产理论

马克思将社会再生产分为简单再生产和扩大再生产两种类型，其中简单再生产是指规模不变的再生产，也就是资本家将剩余价值的全部用于个人消费，使再生产维持在原来的规模上重复进行，而扩大再生产则是指社会生产的总产品用于补偿生产资料和消费资料的消耗之外，还有多余的产品用于扩大生产规模。简单再生产是扩大再生产的前提和条件，扩大再生产是简单再生产的继续和发展，扩大再生产是社会再生产的主要形式。扩大再生产又可分为两种类型，分别为外延式扩大再生产和内涵式扩大再生产，其中外延式扩大再生产是指技术水平、管理水平、生产效率以及生产要素的质量不变的情况下，依靠生产要素的投入来扩大生产规模，内涵式扩大再生产则是指通过技术进步、改善经营管理、提高劳动效率和提升生产要素质量的方式来扩大生产规模。外延式扩大再生产和内涵式扩大再生产在经济社会的再生产过程中是相辅相成的，二者同时并存并且相互促进。但是在不同的阶段，二者的地位是不同的，在再生产的初期，外延式扩大再生产将占据主导地位，随着技术进步和资本有机构成的上升，内涵式扩大再生产的比重将逐步增加，并最终占据主导地位，这是社会再生产发展的必然规律。

我们可以用马克思主义的再生产理论来看待我国当前的增长方式转变。在过去一段时间，我国主要依靠要素和投资驱动经济增长，以劳动力、土地、资本等要素的大量投入来促进社会经济的发展。与此同时，社会技术水平和全要素生产率也在缓慢进步，说明这一阶段是外延式扩大再生产占据主导地位，同时内涵式扩大再生产所占的比重在上升。而依据外延式扩大再生产主导向内涵式扩大再生产主导转变的经济规律，我国进入内涵式扩大再生产占据主导地位的阶段是社会经济发展的必然，而我们所提的创新驱动就是内涵式扩大再生产的表现。所以依据马克思的扩大再生产理论，我们可以认为当前提出的向创新驱动的增长方式转变是遵循经济发展规律、顺应经济发展方向的理性选择。

2. 现代西方经济学的增长理论

现代西方经济学关于增长的理论主要有新古典增长理论和新经济增长理论。新古典增长理论的代表是索洛增长模型，由于在该模型中将储蓄率、技术进步等变量假设为外生，所以该理论也被称为"外生增长理论"，在该模型中，他主要作了如下几个假设：①完全竞争市场，即要素报酬等于其边际产出；②生产函数规模报酬不变；③各要素的边际收益递减；④人口增长、储蓄率和技术进步是外生的；⑤储蓄全部转化为投资；⑥经济封闭，即没有进口和出口；⑦考虑劳动倍增型技术进步，在这个假设框架下，推导出经济存在一个稳态均衡，无论经济从何处起步，最终都会到达这个稳态均衡点，在这个稳态均衡点上，人口增长、储蓄率变动和资本折旧率变动都不会影响到人均产出的增长率，也就是这些变量都没有增长效应，只有技术进步对人均产出有增长效应，人均产出的增长率就等于劳动生产率的增长率。所以，当经济离稳态较远的时候，通过资本积累，可以实现人均产出的增长和人民生活水平的提高，但当经济渐趋稳态，或者达到稳态的时候，依靠生产要素投入是不能实现人均产出增长的，此时必须依靠技术进步。依据这一理论，我们可以认为我国经济发展的过程就是一个逐渐逼近稳态的过程。在发展前期，由于离稳态较远，可以用生产要素投入来实现经济增长，从而资本积累的速度较快，人均产出增长率较快，但是随着经济发展，渐趋或达到稳态，从而只有技术进步才能维持增长，所以我国经济增长方式由要素和投资驱动向创新驱动的转变就是经济趋于稳态后保持增长的必然要求。

与新古典增长理论不同，新经济增长理论把储蓄率、劳动供给和技术进步都看成是内生的，因而也被称为"内生增长理论"，该理论建立在不完全竞争和收益递增的假设基础上，强调了人力资本积累和技术进步的重要性，并且论证了政府政策在经济长期增长中的有效性。首先，他将"劳动力"的概念扩展至"人力资本"，即不仅包括劳动力的绝对数量，还包括劳动力的教育水平、生产技能训练和相互协作程度等，类似于新古典增长理论中的"有效劳动"；其次，他认为无论是政府投资还是私人投资，都有一部分用于研究与开发的支出，研究与开发是有目的的推进技术进步的活动，它以某种形式的事后垄断力量作为奖励；再次，由于人力资本和技术进步都具有知识外溢的特征，也就是正的外部性，企业的培训和研发等活动成果不具有完全竞争性，其他企业会通过雇佣、学习、合作等方式从中获益，这种知识外溢会导致整个经济体表现出边际收益递增的特征，这打破了索洛模型中经济"稳态"赖以存在的基础，从而经济能够不依赖外力推动实现持续增长；最后，内生增长理论提出了财政政策在经济持续增长中的有效性，他认为要对企业的培训和研发活动进行补贴，鼓励技术创新，保护专利，以获得经济持续增长的内生动力。我国这些年的高速增长主要依靠的是劳动力数量的大规模投入和物质资源的大量使用，而不是劳动者素质和技术水平的提高，这从全要素生产率进步缓慢可以看出，这种增长方式是不具有内生动力的，不能满足边际收益递增的条件，只有采取一些人力制度变革和鼓励创新政策，引导社会投资向研究与开发领域流动，才能实现持续增长，所以转变经济增长方式是获得内生增长动力的必然要求。

依据马克思主义的扩大再生产理论和现代西方经济学的增长理论，我们知道增长方式由要素和投资驱动向创新驱动转变是经济发展客观规律的要求，是经济实现持续增长的必要条件。

三、转变经济增长方式的现实根源

转变经济增长方式是个讨论已久的话题，长期以来，众多专家学者根据相关理论探讨了经济增长方式转变的动因、方向、路径和对策等，但是在政策实施上，创新驱动却迟迟未提上日程，只有到了新常态时期，国家明确提出经济增长由主要依靠要素和投资驱动向主要依靠创新驱动转变，并出台了一系列促进创新的制度措施。这样的时间选择和政策选择并不是随意作出的，而是基于新常态时期我国经济发展的客观现实所作出的合理安排，有其深刻的现实根源。

1. 人口红利逐渐消失

我国的人口红利主要来自大量的廉价劳动力，它具有两个特征：一是从绝对数量上来说，劳动力数量巨大；二是从相对价格来说，工人工资相对较低，尤其是低技能型的工作，而这占据了劳动力市场的绝大部分。依靠人口红利，我国的传统制造业和房地产业在前些年都获得了快速的发展，并且成为支柱性产业，传统制造业产品很多凭借价格优势在国际市场上销售，为我国的出口作出很大贡献，出口已成为我国发展外向型经济的主要方面，也为我国积累了大量的外汇储备。但是在新常态时期，我国的人口红利逐渐消失，这主要体现在两个方面：第一，从人口结构上看，从2010年开始，我国15～64岁人口所占比重逐步下降，并且0～14岁人口所占比重也在下降，说明劳动力人口所占比重有进一步降低的趋势。而65岁及以上的人口所占比重逐步上升，并且上升速度较快，从2010年的8.87%上升至2014年的10.06%，人口老龄化问题突出，随着人口结构的变迁，社会抚养比逐步上升，尤其是老年抚养比上升明显。这种形势持续发展下去，将会导致"倒三角"的人口结构，也就是老龄化问题严重、劳动力人口不足、新增人口缓慢等问题同时出现，这将严重影响经济增长。第二，从劳动力成本上看，我国的劳动力成本正在逐渐上升，这一方面是市场供求关系作用的结果，比如中西部地区的发展为工人提供了更多的机会、劳动力人口的受教育水平和素质逐步提高等，另一方面也是制度安排的影响，比如2008年1月1日，旨在提高最低工资标准、保障工人利益的新劳动法实施，这使得我国工业企业的劳动力成本平均提高30%。所以说，在新常态时期我国的人口红利已经基本消失，想要依靠大量廉价劳动力来发展经济已经不可行了。

2. 土地红利逐渐消失

我国的土地红利促进了房地产业的发展，并且使其成为我国的支柱性产业之一。由于我国土地采取集体所有的制度，产权归属并不明晰，土地不允许公开买卖，所以无论是基础设施建设，还是房地产开发，土地获得都不会采取市场化的方式，而是采用地方政府征地的方式。征地的价格会远远低于市场竞争的价格，地方政府将低价征收来的土地以稍高的价格转售给房地产商，从而获取中间差价，这种差价成为过去地方政府财政收入的主要来源，占据总收入的80%以上，"土地财政"一词由此而得。随着城市化需求的加深，"地方政府征地—出售土地—房地产商开发—出售房产"的产业链条获得了快速发展，房地产业急剧增长，导致的直接后果是当前房地产业去库存的压力很大，甚至有人认为中国的房地产业已经从"增量时代"过渡到"存量时代"，现在更多的是消化房地产库存，新常态时期房地产业将从支柱性产业转变为常态性产业，所以对土地的需求大大下降。另一方面，随着工业化和城市化的推进，近些年我国土地价格也在稳步上升，目前土地成本已经处于一个相对较高的水平，所以综合来看，我国的土地红利正在逐渐消失。

3. 投资贡献逐渐下降

经济增长的三大动力是投资、消费和出口，它们也被称为拉动经济增长的"三驾马车"，长期以来，我国的"三驾马车"存在失衡的问题，也就是投资率偏高、消费率偏低以及外贸依存度偏大，投资驱动型的增长方式十分明显。但是从2009年以来，资本形成总额对国内生产总值增长的贡献率基本呈现下降趋势，从2009年的86.0%降低至2014年的46.7%，这主要是由于三大核心投资，即传统制造业投资、房地产投资和基础设施投资的增长率全面回落造成的。我国的投资主要集中在传统制造业、房地产业和基础设施建设上，目前由于投资过剩已经导致产能过剩和库存压力问题，比如钢铁、水泥、电解铝、平板玻璃、船舶制造、煤化工、多晶硅等行业已经严重产能过剩，很多企业转型困难，因为之前的投资大多是粗放式的，很少用于技术研发，相关企业缺乏技术研发的能力与习惯，从而在市场中很难实现自我突破，大多数企业面临倒闭的风险。房地产投资自2010年以来基本呈回落态势，甚至在2015年出现单月增速连续5个月负增长，目前去库存的压力依旧很大。而基础设施投资受到政府财政的制约，增长乏力。所以在新常态时期，投资对经济增长的贡献将会减弱，我国的投资率可能降低至合理的水平。

4. 资源短缺，环境恶化

我国长期采取的粗放式的增长方式，导致资源利用率低、消耗大，环境污染严重。据英国石油公司统计数据显示，2010年我国一次能源消费总量达到24.32亿吨油当量，占世界能源消费总量的20.3%，首次超过美国成为世界最大的能源消费国，并在此后一直维持了最大能源消费国的地位，预计2035年中国将超越欧洲成为全球最大的能源进口国。我国的能源消耗如此巨大，一方面是经济快速发展的需求引起的，另一方面也是资源利用率低导致的。与欧美发达国家相比，我国每生产1美元的能源消耗是他们的 4~10 倍。除了能源，我国未来在铁、铜、铝、钾盐等矿产资源上也将存在不同程度的短缺。这种过度的消耗也导致了环境的恶化，一方面是过度的开采导致生态环境的破坏，比如森林、草场、矿山等，生态系统变得极为脆弱，引发泥石流、沙尘暴、干旱等自然灾害；另一方面是过度的排放导致大气、水和土壤的污染，典型的代表就是北京等地的雾霾天气。环境问题已经越来越受到人们的重视，我国在环境污染的治理方面，先后经历了"先污染，再治理"到"谁污染，谁治理"，再到"谁污染，谁付费，第三方治理"等阶段，反映了在环境治理上力度不断加强和专业化程度的加深。我国当前资源短缺和环境恶化的现状宣告了之前粗放式的增长方式已经不可行了，转变经济增长方式是当务之急。

5. 防范"中等收入陷阱"

根据世界银行 2016 年最新发布的国家分类标准，2014 年人均国民总收入在 1045 美元及其以下的为低收入国家，超过 1045 美元但低于 12736 美元的为中等收入国家，在 12736 美元及其以上的为高收入国家，另外，其以 4125 美元为界将中等收入国家分为中等偏低收入国家和中等偏高收入国家。我国在 2014 年的人均国民总收入达到 7400 美元，属于中等收入国家行列，并且是中等偏高收入国家。世界各国发展的历史经验表明，从低收入国家过渡到中等收入国家是一个相对简单、时间较短的过程，但是从中等收入国家跨越到高收入国家则是相对艰难、时间较长的过程，我们把这种现象叫"中等收入陷阱"，诸如巴西、南非、菲律宾、墨西哥等国都面临着"中等收入陷阱"的问题，但是也有成功跨越的例子，比如日本、韩国等。总结这些国家的发展教训与经验，我们发现跨越"中等收入陷阱"的关键就在于经济增长方式的转变，从中等收入国家步入高收入国家需要技术积累和创新因素的推动，而这是一个较为漫长的过程，尤其是面临复杂形势和制度阻碍的时候。我国当前处于新常态时期，"三期叠加"使宏观经济形势错综复杂，经济面临很大的下行压力，此外，还存在很多不合理的体制机制阻碍技术进步和创新创业，所以我国有很大可能落入"中等收入陷阱"，因此必须尽快进行体制机制改革，释放创新活力，实现创新驱动。由此可见，我国经济增长方式向创新驱动的转变是防范落入"中等收入陷阱"的必须之举。

综合以上分析，在新常态时期我国的人口红利和土地红利正在消失，传统的投资逐步萎缩，经济增长所依赖的传统力量逐渐减弱，而面对资源短缺和环境污染的现状，以及防范"中等收入陷阱"的需求，我们不能也不应该保持以前的增长方式，即依靠要素投入和投资驱动的增长方式，而是要转变为主要依靠创新来驱动经济增长。

四、创新驱动的具体内涵

创新是在现有知识和物质积累的基础上，通过新的思维方式或行为方式来创造或改进事物的过程，它通过提高全要素生产率来驱动经济增长，具体来说，包括增加产品和服务多样性、提高产品和服务质量、提升管理水平、促进技术进步等，创新驱动是新常态下我国经济增长的主要方式。在创新驱动经济发展的过程中，创新的主体主要是企业，这是因为企业作为市场的供给方具有创新的动力、信息和条件，是市场创新活动中最活跃的群体，当然消费者和政府在这个过程中也起到不可或缺的作用，他们为企业的创新活动提供导向、支持和反馈，企业通过与他们的交流与交易不断改进与创新，逐渐带来整个经济体创新水平的提高，实现创新驱动型的经济增长。我们从推动创新的主要市场主体即企业的角度来看，创新驱动主要包括三方面的内涵，分别为产品和服务的创新、商业模式创新以及技术创新。

1. 产品和服务的创新

产品和服务的创新有两种形式：第一种是在现有产品和服务的基础

上，通过使用新材料、新工艺或加强培训等来提高产品和服务的质量，这是一种改进式的创新。比如将石墨烯这种新材料运用于电池制造将会极大地缩短充电时间，提高电池使用效率，应用前景十分广阔；将标准化的管理模式引入餐饮企业，极大地提高了企业的服务质量和效率，等等。第二种是创造出并直接提供给市场一种新的产品或服务，填补原来市场的空白部分。这是一种原生式的创新，这种创新往往比较艰难，但是一旦实现，其经济效益将是巨大的。比如虚拟现实产品正在逐步打开市场，这是以往没有的产品，但是随着技术进步已经逐渐可以实现了；打车软件的兴起，为人们提供了一种新的叫车服务，极大地便利了人们的出行，等等。

无论是改进式的创新还是原生式的创新，在我国都有很大的发展空间，我国过去由于片面追求经济增长速度，采取粗放式的增长方式，很多企业只注重生产产品的数量，而不注重提高产品的质量，尤其是长三角、珠三角的一些中小企业大多采取"低价走量"的策略。随着人们收入水平的提高，对产品质量的要求也越来越高，那些粗制滥造的产品越来越不被人们认可，比如2015年中国游客抢购日本马桶盖的风波就反映了国内产品的质量问题，所以我国在产品和服务的质量上还有很大的改进空间。此外，由于市场经济的逐利性和市场主体的多元性，想要寻求市场空白从而提供新的产品和服务并不是一件容易的事，在当前经济环境下，要想取得原生式的创新主要还是靠技术进步，也就是挖掘人们未被满足的、可以实现技术突破的需求点，通过技术专利抢占市场先机，现在很多的战略性新兴产业就具有这样的特征，基于其巨大的市场需求和短期内技术突破的可实现性，战略性新兴产业将成长为我国的支柱性产业之一。

2. 商业模式创新

商业模式是企业凭借自身的能力与资源向客户提供产品或服务从而获取利润的方式，它包含三个基本的要素，分别为客户价值、企业资源和能力以及盈利方式。商业模式在现代市场经济中起到越来越重要的作用，有时甚至对企业的生死存亡发挥关键性的影响。有的创业公司凭借着好的商业模式迅速发展壮大，并且通过不断地适应、调整形成强大的市场竞争力，而也有一些企业因为不合适的商业模式导致经营困难或破产倒闭。商业模式创新得到越来越多企业的重视。商业模式创新是企业组织管理方式上的创新，企业可能不提供新的产品和服务，而只是改变了提供产品和服务的方式，这种创新主要通过降低交易成本、提高交易效率和改善交易体验等方式促进市场交易的发生。一般来说，商业模式的创新包含了两种形态：一种是创业企业商业模式的创新，作为新创的企业，其可能起初就是以一种新的商业模式作为创业点来立足于市场的，它的商业模式是市场上以前没有或极少见的；另一种是转型企业商业模式的创新，这是已有的企业为了适应市场对原有的商业模式进行调整或更新的过程，可能是复制市场上已有的商业模式，也有可能发展出自己的全新的商业模式，但无论如何，他们都是对自我的一种转型和创新，从而获取更多的发展机会。

在新常态时期，借助于移动互联网、大数据和云计算等技术的进步，我国的商业模式创新获得了快速发展，其典型代表就是"互联网＋"的兴起。所谓"互联网＋"就是"互联网＋各个传统行业"，但这并不是二者简单的相加，而是一种有机的融合，即各个传统行业充分利用移动通信技术和互联网平台，创造出一种新的、资源配置效率更高的发展生态，实现互联网与经济、社会的深度融合，促进经济的发展和人民生活水平的提高。无论是创业企业还是转型企业，大多都在创造和实践着"互联网＋"的商业模式，其中创业企业具有代表性的有陆金所、携程、大众点评、学堂在线、春雨医生等，他们将互联网与金融、旅游、生活服务、教育、医疗等领域结合起来，形成新的业务形态，另外，也有很多传统企业在向"互联网＋"的方向转型，比如万达电商O2O的布局、宝钢"一体两翼"的战略、五矿电商"鑫益联"的启动以及中石油、中石化与腾讯、阿里的战略合作等。这些企业"互联网＋"的商业模式在给消费者带来便利的同时，自身也获得了丰厚的利润。在未来一段时间，以互联网为工具和平台的商业模式有望获得进一步发展，"互联网+"将成为新常态时期我国商业模式创新的主要形式。

3. 技术创新

技术创新是指企业生产技术上的改进或突破，它是一个中长期的概念，同时也是创新驱动最核心的内容，技术创新的主体有三类，分别为企业、高校和科研机构，其中企业是技术创新最直接、最活跃的主体，高校和科研机构一方面生产科学知识，为技术创新提供理论支撑，另一方面通过产学研平台等方式为企业提供技术专利。一般来说，实现技术创新需要四个条件：第一是法律基础，主要是指要有良好的知识产权保护体系。技术研发往往是一项成本高、周期长、风险大的活动，企业之所以有动力进行技术研发，是因为他们预期能够通过一定期限的市场垄断权获得较大利润，而如果知识产权得不到有效保护，一个企业的技术创新成果很容易被市场其他竞争者抄袭或模仿，从而不仅不能获得利润，甚至无法补偿研发成本，那么整个市场的技术创新活力将会受到严重抑制。第二是财力基础。技术创新通常需要巨额资金投入，尤其是那些攻关难度大、具有战略意义的技术创新，这也是为什么很多大企业有自己的研发机构但在中小企业中却很罕见的原因，甚至有一些技术研发项目是单个大企业都无法承受的，所以很多时候需要企业合作、政府补贴或技术创新基金等为技术研发提供财力支撑。第三是物质基础，主要是指实验室经济。无论是在企业、高校，还是在科研机构，现代技术大多产生于实验室，实验室是技术孵化器，它将知识转变为技术，然后再由产业园区将技术发展为产业，所以实验室经济越来越成为产业链重要的一环，未来可以用现代企业的方式来运作实验室，从而提高实验室的生产效率。第四是人才基础，关键是人才制度设计。要充分释放科学精英和技术精英的创新活力，就需要基于人的差别的人才制度，每个人的天赋、努力程度、工作效率等都是不同的，所以要有不同的收入水平与其对应，这既是对劳动的尊重，也是激发不同人才潜力的需要。以上四个条件是实现技术创新的基础，美国等技术先进国家的技术创新体系也是建立在这四个基础之上，我国的技术创新应首先夯实这四个基础。

我国的技术创新步伐一直是比较缓慢的，这从全要素生产率的缓慢增长可以看出，主要原因就是技术创新的基础不够牢固，经济中缺乏技术创新的动力与条件，比如"山寨"产品的大肆横行严重侵犯了知识产权、大型实验室的建立缺乏财力支持、待遇不足或不公平导致大量人才外流等，这些都阻碍了我国的技术进步，在新常态时期，要实现技术创新，必须对相关制度进行一些改革。首先，要不断完善知识产权保护体系，做到执法必严，严厉打击侵权和盗版行为；其次，要对创新创业进行财政支持，比如减税或补贴等，并且鼓励技术创新基金的发展；再次，要重视实验室在现代经济中的作用，鼓励采用企业化的方式运作实验室，提高实验室经济的效率；最后，要尊重劳动、尊重人才，保证收入分配的相对公平，从而留住人才，激发人才的创新活力。

综上所述，从企业层面来看，创新驱动的三方面内涵分别是产品和服务的创新、商业模式创新以及技术创新，其中产品和服务的创新是对交易对象的创新，商业模式创新是对组织形式的创新，技术创新是对产品内涵的创新，但是这三个方面不是相互排斥、相互割裂的关系，而是一种相互联系、相互渗透、相互促进的关系，在实现创新驱动的进程中，必须全面考虑这三个方面，它们相互作用构成了创新驱动的主要内容，并将成为推动经济增长的主要力量。

五、推动创新驱动型增长的政策建议

在新常态时期，我国的经济增长方式将实现由要素和投资驱动向创新驱动的转变，这是经济发展客观规律的要求，也是基于我国现实经济的考虑，但是实现创新驱动型的经济增长方式并不是轻而易举的，它需要各方面的共同努力，包括政府、企业、消费者等，政府部门要建立或改革相关制度，为创新驱动提供良好的环境，企业部门要积极适应和引领市场需求，增强创新活力，提高市场竞争力，消费者要转变消费观念，适度增加消费需求，主动适应互联网化的供给方式，通过各种形式与企业形成更好的交流，从而更充分地表达出市场需求情况，为创新提供动力，其中企业和消费者的行为是在制度范围内寻求利润最大化或效用最大化的模式，是市场经济中自发的主体，而政府作为市场的调控者和规制者，对市场具有规范和引导的作用，它的制度设计和变革将会深刻地影响到创新驱动型增长方式的发挥，所以以下将从政府政策的角度提出推动创新驱动型增长的建议。

1. 推动经济体制改革，发挥市场在资源配置中的决定性作用

新中国成立以来，我国的经济经历了由计划经济向政府主导型经济，再向市场经济的转型，目前已经建立了社会主义市场经济体制，但是还有很多不完善的地方，其中一个重要的方面就是由于长期政府主导所遗留的政府过度干预问题，比如一些冗繁的行政审批、金融资源的垄断、民营企业的不公平待遇、国有企业的低效率等，这些都是阻碍创新的因素。为了推进创新驱动型增长，必须进行体制机制改革，包括：①政府体制改革，其核心是"简政放权"，要向社会、市场和企业放权，激发创新活力；②金融体制改革，其方向是金融自由化，包括利率市场化、汇率市场化、人民币在资本项目下的可自由兑换、银行自由化、放开非银行金融以及资本市场改革等，完善金融市场，为创新提供财力支撑；③调整基本经济制度，民营经济要获得与公有经济一样完整、平等的地位，在市场中公平竞争，发挥中小企业的技术创新能力；④国有企业改革，国企改革的方向是转向混合经济，通过向社会资本开放来加强监督，提高经营效率，包括企业在技术研发等方面的效率；等等。通过这些体制机制改革，将能发挥市场在资源配置中的决定性作用，提高市场创新活力。

2. 实施供给侧结构性改革，促进产业结构优化升级

我国由于长期实行需求管理，导致供给侧问题不断积累，突出表现为无效供给和供给缺口的并存，无效供给主要来源于产品质量低劣和产能过剩，供给缺口主要来源于技术水平低和市场不健全。这些问题集中爆发，已经给我国经济带来很大的下行压力，实施供给侧结构性改革迫在眉睫。所谓供给侧结构性改革，就是从提高供给质量出发，运用改革的方法矫正要素配置扭曲，提高资源配置效率，促进产业结构优化升级，从而达到提升社会生产力和人民生活水平的目的。供给侧结构性改革的核心就是调结构，主要表现就是支柱性产业的变化，我国以前的支柱性产业是传统制造业和房地产业，现在这两个产业面临着去产能化和去库存化的压力，增长动力不足。在新常态时期，将会成长为新的支柱性产业的有战略性新兴产业、服务业和现代制造业，这些产业包含了更多的创新因素，它们发展的过程就是不断进行产品和服务创新、商业模式创新和技术创新的过程，所以实施供给侧结构性改革就是采取经济、法律、行政等手段促进产业结构的优化升级，这将会提高经济的全要素生产率，推动创新驱动型经济增长。

3. 完善创新创业制度体系，构建创新创业生态系统

我们不能只从微观企业的角度来看待创新创业，还要将其作为一个国家层面的系统工程来看，它需要一整套的制度体系来进行维护，要想真正实现创新驱动，必须培育一个有利于创新创业的经济生态系统。首先，作为创新的保障者，政府部门要出台一系列有利于创新创业的政策措施，比如为技术发明提供补贴、简化创业公司注册手续、构建"实验室—创业孵化器—创业公司—产业园区"的发展链条等，为创新创业提供良好的环境；其次，作为创新的供给者，企业、高校和科研机构也要建立合理的内部制度，尤其是收入分配制度，以差异化的待遇来刺激创新活力；再次，作为创新的应用者，企业要积极把创新成果转化为市场

产品和服务，并在应用中进行改进，只有这样，才能把创新转化为生产力；最后，作为创新的使用者，消费者要主动学习和适应创新成果，并积极进行反馈，以需求来引导和激励创新。这几者之间要相互配合、相互推进，主体内部也要相互竞争、相互学习，在市场经济中，它们的相互作用构成了创新创业的生态系统。

4. 建立健全知识产权保护体系，做到有法可依，执法必严

我国的知识产权保护力度不够是阻碍创新的一个重要因素，建立健全知识产权保护体系必须从立法、司法和执法三个方面进行全方位的完善，具体来说：①立法方面：《宪法》中规定"公民的合法的私有财产不受侵犯"，并将"私有财产"从有形资产延伸至无形资产，这就以根本大法的形式规定了对知识产权的保护。此外，还有《商标法》、《专利法》、《著作权法》等专门的法律保护知识产权，在《刑法》、《民事诉讼法》、《行政诉讼法》等法律中也有所涉及。但是我国的知识产权立法方面仍有不足，比如知识产权犯罪的现行刑事立法范围过窄、知识产权制度的技术主题涵盖不全、缺乏量化赔偿标准等，这些是未来立法方面需要改进的地方。②司法方面：要加强对知识产权的司法保护，细化和严格对知识产权法律的解释，培养一支高技能、专业化的知识产权司法队伍，不断改进知识产权案件的审判程序，做到公平、公正、公开，提高司法效率。③执法方面：我国对知识产权侵权的执法力度依旧不够，盗版现象泛滥猖獗，尤其是在电影、书籍、软件、手机等常见的商品领域，不良厂商为了盈利以次充好，甚至有时消费者贪图便宜，故意寻求盗版商品，这更加剧了对知识产权的侵犯。知识产权执法是一项耗时耗力并且具有一定技术性的活动，所以建设一支高素质的执法队伍必不可少，并且要加强执法力度，做到执法必严，违法必究。只有从立法、司法和执法三个方面全方位完善知识产权保护体系，才能为新常态时期的创新活动提供良好的法律保障。

5. 大力发展高等教育和职业教育，尊重人才，尊重创造

科学技术是第一生产力，教育是基础，人才是关键，创新活动归根结底是教育人和激发人的活动，每一项创新都需要人来完成，但并不是任何人都可以进行有意义的创新，所以教育和人才制度显得尤为重要。2014年我国的高等教育毛入学率达到37.5%，超过中高收入国家平均水平，但与发达国家相比仍有很大差距，未来发展空间巨大。高等教育对于创新具有非常重要的作用，一方面它能加强人们的交流、拓展人们的视野以及改变人们的观念，另一方面它也是人们学习知识、创造知识甚至发明技术的直接平台。职业教育在政府推动和市场引导下，也取得了快速的发展，培养了一大批中高级技能型人才，这种教育直接面向市场，以掌握技术并直接应用于工作为目的，极大地提高了劳动者的专业素养，这些高素质的劳动者成为未来技术发展的重要驱动主体，是创新驱动型增长的重要力量，所以大力发展高等教育和职业教育有利于社会创新和经济增长。另外，人才制度也至关重要，当前我国有很多人才流失海外，这与国内的经济环境、生活环境和学术环境等相关，当然也与人才制度密不可分，如果我们尊重人才，尊重创造，还是有很多人愿意回到中国、贡献中国的，而人才制度设计的关键就在于基于人的贡献的差别待遇，核心就是公平，在保证公平的前提下，通过差别待遇激励人才创新。

综合来说，在新常态时期，要实现创新驱动型经济增长方式，政府部门要推动体制机制改革，发挥市场在资源配置中的决定性作用，矫正资源配置扭曲，促进产业结构优化升级，鼓励"大众创业，万众创新"，保护知识产权，并且重视高等教育和职业教育，尊重人才，尊重创造。

参考文献

[1] 卫兴华，侯为民. 中国经济增长方式的选择与转换途径. 经济研究，2007（7）

[2] 王观. 2015 我国金融统计数据：货币供应量增长较快. 人民日报, 2016 – 01 – 17

[3] 唐述权, 张玉珂. 习近平提出中国经济新常态的 3 个特点及带来的 4 个机遇. 人民网, 2014 年 11 月 9 日. http://politics.people.com.cn/n/2014/1109/c1024 – 25998809.html

[4] 曾繁华. 积极创造从外延型为主的扩大再生产转移到内涵型为主的扩大再生产的条件. 北京社会科学, 1987（4）

[5] 朱勇, 吴易风. 技术进步与经济的内生增长——新增长理论发展述评. 中国社会科学, 1999（1）

[6] 王怀民. 加工贸易、劳动力成本与农民工就业——兼论新劳动法和次贷危机对我国加工贸易出口的影响. 世界经济研究, 2009（1）

[7] 郭庆旺, 赵志耘. 中国经济增长"三驾马车"失衡悖论. 财经问题研究, 2014（9）

[8] 英国石油公司. BP2035 世界能源展望. 2015 年 4 月 28 日

[9] 于猛. 我国油气资源潜力大 到 2020 年 25 种矿产出现短缺. 人民日报, 2012 – 02 – 23.

[10] 楼继伟. 中高速增长的可能性及实现途径. 清华经济高层讲坛的演讲, 2015 年 4 月 24 日

[11] 王雪冬, 董大海. 商业模式创新概念研究与展望. 外国经济与管理, 2013（11）

[12] 魏杰, 施成杰. 建立市场起决定性作用的经济增长方式——十八届三中全会关于经济体制改革的若干问题. 经济学家, 2014（2）

[13] 赵星, 董士昙. 论我国知识产权犯罪立法缺陷及其完善. 山东社会科学, 2008（1）

[14] 中国教育报. 教育规划纲要贯彻落实情况总体评估报告显示——我国教育总体发展水平进入世界中上行列［N/OL］. 2015 年 12 月 10 日. http://www.moe.gov.cn/jyb_xwfb/xw_fbh/moe_2069/xwfbh_2015n/xwfb_151210/151210_mtbd/201512/t20151211_224492.html

新常态下我国的对外开放战略

自改革开放以来，我国的对外开放大致经历了两个阶段，第一个是以单向型和政府管制为特征的阶段，第二个是以双向型和自由化为特征的阶段，而在新常态时期我国将进入第二个阶段，主要实施双向型和自由化的对外开放战略。本文对这两个战略的内涵进行了深入的论述，其中双向型的对外开放战略是指在贸易方面坚持进口与出口并重，以及在投资方面坚持对外投资与引进外资并重，自由化的对外开放战略包括外汇市场的自由化和贸易投资的自由化，这两个战略形成了新常态时期我国对外开放的整体格局和趋势。之后，从政策角度提出进一步推动我国对外开放扩大升级的建议，主要是在坚持双向型和自由化对外开放战略的基础上，还要以国内改革促对外开放、大力推进人民币国际化、高度重视区域经济合作以及积极参与全球经济治理等。

一、我国对外开放的两个阶段

自1978年十一届三中全会开启"改革开放"以来，我国的对外开放已经历经了将近40年的征程，在这个过程中，对外开放的范围不断扩大、领域不断拓展、层次不断升级，逐步构建了"经济特区—沿海开放城市—沿海开放区—沿江开放港口城市—沿边开放城镇—内地省会开

＊本文由我与汪浩同学共同讨论完成，由汪浩执笔。

放城市"的开放体系,对外开放由点向面、由沿海向内陆逐渐推进,形成了全方位、多层次、宽领域的对外开放格局。我国相继加入了世界贸易组织、签署"中国—东盟自由贸易区"协议、实施"一带一路"战略等,成绩斐然,对外开放极大地促进了我国经济的发展,也逐步树立了我国在世界经济、政治事务中的大国地位。为了适应经济发展的需要,在不同的时期要采取不同的对外开放战略,依据于我国在对外开放中所实施战略的不同,我们将我国的对外开放划分为如下两个阶段:

1. 自1978年至21世纪初:以单向型和政府管制为特征的对外开放阶段

在对外开放初期,我国与外经济交流进展十分缓慢,一方面是出于对意识形态渗透的担忧,故意放慢对外开放的速度;另一方面因为我国经济尚不发达,基础设施也不健全,货物和服务贸易以及吸引投资的物质基础不足,所以前期的对外开放进展缓慢,但是这一时期给人们提供了充足的时间来解放思想和发展商品经济,从1992年之后,我国的对外开放获得了快速的发展,由于我国当时的外汇和投资奇缺,经济发展滞后,抵抗外部风险的能力较弱,所以采取了出口导向和吸引外资为主的战略,政府对外汇市场和贸易投资进行了大范围的干预,具体表现为:第一,鼓励出口,限制进口,比如采取了出口补贴、出口退税等措施来扩大出口,采取了较高的进口关税、进口限额等措施来限制进口,从而促成了我国长期的贸易顺差,积累了巨额的外汇储备。第二,积极吸引外资,限制对外投资。我国在发展初期对投资的需求很大,国内资本难以满足,所以对境外资本采取了"超国民待遇"以吸引外资,比如减税、免税甚至补贴等,而对国内资本向外流动则设置了很多严苛的审批程序,我国利用外资的额度远远大于对外投资的额度。第三,为了防范外汇市场波动带来的风险,我国长期对外汇市场的交易和汇率进行管制,外汇储备基本由央行垄断,汇率变动经历了双轨期、并轨期和改革期,期间对人民币汇率的管理经历了市场化和去市场化的调整。可以看出，我国在这一阶段的对外开放主要是利用国际市场和国际资本，实际上是搭发达国家经济发展的"便车"，这是一种单向型开放战略，并且国家对外汇市场和贸易投资进行了严格的监管，所以这一阶段的对外开放表现出单向型和政府管制的特征。

2. 新常态时期：以双向型和自由化为特征的对外开放阶段

以出口和吸引外资为主的对外开放促进了我国经济的快速增长，并一度形成了出口导向和投资驱动的经济增长模式，但是长期坚持的利用国际市场和国际资本的单向型开放战略也积累了很多问题。首先，我国的国际收支长期顺差，外汇储备迅速增加，2014年末我国外汇储备达到3.84万亿美元，储备成本巨大，巨额的外汇占款也带来了通货膨胀的压力。其次，一味地强调出口和吸引外资，而忽视国内消费需求，不利于经济增长。消费作为拉动经济增长的"三驾马车"之一，在我国GDP中的占比一直在50%左右波动，这相对于发达国家消费80%左右的GDP占比以及发展中国家平均70%以上的GDP占比，差距十分明显。再次，我国限制进口的政策实际是对国内同类产业的一种保护，是对市场竞争的扭曲，不利于相关产业产品质量的提高，从而会产生福利损失，比如2015年中国游客抢购日本马桶盖的风波就反映了这一问题。最后，我国在传统制造业和房地产业这两大支柱性产业的过度投资，带来了严重的产能过剩和库存压力问题，这已严重影响到经济发展。有鉴于此，我国的对外开放战略必须加以调整，也就是从单向型开放转向双向型开放，一方面是从出口导向转向进口与出口并重，另一方面是从引进外资为主转向对外投资与引进外资并重。进口与对外投资实际上是利用我国国内的市场与资本，让别的国家搭我国经济发展的"便车"，这有利于我国经济的发展。这种既利用国际市场与国际资本，又基本同等地利用国内市场与国内资本的对外开放行为，我们称之为"双向型开放"。

另外，随着我国社会主义市场经济体制的建立，市场在资源配置中的作用越来越得到人们的认可。市场可以通过价格机制有效地使用分散信息，从而提高资源配置效率，所以我国经济体制改革的过程就是不断市场化的过程，而市场化的核心是自由化，也就是将权力由政府逐渐下放给社会、市场和企业。我国的对外开放体制也不例外，以前对外汇市场和贸易投资的管制主要是因为经济发展水平低、抵抗外部风险能力弱，现在随着经济的快速增长以及对外合作的加深，比如金砖国家应急储备安排的建立等，我国抵抗经济风险的能力不断加强，所以在对外开放领域的市场化改革也在不断推进，这是我国进一步扩大开放和融入世界经济的前提。在新常态时期，自由化将是我国对外开放体制改革的主要方向，包括外汇市场的自由化和贸易投资的自由化，这将进一步提高资源在国际间配置的效率，促进我国和世界经济的发展。

从以上可以看出，在新常态时期，我国将处于以双向型和自由化为特征的对外开放阶段，主要的对外开放战略就是双向型的对外开放战略和自由化的对外开放战略，以下将对新常态时期我国的对外开放战略进行详细论述，并提出进一步推动我国对外开放扩大升级的政策建议。

二、双向型的对外开放战略

在新常态时期，我国的双向型对外开放战略主要表现在两个方面，一个是在贸易方面，我国将从以往的出口导向转向坚持进口与出口并重。另一个是在投资方面，我国将从引进外资为主转向坚持对外投资与引进外资并重。这两个方面构成了我国双向型对外开放战略的主要内容，使我国在对外开放过程中既利用国际市场和国际资本，也利用国内市场和国内资本，促进生产要素的有效配置和产品、服务的良性流动，从而带动社会经济的快速发展。

1. 贸易方面：坚持进口与出口并重

2014年9月底，国务院常务会议确定加强进口的政策措施，实施积极的进口促进战略，加强技术、产品和服务的进口，扩大国内有效供给，满足人们生产和生活的需求，同年11月，国务院办公厅发布《关于加强进口的若干意见》，进一步落实加强进口的政策措施，包括鼓励先进技术设备和关键零部件进口、稳定资源性产品进口、合理增加一般消费品进口、大力发展服务贸易进口、进一步优化进口环节管理、进一步提高进口贸易便利化水平、大力发展进口促进平台以及积极参与多双边合作等八个方面的内容。以市场为导向，着力发挥进口对于创新创业和产业结构优化升级的推动作用。据国家外汇管理局统计数据显示，2015年我国国际收支口径的国际货物和服务贸易支出20048亿美元，同比下降8.53%，其中货物贸易支出15684亿美元，同比下降13.29%，服务贸易支出4364亿美元，同比上升13.94%。可以看出，我国进口的整体形势有所恶化，这主要是因为国内经济增长速度放缓以及国际大宗商品价格波动。但是，我国的进口结构有所改善，技术和服务进口所占比重提升，这是进口促进政策导向的作用，所以为进一步加强进口和改善进口结构，必须坚持和完善进口促进战略。

坚持和完善进口促进战略具有重要的意义。首先，更多的高质量的产品和服务涌入国内可以增加人们的选择多样性，并且享受到具有更高使用价值的商品，这将提高我国消费者的福利水平。其次，我国经济的发展对资源的需求越来越大，我国已经成为世界上最大的能源消费国，但是在诸如石油、铁、铜、铝、钾盐等诸多领域自给严重不足，对外依存度处于高位，所以加强进口可以增加资源储备。再次，产品和服务的进口具有技术溢出效应，尤其是那些高新技术类产品和技能性的服务，我国企业可以通过使用、合作、雇佣等方式进行学习和创造，从而提升自己的技术水平和生产效率。另外，通过进口，对国外先进的技术、商业模式和管理经验等的学习也有利于创新创业的发展，激发全社会创新创业活力，提高全要素生产率，促进经济增长方式由要素和投资驱动型向创新驱动型转变。最后，产品和服务的进口将会加剧国内市场竞争，从而迫使国内企业改善经营或转型，这有助于产业结构优化升级，促进经济结构调整，推动经济在更高质量的水平上继续发展。

坚持和完善进口促进战略对于我国的消费者、企业甚至宏观经济都影响深远，那么该如何加强进口和改善进口结构呢，对此，我们认为应该做到以下几点：第一，启动国内消费需求，包括居民的个人消费需求和公共消费需求，重点在于提高居民的可支配收入和改革财政体制。第二，积极参与多双边贸易合作，减少贸易壁垒，适度降低进口关税，尤其是那些技术溢出效应明显的产品和服务，甚至可以免税或进行补贴。第三，搭建更为便利的贸易平台，畅通进口渠道，降低进口的交易成本，比如建设更多的保税区、自由贸易区、提高海关运行效率、建设国际化的电子商务平台等。通过这些措施，我国的进口在新常态时期将会获得进一步发展。

在新常态时期，我国实施积极的进口促进战略，但这并不意味着对出口的忽视或者出口变得次要。我国依旧是发展中国家，2014年人均国民总收入达到7400美元，属于中等偏高收入国家行列，但是与发达国家相比还有很大差距，并且有落入"中等收入陷阱"的风险。另外，当前由于人口红利、土地红利逐步消失以及经济结构调整，经济下行的压力很大，我国还需要依靠出口来拉动经济增长，也就是说我们在强调进口的同时，必须继续扩大出口，坚持进口与出口并重。我国在下一阶段的出口要注意以下几个方面的问题：第一，要积极开拓出口市场，当前世界经济形势不容乐观，整体增速放缓，下行风险很大，这对于我国的出口势必产生不利影响。在这种情况下，必须积极主动地开拓海外市场，以寻求更多的出口需求，国家要尽力发展多双边贸易合作关系，减少贸易壁垒，企业要积极调研国外市场需求，寻求产品和服务的对外出口。第二，要提高出口产品技术含量，增加出口产品的附加值。我国长期以来凭借劳动力成本优势和资源优势，主要出口劳动密集型和资源密集型产品，这类产品的附加值很低，从而使我国在国际分工和国际贸易中处于劣势，以后要注重设计与营销环节，增强自主创新能力，从出口产品中获得更多附加值。第三，要优化出口结构，主要是做到"五个提高"，分别是提高服务在出口贸易中所占比重，提高高新技术产品在出口产品中所占比重，提高中西部地区在出口区域中所占比重，提高新兴市场国家在出口目标市场中所占比重以及提高民营企业在出口经营主体中所占比重，逐步实现我国对外贸易的结构优化和转型升级。

2. 投资方面：坚持对外投资与引进外资并重

2015年我国非金融类对外直接投资达到1180.2亿美元，同比增长14.7%，对外投资再创历史新高，截至2015年，我国对外直接投资已经实现了连续13年的增长，年均增长率高达33.6%。2012年我国就已经成为世界第三大对外投资国，仅次于美国和日本。与此同时，2015年我国实际利用外资1262.7亿美元，同比增长6.4%，与非金融类对外直接投资的差距进一步缩小，预计2016年我国非金融类对外直接投资将超过实际利用外资额度，从而我国将成为资本净输出国，并且在此之后，对外投资将逐渐拉开与引进外资的差距，也就是说新常态时期是我国对外投资实现快速发展和全面反超的时期。国家也越来越重视我国对外投资的发展，采取了一系列措施促进企业对外投资，包括：取消或简化对外投资事项的审批程序，98%的对外投资事项不再需要审批，只需要备案；发起成立丝路基金和亚洲基础设施投资银行进行对外投资；实施"一带一路"战略，积极发展与"一带一路"沿线国家的投资关系等等。这些措施将会促进我国对外投资在新常态时期获得快速发展。

国家之所以要重视对外投资，是因为对外投资对于我国的经济发展具有重要意义，主要表现在以下几个方面：第一，我国的对外投资具有逆向技术溢出效应，也就是从东道国经由跨国公司最终传导至投资者母国的技术溢出效应，这是因为我国企业在对外投资过程中可以通过学习其他国家的技术或管理经验、雇佣其他国家的人才、租赁或购买其他国家的技术专利等来提高自身的生产效率和管理水平，并将这些传导至我国国内，从而促进国内全要素生产率的提高。第二，我国产能过剩性行业的对外投资将会为相关企业寻求更大的市场，避免企业破产倒闭，并且释放积聚在这些行业中的过剩劳动力和资本，使其流动到配置效率更高的领域，从而实现资源的优化配置。第三，企业对外投资一般是将产业链的某一环节转移到国外，而产业链的其他环节可能来自于国内，这样对国内进行上下游生产的企业或部门就形成了更大的需求，从而增加就业和投资。第四，随着资本和劳动力的国际流动越来越大，国民生产总值比国内生产总值更能反映一国的经济实力，而我国企业和居民在国外所获得的收入都将计入国民生产总值之内，所以对外投资也有助于我国经济实力的增强。第五，我国在进行对外投资的同时，不断推进人民币国际化，已经建立了多个跨境贸易人民币结算试点和人民币离岸交易中心，很多国家为了吸引我国的投资，也会主动增加人民币使用的数量、安全性和便利性，人民币的影响力将进一步扩大。可以看出，对外投资对于我国的经济增长、社会发展和国际地位等都具有重要的作用，因此新常态时期要充分重视对外投资，采取措施促进对外投资的稳步发展。

在新常态时期，我国促进对外投资的主要举措是"一带一路"战略，"一带一路"是指"丝绸之路经济带"和"21世纪海上丝绸之路"，由中国国家主席习近平分别在2013年9月和10月访问中亚和东南亚期间提出，之后经过逐步完善和发展，于2013年11月写入十八届三中全会《中共中央关于全面深化改革若干重大问题的决定》，正式上升为国家战略。"一带一路"是要加强亚、欧、非的经济联系，"丝绸之路经济带"的路线设计包括三条：一是从中国经由中亚、俄罗斯至欧洲波罗的海地区；二是从中国经中亚、西亚至波斯湾和地中海地区；三是从中国经东南亚或南亚至印度洋。"21世纪海上丝绸之路"的路线设计包括两条：一是从中国沿海港口经南海、印度洋至非洲、欧洲；二是从中国沿海港口经南海到南太平洋。"一带"既是指连接中国东部、中西部、中亚或南亚，最终到达欧洲的大通道，也是指经济产业带和城市群体带，它将成为我国制造业对外投资的聚集地，因为中亚和南亚地区对我国传统制造业的需求非常旺盛，对这些地区的投资主要采取工业园区的形式，比如目前已经建立的乌兹别克斯坦鹏盛工业园、塔吉克斯坦中塔工业园、泰国泰中罗勇工业园等，未来还会有更多的工业园区成立，促进"一带"沿线地区的工业化和城市化建设，从而逐步形成产业带和城市带，"一带"的核心区是新疆，可以考虑在新疆设领事馆，方便对中亚和东欧地区的贸易与投资。"一路"沿线的造港造城对于建筑业和房地产业的对外投资意义很大，当然在东南亚、非洲等地区对基础设施和制造业的需求也较大，对这些国家或地区的投资将会给当地创造大量的工作岗位，同时也有利于中国劳动力的输出，推动我国海上航线和战略支点的建设，"一路"的核心区是福建，其与台湾隔海相望，相距较近，有助于未来加强与台湾的经贸往来。我国还发起成立了丝路基金和亚洲基础设施投资银行来支持对"一带一路"沿线的投资，"一带一路"战略将成为新常态时期我国对外投资的"助推器"。

在新常态时期，我国的对外投资将对经济发展产生巨大的拉动作用，对外投资规模将超过引进外资的规模，从而我国成为资本净输出国，但这并不意味着我们将片面地强调对外投资，而降低引进外资的力度。引进外资在我国当前仍然具有重要意义，尤其是对于引进先进技术、管理经验以及增加税收等方面具有重要作用，必须坚持引进外资与对外投资并重。我国目前在战略性新兴产业、现代服务业和现代制造业等领域投资需求很大，这些领域发展前景广阔，有潜力在未来成为支柱性产业，但是国内资本可能考虑到风险、技术或管理经验等因素，投资仍旧不够充足，在这些领域引进外资就显得尤为必要，比如我国鼓励外商投资高端装备制造、生产性服务业等行业。可以预见，未来外商投资将更多地集中在高新技术产业和服务业领域，这将有助于提高我国的全要素生产率、增加就业和税收以及促进产业结构的优化升级。

在新常态时期，引进外资方面也要注意一些问题，比如不能再实行

"超国民待遇",保证国内企业与其在市场中公平竞争,尤其注意地方政府不要为了招商引资,私自设立一系列优惠条款,扰乱市场秩序。另外,对引进外资也要进行产业政策引导,对具有很强正外部性的企业或行业可以进行适当补贴,限制产能过剩性行业或高污染、高消耗行业的投资,促进资本流向高新技术产业和现代服务业等高效率的行业,真正发挥外商投资在产业升级和经济发展中的作用。

综合以上来看,在新常态时期我国将把进口和对外投资置于重要地位,同时继续扩大出口和利用外资的规模,也就是在贸易方面坚持进口与出口并重,在投资方面坚持对外投资与引进外资并重,实现单向型对外开放战略向双向型对外开放战略的转变,真正做到利用国内、国际两个市场和国内、国际两种资本,来实现新常态时期的中高速增长目标。

三、自由化的对外开放战略

改革开放以来,我国经历了由计划经济向政府主导型经济,再向市场经济的转型,当前处于不断完善社会主义市场经济体制的阶段。可以看出,自由化是经济发展的基本方向,也是建设现代市场经济的主导方向。自由化主要是指政府不断将权力下放给社会、市场和企业,充分发挥市场的微观主体在资源配置中的主动性、积极性和创造性。我国的对外开放体制作为经济体制的一部分也不例外,经历了不断自由化的过程,但是在对外开放的初期,限于经济发展水平和抵抗风险能力,自由化的程度较低,并且进展缓慢,对很多领域实行严格的政府管制,比如外汇市场、资本市场以及很多其他贸易投资行为等,这些管制曾经让中国在参与全球化的过程中避免了很多不利的影响,并被约瑟夫·斯蒂格利茨称为"成功的开放战略",但是在新常态时期,随着我国更加快速和深入地融入世界经济,对对外开放中自由化的要求也更加迫切,此外,我国对对外开放的风险控制能力也在增强,所以对外开放体制的自由化将会明显加速，也就是说我国将实行自由化的对外开放战略。在新常态时期，自由化的对外开放战略包括两方面内容，一个是外汇市场的自由化，另一个是贸易投资的自由化，这两方面的改革将实现对外开放过程中货币领域和实体领域的共同进步，从而实现资源在国际间的优化配置。

1. 外汇市场自由化

长期以来，我国的外汇交易基本由央行控制，主要表现在央行垄断了外汇储备以及决定基准汇率的波动，其对外汇买卖和汇率的干预很大。在改革开放之前，我国一直实行的是单一汇率制。在计划经济体制下，对外汇买卖和汇率波动实行了非常严格的控制。十一届三中全会之后，由单一汇率制转变为双重汇率制，包括了官方汇率与贸易外汇内部结算价并存（1981~1984年）和官方汇率与外汇调剂价格并存（1985~1993年）两个阶段，这两个阶段被合称为"汇率双轨期"，但是大量的外汇在外汇调剂市场进行交易，导致央行的外汇储备急剧下降，所以从1994年开始，国家进行了汇率"并轨"的改革，开始实行以市场供求为基础的、单一的、有管理的浮动汇率制，建立了统一的银行间外汇市场，并且确定了强制结售汇制度。2005年的"721汇改"宣布我国开始实行以市场供求为基础、参考一篮子货币进行调节、有管理的浮动汇率制度，并且根据主动性、可控性和渐进性的原则来改革人民币汇率形成机制。在此之后，人民币汇率持续面临着升值的压力，但是为了出口的增加和外汇储备的保值，央行不断干预外汇市场价格。而随着我国外汇储备的增加和全球化的深入，这种对外汇买卖和汇率的限制已经越来越不能适应经济的发展，外汇体制改革势在必行。

我国外汇体制改革的方向就是由政府管制的外汇体制转向自由化的外汇体制，包括外汇买卖的自由化和汇率决定的自由化。从外汇买卖方面来说，2008年修订后的《外汇管理条例》规定经常项目外汇收入可以自行保留或卖给经营结售汇业务的金融机构，2009年涉及强制结售汇的文件和法规被取消或修订，2011年起企业出口收入可以存放国外，无需调回国内，由此我国企业和个人外汇买卖的自由度极大提高，但是目前个人仍然有每年5万美元的购汇限制。对此，2015年国务院批复合格境内个人投资者计划（QDII2），首批试点包括上海、天津、重庆、武汉、深圳和温州六个城市，允许符合条件的个人投资者进行海外金融类和不动产投资，这就突破了个人每年5万美元购汇限制的局限，未来试点将会进一步扩大，条件可能进一步降低。这也标志着人民币在资本项目下的可自由兑换迈出重要一步。在新常态时期，我国外汇买卖将会朝着意愿结售汇、意愿持有外汇和人民币在资本项目下可自由兑换的方向持续迈进。从汇率决定方面来说，2015年的"811汇改"进一步完善了人民币兑美元的中间价报价，做市商在每日银行间外汇市场开盘之前，可以综合考虑上一日收盘汇率、外汇市场供求情况和国际主要货币汇率变化来确定中间价报价，这增强了人民币兑美元汇率中间价的市场化程度和基准性，是我国汇率决定市场化的重要标志。但是由于我国目前经济下行压力较大，一些国际游资恶意做空人民币，为了防止国际投机者的恶意做空和维持汇率稳定，央行还会采取措施管理外汇市场，以维持汇率在合理的区间内波动，这是有管理的浮动汇率制度的基本特征。在新常态时期，我国汇率决定的总体方向将是更为市场化和自由化，但是政府的适度干预将仍是必要的。从我国的外汇买卖和汇率决定可以看出，在下一阶段我国的外汇市场将会更加自由化。

2. 贸易投资自由化

出于国内产业发展和国家经济安全的考虑，我国在对外开放初期设置了很多的限制条件，比如较高的进口关税、严格的投资审批程序、限制外资涉足国内金融市场等，随着经济全球化的加速和我国对外开放的深化，这些限制逐渐成为我国对外开放进一步扩大升级的阻碍，必须通过适当的改革加以调整，以实现贸易和投资的自由化。在新常态时期，我国对外开放过程中贸易和投资的自由化是趋势，我们要遵循经济发展的规律,顺应这种趋势,以积极主动的态度促进国际经济更为密切和深入的合作。贸易投资自由化包括两个方面的内容,一是国际贸易的自由化,二是国际投资的自由化。

国际贸易自由化是指在国际贸易活动中逐渐减少或取消贸易壁垒,实现产品和服务在国家间更加顺畅的流动,这有利于在国际贸易中降低交易成本、减少市场扭曲以及实现消费者福利最大化。促进国际贸易自由化的主要方式有多双边贸易协定、自由贸易区、关税同盟、共同市场和经济联盟等,其中多双边贸易协定是指两国或多个国家签订的针对某些或全部产品和服务的贸易优惠政策协议,包含一些临时性或特殊性的安排;自由贸易区指在成员国之间取消关税、商品可以自由流动但各自保留自己的对外贸易政策的经济集团;关税同盟指成员国之间商品自由流动并且各国实行统一的对外关税政策的经济利益集团;共同市场则不仅要求成员国之间商品自由流动,也要求劳动力、资本等生产要素的自由流动;经济联盟是在要求商品、劳动力、资本等自由流动的基础上,还要求各成员国的经济政策相互协调的一体化组织。我国目前推动国际贸易自由化的主要形式是多双边贸易协定和自由贸易区,截至2015年底,我国已签署14个自由贸易协定,包括与东盟、新加坡、韩国、澳大利亚以及港澳台等国家或地区的协议,此外,我国积极参与建设中国—东盟自由贸易区、东北亚自由贸易区和亚太自由贸易区等。支持区域全面经济伙伴关系(RCEP)的建立,它将与美国主导的跨太平洋伙伴关系协定(TPP)以及跨大西洋贸易与投资伙伴协议(TTIP)一起构成未来世界上三个最大的自由贸易区,极大地促进我国与其他国家贸易的自由化。

国际投资自由化是指外国资本在我国投资以及我国资本在外国投资的限制逐渐减少,包括国际直接投资的自由化和国际间接投资的自由化,其中前者是指相互之间设厂、兼并、收购和购买固定资产等的限制减少,后者是指相互之间投资股票、债券和衍生工具等的限制减少。我国由于资本项目并没有开放,所以在国际投资自由化,尤其是国际间接投资自由化方面进展缓慢，但是近年仍有发展，比如2014年11月，我国酝酿已久的"沪港通"正式启动，资本市场互联互通机制进入新阶段，同月推出人民币合格境内机构投资者计划（RQDII），允许符合条件的机构投资境外金融市场以人民币计价的产品，2015年提出的合格境内个人投资者计划（QDII2）也是对个人投资境外资本市场限制的放宽，可以看出，资本项目有逐步放开的趋势。当然，我国也实行了一系列措施促进国际直接投资的自由化，包括简化在境外投资办厂的审批流程、加强对企业"走出去"的金融信贷支持力度以及搭建各种对外投资的公共服务平台等。在新常态时期，国际投资领域的"简政放权"和人民币资本项目开放将是国际投资自由化的主要内容，这将是一个渐进性的、任重道远的过程。

综合以上分析，在新常态时期我国将逐步改革对外开放体制，改革的主要方向就是自由化，一方面是外汇市场的自由化，包括外汇买卖和汇率决定的自由化，另一方面是贸易投资的自由化，包括国际贸易和国际投资的自由化，通过这些改革，我国将形成"十三五"规划建议中所提的"对外开放新体制"，开创合作共赢、包容发展的对外开放新局面。

四、推动我国对外开放扩大升级的政策建议

在当前新的历史时期，我国的经济增长速度将由高速转为中高速，经济结构优化升级面临挑战，经济发展的动力由要素和投资驱动向创新驱动的转型尚不充分，整体经济面临很大的下行压力。在这种情况下，坚持和深化改革开放就显得尤为关键，而其中重要的一方面就是推动我国对外开放的扩大升级。根据以上分析可知，在新常态时期，我国在对外开放进程中要坚持双向型和自由化的对外开放战略，这是下一阶段对外开放发展的大致方向和整体趋势，除此之外，还必须采取一些具体的

措施来予以补充和保障，以促进对外开放扩大升级的顺利实现，具体来说：

第一，以国内改革促对外开放。改革和开放是我国经济发展的两把"利剑"，二者相互作用、相辅相成，改革可以为开放提供良好的制度环境，形成与国际接轨的市场经济规则体系，并且通过改革促进生产力的发展，从而可以为对外开放提供物质基础，反过来开放也可以拉动经济增长，从而为改革提供经济支撑，并且对外开放有时具有倒逼改革的功能，所以改革与开放是一种相互促进的关系，我们可以用国内改革来促进对外开放的发展。我国当前需要进行的改革包括：①政府体制改革，其核心是"简政放权"，政府将向社会、市场和企业放权，从而专职履行保障民生、提供服务、公共管理和保证公平竞争环境的职能，企业在注册成立、经营管理、投资并购等方面会享受更大的自由权；②金融体制改革，包括利率市场化、汇率市场化、人民币在资本项目下的可自由兑换、银行自由化、放开非银行金融以及资本市场改革等，逐步实现金融自由化；③调整基本经济制度，民营经济要获得与公有经济一样完整、平等的地位，包括政治、法律、资源配置、投资机会和市场竞争上的平等，注重保护产权；④国有企业改革，主要是对国有资产进行分类管理，改革目前的管理体制，并且实行混合经济模式；等等。这些改革可以激发国内市场和企业的活力与创造力，让对外开放在行政手续、金融支持、产权保护等方面更加便利和完善，对于对外开放的规模和结构都有积极意义。

第二，大力推进人民币国际化。人民币国际化对于我国是一件有利有弊的事情，其好处主要是：可以获得国际铸币税收入；通过向外传导缓解货币发行的通货膨胀效应；人民币的大量使用有利于我国国际贸易和投资的发展；缓解外汇储备的压力，降低汇率波动带来的风险；提高我国的国际地位和对世界经济的影响力；等等。其坏处主要是：我国的货币政策将部分地失去独立性，其对宏观经济的调控会由于向国际传导变得更为复杂；经济和金融风险增加，外国的经济危机和金融危机会通过人民币更容易地影响到中国,并且受国际投机者攻击的风险也增加;对人民币管理和检测的难度将会增加,尤其是境外流通的人民币难以控制;等等。但是总的来说,人民币国际化的利大于弊,这也是我们持续推进人民币国际化的原因。由中国人民大学国际货币研究所发布的《人民币国际化报告2015》显示,截至2014年底,人民币国际化指数(RII)达到2.47%,同期美元、欧元、英镑和日元的份额都有所下降,人民币有望在两年之内超越日元成为第四大国际货币。2015年12月1日,国际货币基金组织正式宣布,从2016年10月1日开始,人民币将被纳入特别提款权(SDR)的篮子中,这意味着人民币作为储备货币的地位逐渐得到认可,人民币国际化再进一步。人民币将越来越多地被用于国际贸易和投资的计价和结算,以及作为投资工具和储备工具,这将极大地便利我国的对外经济联系,促进我国对外开放的发展。

第三,高度重视区域经济合作。区域经济合作在当今世界经济中起到越来越重要的作用,甚至有超越全球经济合作的趋势,这主要是因为以世界银行、国际货币基金组织和世界贸易组织为代表的全球经济合作体制的弊端逐渐暴露。一方面,全球经济合作体制建立在全球大部分国家的基础上,国家之间在经济、政治、文化等方面的差别很大,想要协调起来十分困难,所以在很多问题上达成一致协议的成本非常高,有时甚至始终达不成一致意见。另一方面,以世界三大经济组织为代表的全球经济合作体制是在力量极不均衡的情况下建立的,以美国为首的发达国家在其中掌握了很大的话语权,从而很大程度上掌控着"游戏规则"的制定,这不能反映很多发展中国家尤其是新兴市场国家的需求。但是区域经济合作则能很好地克服这些弊端,它往往是建立在地理位置上比较邻近的国家之间,相互之间在经济、制度、文化等方面具有更大的相似性,从而彼此的认同感更高,需求更为一致,再加上国家数量不多,更容易达成一致意见。另外,这些国家之间往往较为平等,每个国家都有机会参与规则制定,话语权不会特别悬殊,所以各成员国的积极性更高,区域经济合作将成为未来一段时间内全球化的主要形式。我国也要顺应这种趋势，高度重视区域经济合作。从现实来说，主要是大力推进"一带一路"战略的实施，与周边国家发展更多的区域合作关系，包括建设好目前已有的中国—东盟自由贸易区、东北亚自由贸易区等，以及推进中国—中亚自由贸易区、中国—南盟自由贸易区、区域全面经济伙伴关系（RCEP）等的形成和建设，除此之外，还可以向关税同盟、共同市场等更为开放的形态发展，从而搭建更完善的区域经济合作框架。

第四，积极参与全球经济治理。参与全球经济治理是我国对外开放过程中维护自身利益的需求，也是不可推卸的责任与义务，其目的就是建立公平、合理、有序的国际经济秩序，实现世界经济的可持续发展。我国参与全球经济治理主要应该做到：①积极倡导全球经济合作和协商会议的举行，寻找各国的利益共同点，寻求更多的合作基础，改革与完善当前的国际经济规则体系，形成公平、共赢的新规则，尤其是参与网络、空天、深海等新领域规则的制定；②扩大对外经济援助，支持欠发达国家的经济建设，包括基础设施、教育科技、医疗卫生、企业管理咨询等，促进世界经济的均衡发展；③推动全球气候协议谈判，主动承担起自身的责任，兑现节能减排的承诺，同时监督与协助其他国家的资源与环境保护进程，努力实现全球经济的可持续发展；等等。我国积极参与全球经济治理，一方面有利于形成公正合理、合作共赢的国际经济新秩序，作为最大的发展中国家，我国在国际社会的发言更能代表发展中国家的需求，也更能以自身的影响力维护发展中国家的利益，另一方面有利于进一步扩大我国在国际社会的影响力和公信力，从而为我国与其他国家的往来提供良好的信任基础，拉近国家间距离，减少与其他国家的摩擦。

综上所述，新常态时期既是我国对外开放发展的挑战期，也是机遇期，我们要以积极主动的态度迎接挑战，抓住机遇，实施双向型和自由化的对外开放战略，推动经济和政府体制改革，推进人民币国际化，重视区域经济合作，同时积极参与全球经济治理，从而在新常态时期实现我国对外开放的扩大升级。

参考文献

[1] 魏杰. 30 年中国对外开放战略的变革——纪念改革开放 30 周年. 理论前沿, 2008 (10)

[2] 李月艳, 袁晓娜. 改革开放以来中国外汇管理制度演变及其评价. 经济研究导刊, 2009 (6)

[3] 杨雪峰. 开放进程中人民币汇率制度演变解读. 世界经济研究, 2008 (9)

[4] 陈光. 中国八大举措实施进口促进战略. 国际商报, 2014 - 11 - 06. http：//finance.china.com.cn/roll/20141106/2776637.shtml

[5] 于猛. 我国油气资源潜力大到 2020 年 25 种矿产出现短缺. 人民日报, 2012 - 02 - 23

[6] 李予阳. 外贸结构优化服务贸易比重提升. 中国经济网 - 经济日报, 2014 - 02 - 27. http：//www.ce.cn/xwzx/gnsz/gdxw/201402/27/t20140227_ 2380871. shtml

[7] 魏杰, 汪浩. 新常态下我国企业对外投资的经济效应. 中国发展观察, 2015 (9)

[8] 国家发展和改革委员会, 外交部, 商务部. 推动共建丝绸之路经济带和 21 世纪海上丝绸之路的愿景与行动. 2015 - 03 - 28

[9] 约瑟夫·斯蒂格利茨. 中国对外开放成功得益于开放战略. 中国发展观察, 2014 (4)

[10] 你我贷. 94 年和 05 年两次汇率改革. 2014 - 03 - 10. http：//www.niwodai.com/view - maikong/article - 08903180508. html

[11] 魏杰. 改革开放以来中国对外开放战略的变革. 北京社会科学, 2008 (5)

[12] 网易财经. 外管局：强制结售汇制度实践中已不执行. 2012 - 04 - 16. http：//money. 163. com/12/0416/14/7V7IGL3100253B0H. html

[13] 中国人民银行. 中国人民银行关于完善人民币兑美元汇率中间价报价的声明. 2015 - 08 - 11

[14] 多米尼克·萨尔瓦多. 国际经济学（第 10 版）. 杨冰等译. 北京：清华大学出版社, 2011

[15] 李春. 一带一路战略助力人民币国际化 RII 指数劲增至 2.47%. 新华财经, 2015 - 07 - 18. http：//news.xinhuanet.com/fortune/2015 - 07/18/c_ 128033237. htm

[16] 龙永图. 新常态下的中国对外开放战略. 探索与争鸣, 2015 (2)